Monumente
der Macht

↑ Lutetia, Hauptort des gallischen Volkes der *Parisii*, bildet den Ursprung einer kleinen Stadt in den Fluss-Schleifen der Seine. Der Kaiser Julian Apostata verweilt dort gerne und schätzt die Stadt sehr. Er nennt sie „seine liebe Lutetia".

Jean-Claude Golvin
Catherine Salles

Monumente der Macht

Die Welt der
römischen Kaiser

Aus dem Französischen übersetzt
von Renate Heckendorf

Inhalt

Paläste und Villen der Kaiser ... 7

Caesar (100–44 v. Chr.) 15
Die Regia 15
Der Palast von Alexandria 17
Das Forum des Caesar 22
Die Curia des Pompeius 25
Das Begräbnis Caesars auf dem
Forum Romanum 30

Augustus (63 v. Chr.–14 n. Chr.) 32
Das Haus des Augustus 32
Die Villa von Primaporta 41
Der Augustus von Primaporta 42
Die Villa von Posillipo 43
Caesarea Maritima und Jerusalem. Die Paläste
Herodes des Großen 48

Tiberius (42 v. Chr.–37 n. Chr.) 51
Sperlonga 51
Die Villa Iovis auf Capri 58
Die Domus Tiberiana 65

Caligula (12–41 n. Chr.) 66
Die Palastschiffe von Nemi 66
Der Zirkus auf dem Vatikan 75
Das Nymphäum des Claudius in Baiae 75

Nero (37–68 n. Chr.) 77
Die Domus Aurea 77

Domitian (51–96 n. Chr.) 92
Der Flavische Palast 92
Die Villen Domitians 111

Hadrian (76–138 n. Chr.) 122
Die Villa Hadriana 122
Die Bucht von Baiae 144

Die Kaiser des spätrömischen Reiches 145
Diokletian (245–313 n. Chr.) 145
Der Palast von Salona (Split) 145
Maxentius (280–312 n. Chr.) 152
Der Palast des Maxentius 152
Constantius II. (317–361 n. Chr.) 152
Der Obelisk des Constantius II.
im Circus Maximus...................... 152
Justinian (482–565 n. Chr.) 153
Der Palast von Konstantinopel 153

Glossar 157

Literatur 158

Paläste und Villen der Kaiser

Lassen Sie sich einladen auf eine Reise zu den Wohnstätten der römischen Kaiser. Dies ist eine Art und Weise, die Persönlichkeit und die Umwelt derjenigen zu entdecken, die während fast vier Jahrhunderten über ein riesiges Reich herrschten, das den größten Teil der damals bekannten Welt umfasste. Wo lebten diese Männer in ihrem Alltag? Unterschieden sich ihre Wohnungen von denen ihrer Zeitgenossen? Heute sind nur wenige Überreste der weitläufigen kaiserlichen Gebäudekomplexe auf dem Palatin erhalten, und ebenso geringe Spuren der zahllosen Lustvillen, in denen die Herren der Welt vorübergehend den Plagen Roms entgingen. In seinen Aquarellen erweckt J.-C. Golvin diese in ihrer Größe und Pracht häufig überraschenden Wohnstätten zum Leben, und der Leser kann so die privaten Räume der Kaiser erkunden, sich in ihren Gärten ergehen und an ihren Zerstreuungen teilnehmen. Den Kennern der Antike, die eher mit den zivilen und religiösen Denkmälern sowie den Theater- und Zirkusgebäuden der Römer aus der Zeit vor 2000 Jahren vertraut sind, offenbart diese hochkarätige „Ansichtskarten-Sammlung" eine wenig bekannte Welt. Gemeinsam mit Tiberius wird der Leser von der Villa Iovis auf Capri herab die Bewegungen der Schiffe auf dem Meer verfolgen können. An der Seite Neros wird er den Mikrokosmos der *Domus Aurea* bewundern. Er wird zu den Gästen gehören, die Domitian zu einem Mahl im Aufsehen erregenden Speisesaal seines Palastes auf dem Palatin einlädt. In Gesellschaft Hadrians wird er durch die Gärten der *Villa Hadriana* in Tibur spazieren, wo sich Nachbildungen der berühmtesten Stätten Griechenlands befinden.

Die Römer bezeichnen die Residenz des Herrschers, für die es in Rom keinen eigenen Architekturtyp gibt, mit zwei Begriffen, die „Haus" bedeuten: *domus* und *aedes*. Das Wort „Palast" tritt im Lateinischen erst spät auf und leitet sich vom Palatin-Hügel her, auf dem sich die kaiserlichen Wohnstätten ausgebreitet hatten. Der französische Althistoriker Paul Veyne hat in einem sehr aufschlussreichen Text vor dem Irrtum gewarnt, die römischen Kaiser mit den königlichen oder kaiserlichen Dynastien Europas gleichzusetzen. Die Regierungsform des Prinzipats tritt im Jahre 27 v. Chr. mit Augustus auf, ohne jeglichen Bezug auf eine römische Tradition oder ein fremdländisches Vorbild. Der Machthaber bekleidet ein Amt, das ihm zumeist nicht vererbt wurde. In den vier Jahrhunderten der Kaiserzeit kommt es tatsächlich nur sehr selten vor, dass man an der Spitze des Reiches einen Sohn auf seinen Vater folgen sieht. Der Versuch Vespasians, zu seinen Lebzeiten eine Erbdynastie zu schaffen, indem er seine beiden Söhne Titus und Domitian zu seinen Nachfolgern ernannte, hatte keine Zukunft. Die kaiserliche Nachfolge kommt im Allgemeinen innerhalb der *gens* zustande (Julisch-Claudische Dynastie, Severer), durch die „Adoption des Würdigsten" (Antoninische Dynastie), durch gewaltsame Machtübernahme oder durch die Ermordung des Machthabers. Vor dem Hintergrund dieser Überlegungen ist besser zu verstehen, dass der Kaiser vor allem ein Aristokrat ist, der nach seiner Machtübernahme den Lebensstil der großen aristokratischen Familien weiterführt, obwohl er über unbegrenzte Macht (*imperium*) verfügt. Seinen Nachkommen vererbt er seine unbeweglichen und beweglichen Vermögenswerte. Aus diesem Grund ist die kaiserliche Residenz während fast eines Jahrhunderts die *domus*, ein Familieneigentum. Augustus, der erste römische Kaiser, bewohnt sein ganzes Leben lang den relativ bescheidenen Wohnsitz, den er bereits vor 27 v. Chr. auf dem Palatin besaß. Die Zwänge der Machtausübung veranlassen ihn dazu, sich die privaten Besitzungen, die seine *domus* umgeben, einzuverleiben, um darin die immer zahlreicheren, mit seinen Aufgaben verbundenen Behörden unterzubringen. Erst am Ende des 1. Jahrhunderts n. Chr. lässt Domitian auf dem Palatin einen riesigen Architekturkomplex errichten, in dem die Privatgemächer der kaiserlichen Familie (*Domus Augustana*) und die Amtsgebäude (*Domus Flavia*) nebeneinander gestellt sind. Die Wohnverhältnisse auf dem Palatin, die sich im Verlauf dieses 1. Jahrhunderts entsprechend der Stärkung der kaiserlichen Macht entwickeln, veranschaulichen die Entwicklungsstufen der Hoheitsideologie. Ausgehend von dem „bescheidenen" Haus, das Augustus zu einer Zeit bewohnt, in der man noch auf die republikanische Fiktion setzt und in der der Princeps lediglich „der Erste" unter den Römern ist, gelangt man zum gewaltigen Palast des Domitian, in dem ein Kaiser lebt, der als „Herr und Gott" angesehen wird.

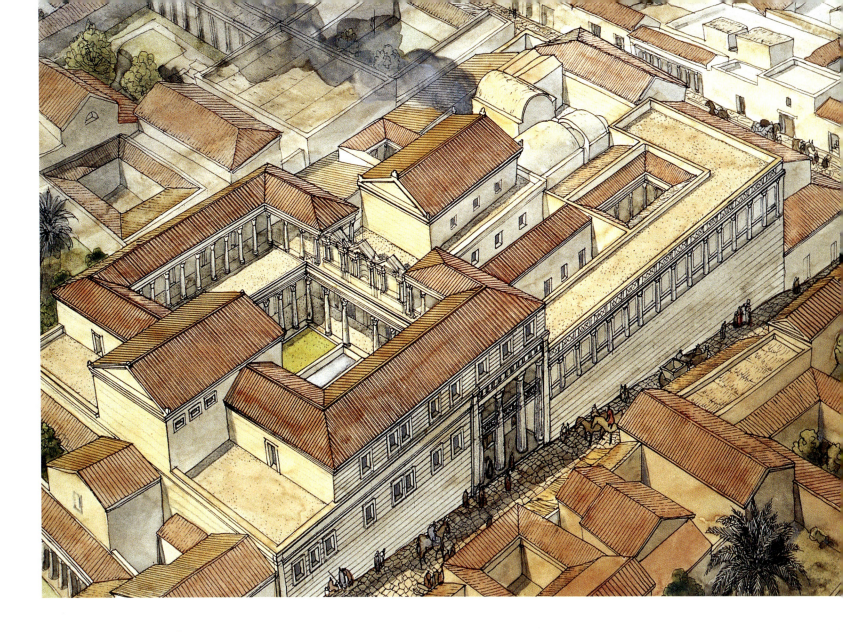

GROSSBRITANNIEN, ÄGYPTEN

Zwei Gouverneurspaläste

Oben: Ein Palast vom Ende des 1. Jahrhunderts n. Chr. im Südosten Großbritanniens. Unten: Der Palast des römischen Gouverneurs in Ptolemaïs (Ägypten). Die Größe der Gebäude gestattet es, hohe Gäste darin zu empfangen. Für die Kaiser gibt es viele Gründe, Reisen außerhalb Italiens zu unternehmen: offizielle Inspektionsreisen durch die Provinzen, Feldzüge, Wallfahrten zu berühmten Heiligtümern wie Eleusis oder einfache Vergnügungsreisen. Einige Kaiser, wie Hadrian, sind viel herumgekommen, andere waren wesentlich häuslicher. Die kaiserlichen Reisen mobilisieren viele Menschen: Der Herrscher wird von seinem Generalstab und von mehreren Prätorianer-Kohorten begleitet, den engsten Mitarbeitern, Höflingen und häufig von einem Teil seiner Familie (die Vielzahl der im Dienst jedes hohen Reisenden stehenden Sklaven nicht mitgerechnet). Es sind also echte Expeditionen: Wagen oder Schiffe transportieren den Kaiser und sein Gefolge. Während der Reise Neros durch Griechenland sind nicht weniger als 500 Wagen zur Beförderung seiner Begleiter erforderlich. Diesen folgen große Karren mit Geschirr, Möbeln und Wandteppichen, die unentbehrlich sind, um an den Zwischenstationen die gewohnte Umgebung des Kaisers und seiner Freunde wieder erstehen zu lassen. Um den Kaiser und sein Gefolge unterzubringen, müssen die Honoratioren der bereisten Städte ihnen das *hospitium* bieten, das heißt, sie in ihrer Wohnstätte aufnehmen. Das Haus des Gouverneurs ersetzt während des kaiserlichen Aufenthaltes in den Provinzhauptstädten den Palast in Rom. Auf den meisten großen Landgütern des römischen Kaiserreiches gibt es, wie übrigens auch in den kaiserlichen Palästen Roms und Italiens, einen Gebäudekomplex nur für Gäste, die *hospitalia*. Dem kaiserlichen Gefolge eilten im Allgemeinen Freigelassene und Sklaven des Kaisers voraus, die dafür sorgten, dass alles für die Behaglichkeit des Kaisers vorbereitet war.

Auf seinem Wohnsitz führt der Kaiser ein Leben wie alle Aristokraten seiner Zeit. Allmorgendlich fügt er sich wie seinesgleichen dem republikanischen Ritual der *salutatio*. Die Schar seiner Klienten drängt sich in seinem *atrium*, um ihn zu grüßen. Sklaven kümmern sich darum, die Klienten ihrer Rangordnung entsprechend einzuteilen, und der Kaiser hat jeden mit einem freundlichen Wort zu empfangen. Der kaiserliche Terminkalender richtet sich anschließend nach dem althergebrachten Ablauf eines römischen Tages. Während des Vormittags begibt er sich in den Senat, sichtet die Eingaben, empfängt die Botschafter und lässt durch seine Sekretäre die Briefe der Privatpersonen, Gouverneure und fremdländischen Monarchen beantworten. Sobald diese Aktivitäten am späten Vormittag oder am frühen Nachmittag abgeschlossen sind, widmet sich der Kaiser nach einem leichten Imbiss seinen privaten Beschäftigungen. Das dem Abendessen vorausgehende Bad ist ein wichtiger Augenblick des Nachmittags, und alle kaiserlichen Residenzen umfassen private Thermenanlagen, in denen der Kaiser mehrere Stunden verbringen kann. Anschließend folgt die *cena* oder das Abendessen, das der Herrscher in Gesellschaft von Gästen zu Hause oder bei einem seiner Freunde einnimmt. Der Kaiser ist wie seine Mitbürger bei Wagenrennen, Theateraufführungen und Gladiatorenkämpfen anwesend.

Diese kurze Darstellung des kaiserlichen Tagesablaufes zeigt sehr klar, dass es zumindest während der ersten beiden Jahrhunderte unserer Zeitrechnung kein an die kaiserliche Funktion gebundenes protokollarisches Ritual gibt. Wenn vom „Hof" oder von „Höflingen" die Rede ist, darf man sich ebenso keine Institution vorstellen, die mit der von Ludwig XIV. in Versailles begründeten vergleichbar wäre: Die mehreren Tausend Höflinge, die im 17. Jahrhundert mit dem französischen König zusammenwohnen, sind unverzichtbare Statisten für Rituale, in denen der König der Hauptakteur ist. Sie betrachten es als Privileg, dem Lever des Königs, seinen Mahlzeiten und seinen Ausflügen beizuwohnen. Nicht so in Rom, wo die Kaiser in ihrer *domus* den Lebensstil einer Privatperson bewahren. Sie leben mit ihrer Familie und ihrer gesamten Dienerschaft zusammen. Wenn bedeutende Persönlichkeiten wie Senatoren oder Ritter das Leben des Princeps teilen, dann als Gäste.

Die ersten Kaiser haben die Familienbesitzungen ihrer *gens* als Erbschaft erhalten. Diese Güter werden von der Herrschaftszeit des Vespasian an dem kaiserlichen Vermögen eingegliedert und dem Staatsvermögen gleichgesetzt. Außerdem verfügen die Kaiser über zahlreiche Häuser außerhalb Roms. In der römischen Aristokratie hat sich im 2. Jahrhundert v. Chr. die Mode der italienischen Landhäuser verbreitet. Es ist nämlich ein Zeichen sozialen Erfolgs, durch mehr oder weniger lange Aufenthalte in einem Lusthaus, das denselben erlesenen Komfort wie die herrschaftlichen Stadthäuser bietet, nach Belieben dem Schmutz und Trubel Roms entgehen zu können. Gegen Ende der republikanischen Zeit betreiben alle Politiker einen hohen Kostenaufwand, was ihre „Sommerfrische" betrifft. Gemäß dem französischen Historiker J. Carcopino besaß beispielsweise Cicero womöglich zwischen acht und elf Villen, zu denen neun weitere Wohnungen hinzuzuzählen sind, die ihm während seiner Italienreisen als Zwischenstationen dienten. Alle, die es sich erlauben können, verlassen Rom während des Sommers, wenn die Stadtluft durch die Hitze unerträglich wird und die durch die Pontinischen Sümpfe begünstigten Fieber grassieren. Die Römer geben dem Monat August den vielsagenden Beinamen „Monat der Sargträger".

Zur Benennung dieser italienischen Wohnstätten verwenden die Römer den Ausdruck *villa*, der ursprünglich ein Gehöft, also einen landwirtschaftlichen Betrieb bezeichnet. Die römische Villa *suburbana* („in der Nähe Roms") oder *maritima* („an der See") behält bestimmte Bereiche für die landwirtschaftliche (Obstgärten, Gemüsegärten, Weinberge, Viehzucht) oder maritime (Fischzucht) Produktion bei. Diese Ertragsleistungen sind jedoch im Verhältnis zu den Bereichen, die dem Vergnügen des Eigentümers und seiner Gäste vorbehaltenen sind, zweitrangig geworden.

Die römische Villa ermöglicht die Entfaltung eines schon in der Späten Republik bedeutend gewordenen Trends, nämlich der Neigung zum *otium* (zugleich „Muße" und „Erholung"), die sich nach und nach gegen die Neigung zum *negotium* („Tätigkeit") – besonders soweit es dem Wohl des Staates gewidmet ist – durchsetzt. Das Ideal besteht für einen Aristokraten und umso mehr für einen Kaiser darin, einen Teil seiner Zeit darauf zu verwenden, in einem Umfeld neue Energien zu tanken, in dem er sich durch Umgebung, Schönheit und Abgeschiedenheit von den Erfordernissen des Stadtlebens loslösen kann. In einer Villa ermöglicht das *otium*, sich geistig zu bereichern und, einer Ciceronischen Redewendung gemäß, „im Rahmen des *otium* über die Geschäfte nachzudenken". Selbstverständlich ist das Verständnis des *otium* bei jedem Kaiser verschieden: Tiberius, auf Capri, und

Das Vogelhaus einer Villa

Der Schriftsteller Varro (Ende der republikanischen Zeit) beschreibt eine Villa, die er in Casinum, in Latium besitzt. In dieser Villa befindet sich ein zu seiner Zeit sehr berühmtes Vogelhaus. Es hat die Form einer Schreibtafel und schließt an der Stelle des Tafelhenkels einen *tholos* (Rundbau) ein, der ein Speisezimmer birgt.

Ich besitze am Fuße der Stadt Casinum einen Fluss, der durch das Landgut fließt ... An seinen Ufern entlang führt ein zehn Fuß breiter, oben offener Wandelgang. Ab diesem Wandelgang erstreckt sich zum Ackerland hin das Gelände der Voliere, das auf beiden Seiten, der rechten und der linken, von hohen Einfriedungen umschlossen ist. Zwischen ihnen erstreckt sich, wie eine Schultafel mit Knauf geformt, der Platz, der der Voliere vorbehalten ist. Wo er von rechteckiger Form ist, dehnt er sich in die Breite 48 Fuß (= 14 m), in die Länge 72 Fuß (= 20 m) weit aus; wo er einem runden Knauf entspricht, 27 Fuß (= 7,50 m) ... Wo der Eingang für den liegt, der in den Innenhof gehen will, sind in Schwellenhöhe auf der rechten und auf der linken Seite Säulengänge mit vorderen Säulen aus Stein, aber niedrigen Bäumchen an Stelle der mittleren angeordnet ... Diese Säulengänge sind von Vögeln aller Art bevölkert, denen ihr Futter durch das Netz gereicht wird und das Trinkwasser in einem schmalen Bächelchen zufließt. Fast an die Innenseite des Stylobats stoßen am oberen Ende des rechteckigen Innenhofes rechts und links zwei schmale, längliche Fischbecken, die von der Mitte in gegensätzlichen Richtungen zu den Säulengängen hin verlaufen. Zwischen diesen Fischbecken führt nur ein Pfad in den Tholos hinein, der jenseits davon steht, ein auf Säulen ruhender Kuppelbau ... Zwischen den äußeren Säulen ersetzen Netze aus Darmseite die Wand ... Zwischen den inneren Säulen ist statt einer Wand ein Vogelnetz gezogen. Zwischen diesen und den äußeren ist stufenförmig hoch gebaut eine Art Vogelminiaturtheater ... Innerhalb des Netzes leben Vögel aller Art ...

Auf Höhe der Unterkante des Rundganges befindet sich darinnen ein Teich mit ein Fuß hohem Wasserspiegel und einer kleinen Insel in seiner Mitte. Den Rundgang entlang sind auch noch „Docks" eingetieft, die Enten als Ställe dienen. Auf der Insel steht ein Säulchen, in dem drinnen ein Ständer sitzt, der statt eines Tisches ein Speichenrad trägt ... Dieses Rad wird von dem einen Knaben, der bedient, so gedreht, dass zum Trinken wie auch zum Essen alles auf einmal aufgetischt und zu allen Gästen heranbewegt wird. Von dem Einstieg des Rundganges aus, wo gewöhnlich Teppiche liegen, gehen Enten in den Teich und schwimmen ... während dafür gesorgt ist, dass warmes wie auch kaltes Wasser von dem Holzrad und Tisch ... aus Zapfhähnen zu jedem Gast fließt.

Varro, *Gespräche über die Landwirtschaft*, III, 5

Hadrian, in Tivoli, haben ihre Villen zu Zufluchtsorten gemacht, die ihre philosophischen Meditationen begünstigen. Für andere – Caligula, Nero, Domitian – dienen die Zweitwohnsitze der Entspannung und dem Vergnügen. Das Erfordernis, das *otium* zu finden, wird zu jener Zeit zum Vorwand für den Wahn, neue Villen zu erbauen. Die Aristokraten sehen darin eine Möglichkeit, den anstrengenden Verpflichtungen ihrer Ämter zu entgehen und finden schließlich in ihrer Sommerfrische eine Zerstreuung, die schon Seneca prophezeite: „Wird es einen Augenblick geben, an dem ihr keinen See mehr finden werdet, woran ihr eure hoch aufragenden Villen bauen werdet, keine Flussufer mehr, um sie mit euren Bauwerken zu säumen? Überall, wo eine Quelle mit warmem Wasser sprudelt, werdet ihr ein neues Gasthaus für eure Vergnügungen entstehen lassen. Überall, wo die Küste sich zu einem Golf formt, werdet ihr augenblicklich Fundamente legen, und da ihr nur solche Stätten liebt, die von Menschenhand künstlich geschaffen sind, werdet ihr das Meer zurückdrängen. Es stimmt ja, dass überall eure Paläste prangen, bald auf Hügeln, von wo aus sich dem Blick ein weites Panorama von Land und Wasser bietet, bald in Ebenen, wo sie so hoch wie Berge emporragen. Und wenn ihr euch noch so viele monumentale Wohnsitze errichtet habt, bleibt ihr nicht immer, was ihr seid, ein einziges, ganz kleines Individuum? Wozu sollen euch so viele Zimmer dienen? Ihr könnt doch nur in einem schlafen!"

Mehrere Faktoren sind bei der Auswahl des Standortes für eine Villa von Bedeutung: das gesundheitsfördernde Klima, die Lage und der landschaftliche Reiz. Einige Gegenden Italiens sind besonders günstig: die Sabina mit ihren beruhigenden Landschaften, die Albaner Berge mit ihrer erfrischenden Brise und die Küsten des Latium und des Golfs von Neapel mit ihrer einmaligen Aussicht und ihren Thermalquellen. Fast alle kaiserlichen Residenzen befinden sich in diesen Regionen, deren Vorzug darin besteht, nicht weit von Rom entfernt und durch Landstraßen, in erster Linie durch die *Via Appia*, optimal mit der Hauptstadt verbunden zu sein. Denn: Falls erforderlich muss der Kaiser schnell in die Stadt zurückkehren können. Die anderen Gegenden Italiens sind während der beiden ersten Jahrhunderte unserer Zeitrechnung weniger beliebt. Lediglich Plinius der Jüngere ist dafür bekannt, Villen am Comer See zu besitzen. Man muss dazu wissen, dass der Schriftsteller aus dieser Region stammt und ihr sehr verbunden geblieben ist. Auch die Ruhe ist ein entscheidendes Kriterium: Geduldet wird nur das Geräusch des Windes, des Wassers und der Vögel. Die mit der Instandhaltung der Villa betrauten Sklaven werden gebeten, dies geräuschlos zu tun, denn dem Eigentümer soll die Illusion vermittelt werden, er sei allein auf der Welt!

Die Lage der Gemächer einer Villa muss sorgfältig berechnet werden. Um für Behaglichkeit zu sorgen, umfassen die meisten der Wohnstätten nach Süden ausgerichtete Wintergemächer und gegen die Sonne abgeschirmte Sommergemächer, die zu kleinen Höfen hin liegen, in denen Bäume und Springbrunnen die Kühle bewahren. Das Wasser ist wie in allen südlichen Ländern ein unverzichtbarer Faktor des Luxus und des Komforts. Das in nahe gelegenen Quellen aufgefangene Wasser gelangt über Wasserleitungen in die Villa, und große Zisternen fangen das Regenwasser auf. Die Architekten haben eine unerschöpfliche Vorstellungskraft aufgeboten, um in den Gärten und Promenaden um die Villa herum Wasserfälle, Springbrunnen, Nymphäen, Kanäle und künstliche Seen anzulegen.

Die Umgebung von Baiae im Golf von Neapel begeistert die römischen Aristokraten schon seit dem Ende der republikanischen Zeit. Der begnadete Baulöwe Sergius Orata hat diese bereits für ihre vulkanischen Thermalquellen allgemein bekannte Gegend „lanciert". Zuallererst hat er dazu beigetragen, den kulinarischen Ruf des Golfs von Neapel zu prägen: Er stellt im Lukriner-See, in der Nähe von Baiae, mit Stricken zusammengebundene Pfosten auf, an denen sehr fette Austern von unvergleichlichem Geschmack herangezüchtet werden, und erfindet auf diese Weise den Austernpark. Anschließend erwirbt Sergius Orata die meisten der an der Küste gelegenen Villen und richtet sie prachtvoll wieder her, indem er sie mit modernster Einrichtung ausstattet: Hierzu gehören durch die unterirdischen Ausdünstungen der Solfataren beheizte Wasserleitungen und „hängende" Bäder. Er verkauft sodann diese Wohnstätten, die zum größten Teil eine herrliche Aussicht überblicken. In der römischen Aristokratie gehört es zum guten Ton, eine von Sergius Orata ausgebaute Villa in Baiae zu besitzen. Dies trifft besonders auf die Julisch-Claudische Familie zu, der die ersten fünf Kaiser angehören. In Baiae und im Nachbarort Bauli ist das Gros des Immobilienbestandes in den Händen der kaiserlichen Familie gebündelt. Augustus besitzt den Wohnsitz in Posillipo und eine große Villa in Sorrent. Die Villen des Lucullus in Misenum, des Hortensius in Bauli und des Agrippa Postumus in Boscotrecase sind in den Besitz der kaiserlichen Familie übergegangen. Poppaea Sabina, die zweite Gemahlin Neros, ist Hauseigentümerin in Oplontis (Torre Annunziata). Kürzlich wurde in Baiae in sieben Metern Tiefe eine im Meer versunkene Villa des Claudius entdeckt.

Baiae ist im 1. Jahrhundert n. Chr. die unumgängliche moderne Sommerfrische, in der man gesehen werden muss. Die jungen Frauen aus der Familie des Augustus – seine Tochter Iulia, seine Enkeltöchter und seine Nichten – sind trotz der zögerlichen Haltung des Kaisers, der die lockeren Sitten in der „Herberge aller Laster" missbilligt, die unermüdlichsten Feriengäste. Alles ist vorhanden, um die jungen römischen Snobs zu verführen. Es finden Rundfahrten auf leuchtend bunten Schiffen statt oder nächtliche Feste auf dem mit Rosenblättern bedeckten Lukriner-See. Musiker und Sänger, die in Kähnen langsam die Küste entlanggleiten, erfreuen die Bewohner der am Meer gelegenen Villen. Die Römer nutzen unter dem Vorwand einer Bade- oder Trink-Kur die lockeren Sitten in Baiae aus, um sich ungezwungen dem „süßen Leben" hinzugeben. „Man sieht da Menschen, die betrunken am Ufer herumlungern," entrüstet sich Seneca, „faulenzende Ruderer, in der Lagune lärmende Musikanten und Sänger, kurz alle Arten von Vergnügungen, die – sozusagen von den Regeln der Moral befreit – vergessen, dass sie verwerflich sind und sich nur selbst gefallen!"

Die archäologischen Überreste und die Beschreibungen der antiken Autoren vermitteln uns eine Vorstellung von der Pracht dieser Villen auf dem Land und am Meer. Die Architekten möchten aus jedem Haus ein einzigartiges, der Beschaffenheit des Grundstücks angepasstes Modell machen. Hier überspannen Gebäude einen Fluss, dort gelangt man über in den Fels gehauene Treppenstufen in eine an die Bergwand gehängte Wohnung, anderswo wurde ein großer Baum erhalten, unter dessen Zweigen nun Gemächer Schutz finden, und die Fluten eines Sees bilden den Hintergrund für das Theater einer Villa. Die an der Küste gelegenen Villen sind so angelegt, dass sie auf der einen Seite eine weite Aussicht über das Meer und die Inseln und auf der anderen Seite den Blick auf eine beruhigende, ländliche Landschaft bieten. Beim Durchqueren seines Hauses hat der Eigentümer dadurch das Gefühl, die Örtlichkeit zu wechseln. Der Kaiser muss seine Gäste durch die Besonderheit und die Erlesenheit seiner Zweitwohnung in Erstaunen versetzen. Deshalb sind die Schlafzimmer schlicht und wenig ausgeschmückt, denn die Gäste haben grundsätzlich keinen Zutritt. Im Falle der Empfangsräume, Salons und Speisezimmer hingegen streben die Architekten nach der erstaunlichsten Ausrichtung und der eindrucksvollsten Raumaufteilung: Ein gerundeter, durch große Fenster erhellter Alkoven gestattet es, sich auszuruhen und dabei die Landschaft zu bewundern; ein auf das Meer hinausragendes Besuchszimmer vermittelt den Eindruck, auf einem Boot zu sein; von einem hoch gelegenen Türmchen aus kann man den Lauf der Sonne von Aufgang bis Untergang verfolgen. Die Liegebänke eines Speisezimmers unter freiem Himmel umgeben ein Marmorbecken, in dem die Speisen auf Miniaturschiffen schwimmen.

Der innere Aufbau der Villen trägt der Tatsache Rechnung, dass der Kaiser und seine Freunde dort dieselbe Ausstattung wie in ihrem Stadthaus wiederfinden müssen. Man sieht große, von Studierzimmern umgebene Bibliotheken vor und Ausstellungsräume für die Gemälde, Skulpturen und geschnittenen Steine. Einige Kaiser verreisen mit einer Wagenkolonne im Gefolge, die die schönsten Stücke ihrer Sammlungen, ihrer Möbel und ihres Geschirrs befördert, damit sich die Herrscher in ihrer Sommerresidenz nicht fremd fühlen! Seneca macht sich über die Snobs lustig, die sich von ihren Kristallvasen und ihren schönsten Silberarbeiten begleiten lassen, sorgfältig verpackt, damit sie auf der holprigen Straße nicht kaputt gehen. Caesar trennt sich bei seinen militärischen Feldzügen niemals von den Mosaiken und Einlegearbeiten, die er in Rom besitzt.

Die Aufwendigkeit der Innenausstattung der kaiserlichen Wohnstätten richtet sich nach den Modetrends und dem Geschmack jedes einzelnen Herrschers. Die Zimmerwände sind mit Fresken oder mit geometrisch angeordneten, verschiedenfarbigen Marmorverkleidungen verziert. Die Wandmalereien verändern sich mit der Zeit. In augusteischer Zeit gefallen Darstellungen von Gärten, deren üppige Vegetation das gesamte Zimmer umgibt. Das Haus der Livia Drusilla in Primaporta bietet ein ausgezeichnetes Beispiel für diese „Paradiese", in denen sich zahlreiche Vögel in sehr vielfältigen Baumarten tummeln. Virtuelle Räume in Trompe-l'œil erweitern in anderen Villen das Blickfeld, bis hin zu scheinbar hinter einem Fenster befindlichen, nur in der Einbildung vorhandenen architektonischen Strukturen. In der neronischen *Domus Aurea* unterliegen die meisten Fresken einer anderen Auffassung von Malerei: Auf farblich neutralem Grund werden „barocke" Elemente, Schilf, große Laubwerk-Armleuchter oder feingliedrige Pflanzenstiele von winzigen Statuen, kleinen Gebäuden oder unwahrscheinlichem Zierrat überragt, der später zu den „Grotesken" der Renaissance anregt. Die in vielen Farben schillernden Mosaikböden zeigen mythologische Begebenheiten, Gladiatorenkämpfe oder Wagenrennen. Das stets spärliche Mobiliar zeichnet sich durch die Erlesenheit der verwendeten Holzarten aus. Es ist besonders „schick", Tische aus Thuja (Zypressengewächs) zu besitzen, dessen wirbelnde Maserung Augenflecken und Streifen bildet. In allen Zimmern, in den Gärten und an den Spazierwegen sind zahlreiche Schätze aufgestellt: Malereien der großen Meister, Statuen bedeutender klassisch-griechischer und hellenistischer Bildhauer, außergewöhnliche Silberarbeiten und andere sehr seltene Wunderwerke. Dabei handelt es sich sowohl um Originale, die der Kaiser aus Rom mitgebracht hat, als auch um Kopien der in Rom zurückgebliebenen Werke.

Die Obstgärten, Gemüsegärten, Weinberge und Hühnerställe in der Nähe der Landvillen erinnern daran, dass wir uns auf einem „Gehöft" befinden, auch wenn deren Existenz eher als „Teil der Szenerie" zu werten und nicht von echtem Nutzen ist. Zuchtbetriebe für Schnecken und Siebenschläfer beliefern den kaiserlichen Tisch mit diesen von den Gästen sehr geschätzten Tieren. Die größten Sommerhäuser, wie das des Domitian in Alba Longa, verfügen über Wildparks mit Hasen, Rehen und Wildschweinen, in denen man sich ohne großes Risiko den Freuden der Jagd hingeben kann.

Mit Süßwasser oder Salzwasser gespeiste Fischbehälter (*piscinae*) sind der größte Stolz der Villenbesitzer am Meer. Ursprünglich sind die in den *piscinae* gezüchteten Fische genauso wie die Erzeugnisse der ländlichen Villa für den Verkauf bestimmt. Später werden diese Fischkästen bloße Bestandteile der Ausstattung, die man mit Stolz den Gästen vorführt. Cicero prägt den Ausdruck *piscinarii* (Besitzer von Fischbehältern), um die Mitglieder der politischen Klasse Roms anzuprangern, die sich mehr um ihre Fischzucht als um den Zustand der Republik kümmern. Dieser Ausdruck hat sich als Bezeichnung der Eigentümer prachtvoller Villen an der See erhalten. Die Villen zweier bekannter *piscinarii* – Lucullus in Misenum und der Redner Hortensius in Bauli – sind in das Eigentum der Kaiser übergegangen, die die berühmten Fischkästen der vorherigen Besitzer weiter unterhalten. Lucullus und Hortensius haben erhebliche Bauarbeiten durchführen lassen, um prachtvolle Fischkästen mit sehr seltenen Fischarten anzulegen. Lucullus ließ einen Berg durchbohren, um zwischen seinen Fischbehältern und dem Meer Kanäle zu ziehen. Das Wasser, das durch die Abteile fließt, in denen die verschiedenen Fischarten untergebracht sind, wird durch das Hin und Her der Wellen, die durch den Tunnel hinein- und herausströmen, ständig erneuert.

Die Gärten der Villa tragen zum angenehmen und friedlichen Leben bei, das das *otium* hervorbringt. Die Kaiser verlangen von ihren Gärtnern, sich von den persischen „Paradiesen" anregen zu lassen, um Aufsehen erregende Zusammenstellungen zu schaffen. Für den Kaiser ist der Park eine Szenerie, die er hauptsächlich von seiner Villa herab betrachtet, aber er kann diese Kulisse betreten, wann immer er will. Der Aspekt der Rauminszenierung mittels einer Grünanlage wird am Komplex der *Domus Aurea* besonders deutlich. Die Gärtner setzen sachkundig ungeordnete „englische" Gärten neben „französische" Gärten mit schnurgeraden Alleen, welche akkurat mit Blumen „bestickte" Beete säumen. Die von den Römern erfundene Gartenkunst (Topiari) besteht darin, Bäume – vor allem den Buchsbaum – zu geometrischen Formen oder Tierfiguren zu beschneiden. Der *topiarius* kann auch die Wände mit einem Pflanzenbehang verkleiden oder auf den Terrassen Weinspaliere und Lauben aufstellen, unter denen es sich gut ausruhen lässt.

Die kaiserlichen Wohnstätten unterscheiden sich nicht von den Villen, die die römische Aristokratie bewohnt. In einigen hat man jedoch, wie in Sperlonga, in der Nähe der Wohnung Kasernenkomplexe für die Prätorianer, die für die Sicherheit des Kaisers sorgen, eingerichtet sowie Ställe zur Unterbringung der für die Boten der kaiserlichen Post unentbehrlichen Pferde. Nach dem Erdbeben des Jahres 63 n. Chr., das zahlreiche Villen zerstört, nimmt die Beliebtheit der Badeorte in der Gegend von Baiae ab. Der Ausbruch des Vesuvs im Jahre 69 n. Chr. verstärkt diese Abkehr vom Golf von Neapel. Vom 2. Jahrhundert n. Chr. an verlagern sich die Sommerfrischen in Bereiche, die von Naturkatastrophen weniger betroffen sind, wie die Toskana, Norditalien und das Gebiet der norditalienischen Seen.

Die weiterhin im Besitz der Kaiser befindlichen Residenzen im Süden ziehen die Herrscher allerdings gelegentlich noch an (Hadrian stirbt in einer der kaiserlichen Villen von Baiae).

Der Leser wird in den kaiserlichen Wohnstätten die Eigenart derjenigen wiederfinden können, die sie entworfen und bewohnt haben. Die Sperlonga-Grotte und die Villa Iovis auf Capri verraten das unruhige und argwöhnische Wesen des Tiberius. Die *Domus Aurea* verkörpert die auf die Sonne bezogenen Bestrebungen Neros. Die *Villa Hadriana* spiegelt den gewandten Epikureismus ihres Schöpfers wider. Die Villen an der See veranschaulichen schließlich das Streben nach dem *otium*, das für die römische Elite zu einem Lebensethos geworden ist.

Caesar

(100–44 v. Chr.)

← Bildnis Julius Caesars nach einer Statue im Kapitolinischen Museum.

Die Regia

Wie die meisten seiner Zeitgenossen besitzt Caesar zahlreiche Residenzen in Italien, für die er mit vollen Händen Geld ausgegeben hat. Die beiden Häuser, die er in Rom bewohnt hat, sind demgegenüber deutlich weniger Aufsehen erregend. Von 58 v. Chr. an, also dem Anfangsjahr des Gallischen Krieges, hält sich Caesar im Übrigen nur selten in der Stadt auf, da seine militärischen Feldzüge bis zu seinem Tod dicht aufeinander folgen. Vor 63 v. Chr. ist er mit seiner Mutter Aurelia in dem relativ bescheidenen Wohnsitz der Familie der Iulier untergebracht, der sich in Subura, dem am dichtesten besiedelten Stadtteil Roms, befindet. Der Standort dieses Hauses nützt seinen politischen Interessen, denn seine Karriere beginnt er in den Rängen der Partei der Popularen, und das Wohnen im Stadtteil der kleinen Plebejer Roms macht ihn bei den Handwerkern und Händlern von Subura bekannt.

Trotz seiner Jugend (er ist zu diesem Zeitpunkt 37 Jahre alt) bewirbt sich Caesar im Jahre 63 v. Chr. um die Nachfolge des verstorbenen Pontifex maximus Metellus Pius. Für gewöhnlich ist dieses hohe geistliche Amt die Krönung einer politischen Karriere. Deshalb ist es für einen jungen Mann, der im *cursus honorum* knapp die Ädilität erreicht hat, sehr kühn, älteren und besser gestellten Konkurrenten die Stirn zu bieten, um den Rang des Vorstehers der römischen Religion zu erlangen. Es ist also eine gewagte Sache für Caesar, dieses Amt anzustreben, und er ist sich vollkommen über die Lächerlichkeit bewusst, der er sich im Falle eines Scheiterns preisgeben wird. Während er seine Mutter umarmt, die ihn am Wahltag zur Tür ihres gemeinsamen Hauses begleitet, gesteht er ihr: „Heute, liebe Mutter, wirst Du Deinen Sohn als Pontifex maximus oder auf der Flucht erleben."

Caesar braucht nicht die Flucht zu ergreifen, denn er wird mit einer beachtlichen Stimmenzahl zum Pontifex maximus gewählt. Wie es das Amt verlangt, zieht er damals aus Subura aus, um sich in der *Domus publica* niederzulassen, die er bis zu seinem Tode bewohnen wird. Der Amtssitz des Pontifex maximus befindet sich im Gebäudekomplex der *Regia*, der an der das Forum Romanum durchquerenden Via Sacra liegt. Die *Regia* ist eines der ältesten Bauwerke Roms und wird allerdings wohl zu Unrecht als altertümlicher Wohnsitz des Königs Numa Pompilius angesehen. Sie ist im 6. Jahrhundert v. Chr. in der Form errichtet worden, wie sie zur Zeit Caesars besteht. Die *Regia*, die von geringer Größe ist und einen eigenartigen Grundriss aufweist (ein rechteckiger, aus drei Zimmern zusammengesetzter Teil grenzt an einen trapezförmigen Raum an), wurde niemals von den Erben der geistlichen Macht der Könige – zunächst dem Opferkönig, dann dem Pontifex maximus – bewohnt. Sie enthält ein kleines Mars-Heiligtum, in dem die zwölf *ancilia* oder heiligen Schilde aufbewahrt werden, die die militärische Macht Roms sichern. Die „Tanzpriester" von der Bruderschaft der Salier nehmen die *ancilia* zweimal jährlich, zum Beginn und zum Ende der Kriegszeit (im März und im Oktober), aus der *Regia* heraus und ziehen – mit sehr altertümlichen militärischen Gewändern bekleidet und im Dreivierteltakt tanzend – durch die Straßen Roms. Sie begleiten ihren Tanz mit einem sehr alten Gesang, dessen Text zur Zeit Caesars nicht mehr verständlich ist, und schlagen dabei mit ihren Lanzen auf die Schilde. Neben dem Mars-Heiligtum befindet sich das der Ops Consiva, einer alten Erntegottheit. Die Archive der Pontifices werden in der *Regia* aufbewahrt, in der sich die altehrwürdigsten religiösen Zeremonien abspielen.

Die *Regia* grenzt an den Tempel der Vesta und an die *Domus publica* an, wo Caesar einen Trakt des Hauses der Vestalinnen innehat. Heute sind noch ein mit Mosaiken ausgelegter Saal mit Apsis, der eine Badeanlage enthielt, und Reste einer Malerei, die einen Garten darstellt, sichtbar. Die *Domus publica* ist eine „Dienstwohnung", und Caesar hat vermutlich nur wenig Einfluss auf ihre Ausstattung genommen. Durch die Unterbringung in diesem Haus wohnt Caesar im geistlichen Zentrum Roms, zwischen *Regia* und Vesta-Tempel. In der Laufbahn des zukünftigen Diktators ist dies ein erster wichtiger Schritt. Das Bewohnen einer „königlichen" Wohnstätte (*regia*) ist für ihn bereits ein Vorgriff auf die absolute Macht, die er anstrebt.

In der *Domus publica* ereignet sich im Jahre 61 v. Chr. ein entsetzlicher Skandal, in den Caesars eigene Gemahlin verwickelt ist. Die Frauen Roms feiern jedes Jahr Anfang Dezember die *Damia*, eine geheime Zeremonie zu Ehren der Bona Dea (Gute Göttin), einer altertümlichen Gottheit, deren wirklicher Name niemals aufgedeckt worden ist. Die römischen Matronen und die Vestalinnen versammeln sich, nach einem Opfer zum Gedenken an die Weihe des Heiligtums der Gottheit auf dem Aventin, in Gesellschaft ihrer Dienerinnen im Hause eines hohen Beamten. Die Frauen, deren Köpfe mit Purpurbändern umwunden sind, opfern eine Sau und bringen Weinopfer dar. Tänzerinnen, Musikerinnen und Sängerinnen begleiten diese Kulthandlungen. Den Männern sind die *Damia* streng verboten. Die Abwesenheit männlicher Präsenz während dieser Zeremonien hat die Fantasie der Römer angeregt, die sich ausmalen, wie sich ihre Gemahlinnen unerhörten Orgien hingeben!

Julius Caesar bekleidet im Jahre 61 v. Chr. die Praetur. Die Römerinnen müssen also die *Damia* an seinem Wohnsitz feiern. Infolgedessen spielt sich die Liturgie in der *Domus publica* ab. Pompeia, die zweite Frau Caesars, steht ihr mit Unterstützung ihrer Schwiegermutter Aurelia und ihrer Schwägerin Iulia vor. Während der Feier betritt ein mit dem langen, safrangelben Gewand der Harfenspielerinnen bekleideter Mann, dessen Gesicht halb durch einen Turban verhüllt ist, mit Hilfe einer Dienerin, die ihm die Tür öffnet, die *Domus publica*. Sein Gesicht ist bartlos, und er ist noch jung. Er verirrt sich in den Gängen der *Domus publica* und fragt eine Dienerin nach dem Weg. Seine Stimme verrät ihn jedoch. Die Dienerin stürzt in den Raum, in dem die Zelebranten versammelt sind und ruft, dass sie im Haus einen Mann ertappt hat. Die Frauen unterbrechen, angesichts dieser Freveltat von panischer Angst ergriffen, ihre Liturgie. Aurelia lässt die heiligen Gegenstände verhüllen und ordnet die Suche nach dem Schuldigen an. Schließlich findet man ihn in einem Zimmer, und er wird wütend vertrieben. Mitten in der Nacht nach Hause zurückgekehrt wecken die Matronen unverzüglich ihre Ehemänner, um ihnen den ganzen Vorfall zu berichten und ihnen den Namen des Ruchlosen mitzuteilen.

Dieser ist in Rom allgemein bekannt. Es handelt sich um den jungen Publius Clodius, der zu einer der wichtigsten Familien Roms gehört und sich dazu entschlossen hat, sich in den einfachen Kreisen Roms einen Namen zu machen. Im Jahre 61 v. Chr. ist seine erst kurze politische Karriere schon mit Skandalen, Provokationen und mehr oder minder schwerwiegenden Vergehen gespickt. Warum hat Clodius den verrückten Plan ersonnen, in betrügerischer Weise den heiligsten Mysterien der römischen Religion beizuwohnen? Womöglich handelt es sich um eine grundlose Provokation, die bestens zu den Gewohnheiten dieses kaum mit religiösen Skrupeln belasteten Mannes passen würde. Schon vom nächsten Morgen an ist aber eine andere Version in der ganzen Stadt in Umlauf: Der in Caesars Ehefrau verliebte Clodius habe diesen (sehr unbeholfenen!) Weg gewählt, um in Abwesenheit ihres Gemahls mit der Schönen zusammenzukommen. Pompeia wird im Übrigen von niemandem ausdrücklich bezichtigt, sich an der Schändung mitschuldig gemacht zu haben.

Sicher hätte Caesar es vorgezogen, diese Begebenheit mit Stillschweigen zu übergehen. Sie hat sich schließlich in seinem Haus abgespielt, und seine eigene Ehefrau ist darin verwickelt. Was aber ist zu tun, da sich nun alle Römer offen über den Skandal lustig machen? Caesar will sich nicht mit Clodius entzweien, den er als zukünftigen Verbündeten betrachtet, der seine politischen Bestrebungen unterstützen kann. Er

erstattet auch keine Anzeige wegen Hausfriedensbruchs und strengt gegen Clodius keinen Prozess wegen Ehebruchs an. Er beschränkt sich darauf, Pompeia ohne Angabe des Scheidungsgrundes zu verstoßen. Als ihn ein Tölpel nach den Gründen für diese Verstoßung fragt, begnügt er sich mit der Antwort: „Die Ehefrau Caesars darf nicht einmal verdächtigt werden!" Im Übrigen ist Clodius der römischen Obrigkeit noch etwas schuldig. Die Feinde Caesars strengen gegen ihn einen Prozess wegen Gottlosigkeit an. Clodius wird von der auf ihm lastenden Anschuldigung freigesprochen, indem er die Geschworenen besticht und sich mit Hilfe von Falschaussagen ein Alibi verschafft.

Die *Damia*-Affäre stellt einen dieser pikanten Skandale mit politischer Konnotation dar, auf die die Römer aus sind. Sie spielt auch für den Aufstieg Caesars eine entscheidende Rolle. Durch die Entscheidung, eine vielleicht unschuldige Ehefrau seinen persönlichen Interessen zu opfern, hat Caesar sich die Dankbarkeit des Clodius gesichert. Dieser wird später ein wichtiger Verbündeter bei der Beseitigung der Gegner Caesars, indem er sich seiner üblichen Waffen bedient: dem Aufruhr und der Veranstaltung gewalttätiger Demonstrationen, was Caesar persönlich nicht tun konnte.

ROM

Die Regia, Wohnsitz Julius Caesars

↑ Im Vordergrund links die Regia mit ihrem kleinen, trapezförmigen Hof und dem Gebäude für die Heiligtümer. Rechts der Vesta-Tempel, aus dem der Rauch des fortwährend brennenden Feuers aufsteigt. Im Hintergrund der Bezirk des Hauses der Vestalinnen, der Residenz Caesars. Auf der Straße (Via Sacra) kommt ein Triumphzug vorbei.

Der Palast von Alexandria

Im August des Jahres 48 v. Chr. siegen die Truppen Caesars in der Schlacht von Pharsalos (Thessalien) gegen die des Pompeius. Letzterer kann fliehen und geht am Strand von Alexandria an Land. Achillas, der Gesandte des jungen ägyptischen Königs Ptolemaios XIV., lässt ihn enthaupten, und als Caesar seinerseits vier Tage später Alexandria erreicht, schenkt er ihm zur Begrüßung den Kopf seines Feindes. Der Sieger von Pharsalos ist jedoch empört über die einem

←← Das antike Alexandria erstreckte sich zwischen dem Mittelmeer im Norden (hier in der unteren Bildhälfte) und dem Mareotis-See im Süden. Die Bucht des großen Hafens wird nördlich durch die Insel Pharos begrenzt, auf deren östlichen Ausläufer (hier auf der linken Seite) sich mit dem berühmten Leuchtturm eines der sieben Weltwunder erhob.

→ Das Palastviertel von Alexandria nahm beinahe ein Viertel der Stadtfläche ein. Der älteste Palast wurde auf der Halbinsel Lochias erbaut **(1)**. Weitere Palastgebäude verteilten sich im gesamten Stadtteil sowie auf die vorgelagerten Inseln Antirhodos **(2)** und Timoneion **(3)**. Zwischen dem Timoneion und der Halbinsel Lochias erstreckte sich der Königliche Hafen **(4)**. Ein Teil des Hafens war hinter einer Mauer verborgen **(5)**, um die Sicherheit der königlichen Flotte im Kriegsfall zu erhöhen. Im Palastviertel befanden sich schließlich Wissenschaftszentrum und Bibliothek des *Museion*, dessen Reste sich archäologisch nicht mehr nachweisen lassen. Ebenso gibt es keine Spuren der Grabstätten der hellenistischen Königsdynastie und des Stadtgründers Alexanders des Großen.

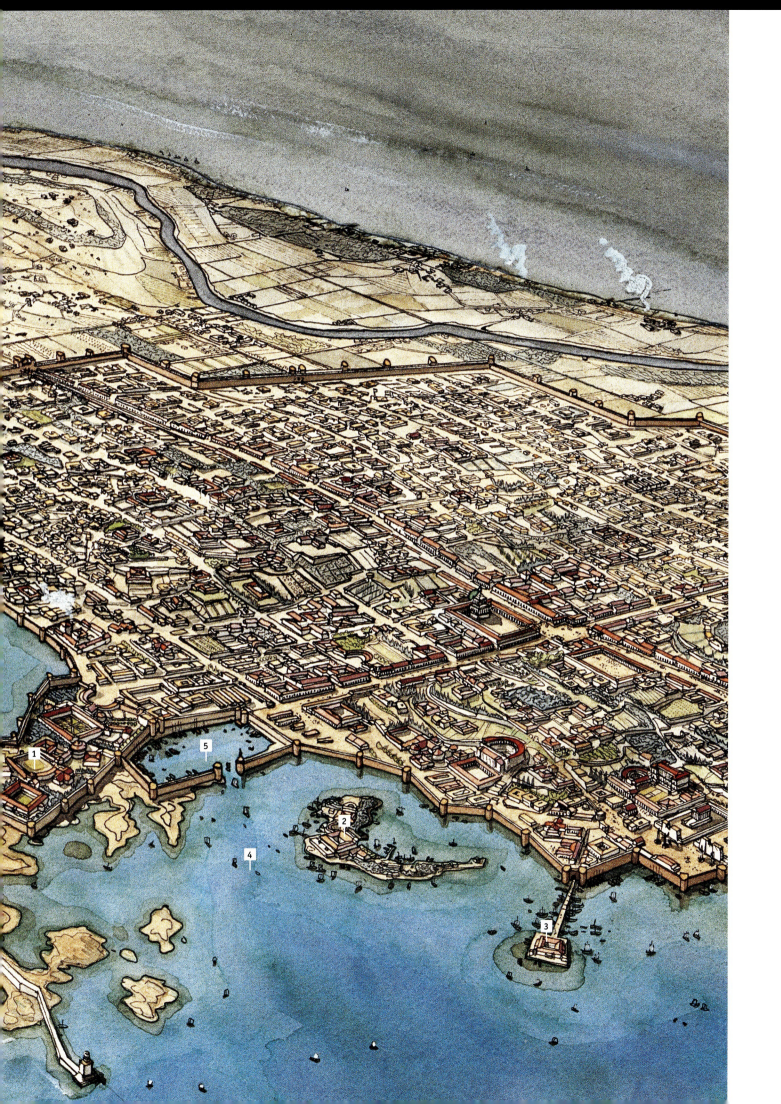

→ Das Forum Iulium ist ein monumentaler Komplex, dessen Bau Caesar begonnen hat und der durch den Tempel der Venus Genitrix überragt wird. Im Zentrum des Hofes ragt die Statue des Diktators empor. Das Forum wird erst während der Regierungszeit des Augustus fertig gestellt.

römischen General zugefügte Beleidigung und erkennt in dieser Begebenheit die Gelegenheit, sich die Herrschaft über Ägypten zu sichern. In diesem noch unabhängigen Land bekriegen sich nämlich die beiden Herrscher, Ptolemaios und seine Schwester Kleopatra. Kleopatra gebraucht eine List, um die Gunst Caesars zu gewinnen, der sich bereits im königlichen Palast von Alexandria niedergelassen hat. Sie lässt sich heimlich, in einen Teppich eingerollt, in die Wohnung des Römers bringen. Der vom großen Charme der jungen Frau gefesselte Caesar verliebt sich in sie. Das Liebespaar lebt mehrere Monate lang im Palast, den die Armee des Ptolemaios und die Alexandriner belagern.

Das Palastviertel Alexandrias (*Basileia*) nimmt mehr als ein Viertel der gesamten Stadtfläche ein. Seit der Stadtgründung im Jahre 331 v. Chr. und bis zur Regierungszeit Kleopatras haben die aufeinander folgenden Herrscher Wert darauf gelegt, den bereits vorhandenen Gebäuden neue Bauten hinzuzufügen. Im Jahre 48 v. Chr. dehnen sich die aneinander grenzenden Königspaläste bis auf das Kap Lochias hinaus aus, das der Insel Pharos mit dem berühmten Leuchtturm gegenüber liegt. Ein kleiner, durch einen Deich verschlossener Hafen ist der ausschließlichen Nutzung durch die ägyptischen Könige vorbehalten. Die Insel Antirhodos, auf der sich ebenfalls eine königliche Wohnstätte befindet, liegt in der großen Bucht, die durch das Kap Lochias und die Insel Pharos – die durch einen Deich (das *Heptastadion*) mit dem Festland verbunden ist – gebildet wird.

Die *Basileia* ist eine echte Stadt mit zahlreichen Gärten und Spazierwegen. Außer den königlichen Wohnungen birgt sie die berühmtesten Prestigebauten Alexandrias und die erste Museumsstätte. Dieser „Wohnsitz der Musen" ist im Grunde ein auffallendes Gebäude, das zugleich als Hochschule und als geisteswissenschaftliche Akademie dient. Etwa einhundert Intellektuelle, Grammatiker, Philosophen, Dichter und Wissenschaftler leben dort, für deren Unterhalt die Königsmacht aufkommt. Das Museum umfasst Unterkünfte für die Mitglieder und einen großen gemeinschaftlichen Speisesaal, in dem sie zusammen essen. Die Gelehrten können sich in Vortragssälen und mit Sitzgelegenheiten ausgestatteten Exedren über ihre Entdeckungen austauschen und Besucher empfangen. Unweit des Museums stellt die große Bibliothek den Museums-Stipendiaten ihre hervorragenden Sammlungen zur Verfügung, die 700 000 Werke umfassen. Die Mitglieder können in der Umgebung dieser beiden Gebäude auf schattigen Spazierwegen wandelnd ihre

Gedanken austauschen. Der *Sôma*, die Einfriedung mit den Gräbern der Könige und dem Mausoleum Alexanders des Großen, befindet sich ebenfalls in diesem Komplex.

Caesar und Kleopatra bleiben ungefähr sechs Monate lang in dem von den Alexandrinern umzingelten Palastviertel eingeschlossen. Caesar entschließt sich, seine Flotte in Brand zu stecken, damit die Alexandriner sich nicht der römischen Trieren (Dreiruderer) bemächtigen können, die im großen Hafen vor Anker liegen. Die Flammen greifen jedoch auf die Kais über und erreichen die Bibliothek, die ebenso vollständig zerstört wird wie die unschätzbare Büchersammlung, die sie enthält. Später lässt Marcus Antonius, nun seinerseits Liebhaber Kleopatras, nach Büchern aus der Bibliothek von Pergamon schicken, um sie in der neuen, wieder aufgebauten Bibliothek von Alexandria aufzustellen.

Das Forum des Caesar

Caesar hat für Rom ein umfangreiches städtebauliches Vorhaben entworfen, das er durch seinen vorzeitigen Tod nicht zum Abschluss bringen konnte. Dem architektonischen Werk Caesars liegt ein großer Ehrgeiz zugrunde. Zuallererst möchte er mit den hellenistischen Monarchen wetteifern, die im ägyptischen Alexandria und im kleinasiatischen Pergamon allgemein bewunderte Werke hinterlassen haben. Das regelmäßige, rechtwinklig angelegte Straßennetz Alexandrias und die breiten, von Palästen und Gärten gesäumten Prachtstraßen haben ebenso wie der berühmte Leuchtturm die Bewunderung aller antiken Reisenden erregt. Die über Pergamon herrschenden Attaliden haben den Grundriss der pergamenischen Akropolis dem Gelände angepasst: Vier stufenförmig ansteigende Plateaus, die fächerförmig um das Theater herum liegen, werden durch das riesige Athena-Heiligtum und den großen Pergamonaltar überragt, dessen Aufsehen erregender Fries die Gigantomachie (Kampf der Götter gegen die Giganten) darstellt. Caesar lässt sich von diesen monumentalen Werken Alexandrias und Pergamons anregen, deren architektonische Schönheit einer Ideologie der absoluten Macht entspricht.

Als er im Jahre 54 v. Chr. den Bau seines Forums in Angriff nimmt, hat Caesar die Absicht, das republikanische Forum zu entlasten, indem er ihm einen neuen öffentlichen Platz hinzufügt. Die Einweihung des Forum Iulium findet im Jahre 46 v. Chr. nach der Schlacht

von Pharsalos statt, in deren Verlauf die Truppen Caesars über die des Pompeius gesiegt haben. Das Forum Iulium ist zu diesem Zeitpunkt das Symbol eines politischen Programms geworden: Als Gegenstück zum Tempel der Venus Victrix des Pompeius lässt Caesar auf seinem Forum das Heiligtum der Venus Genitrix („Mutter") errichten, also der Beschützerin des römischen Volkes und der Ahnin der Familie der Iulier, die von Aeneas, dem Sohn der Göttin abzustammen vorgibt. Der zum Heiligtum der Sippe der Iulier gewordene Tempel auf dem Forum Iulium bildet die Entsprechung zu dem den Sieg preisenden Tempel des Pompeius.

Das Forum Iulium gehört zu den ersten städtebaulichen Vorhaben Caesars, die im Ganzen die vollständige Umwandlung des politischen und geistlichen Zentrums von Rom zum Ziel haben. Er beginnt mit der Umgestaltung des republikanischen Forums. Das *Comitium*, der Versammlungsort der Volksversammlungen, verschwindet ebenso wie alle Läden, die es noch verstopfen. Vor dem Concordia-Tempel wird die Rostra, eine neue Rednertribune errichtet. Caesar lässt auch die alte Kurie, den Versammlungsort des Senats, versetzen und baut sie in neuer Lage als Verbindungspunkt mit dem Forum Iulium wieder auf. Aufgrund der Tatsache, dass die Curia Iulia im Jahre 44 v. Chr. wegen Bauarbeiten nicht zur Verfügung steht, versammeln sich übrigens die Senatoren an den Iden des März in der Kurie des Pompeius. Caesar lässt die alte Basilika Sempronia abreißen, um sie durch das prachtvolle Gebäude der Basilika Iulia zu ersetzen und händigt Aemilius Paullus eine große Summe für die Restaurierung der von einem seiner Vorfahren erbauten Basilika Aemilia aus. Das neue Forum Romanum ist aufgelockerter, bringt aber die heimlichen Bestrebungen des Diktators gut zum Ausdruck. Cicero meint recht unbefangen, dass die Wiederherstellung des Forums den alten republikanischen Platz in geeigneter Weise entlastet hat. In Wirklichkeit hat Caesar die politischen Gebäude dieses Platzes der Perspektive seines eigenen Forums gemäß neu ausgerichtet. Insbesondere die neue Kurie, und dadurch sogar die Bedeutung der Senatoren, wird auf den Rang einer Übergangsstelle zwischen den beiden Foren zurückgedrängt.

Julius Caesar schuf als Erster unter den römischen Regierenden einen prächtigen, den Freizeitbeschäftigungen seiner Mitbürger vorbehaltenen öffentlichen Platz. Im Jahre 54 v. Chr. beschloss er, ihn nördlich des republikanischen Forums, an den Hängen des Kapitols entlang zu bauen. Zu diesem Zeitpunkt kann er sich nicht selbst um die Bauarbeiten kümmern, da er durch den Gallischen Krieg zurückgehalten wird. Deshalb betraut er die beiden Politiker, ehemaligen Feinde und neuen Bundesgenossen Cicero und Oppius damit, sich um den Erwerb der Grundstücke zu kümmern, die Privateigentümern gehören. „Wir, die ‚Freunde' von Caesar", schreibt Cicero an Atticus, „(ich will sagen: ich und Oppidus, und müsstest du darum auch vor Eifersucht platzen) haben zur Errichtung dieser Bauwerke, die deine Bewunderung erregt haben, an die 60 Millionen Sesterzen ausgegeben, um das Forum zu verbreitern und bis zum Atrium der Freiheit zu verlängern. Es war nicht möglich, von den Privatbesitzern die Grundstücke für weniger Geld zu bekommen." Diese Enteignungen beliefen sich nach Sueton in Wirklichkeit auf 100 Millionen Sesterzen.

Die Bauarbeiten beginnen im Jahre 51 v. Chr. und sind bei der Einweihung des Forums im Sommer 46 v. Chr., am Schluss des viertägigen Triumphs Caesars, noch nicht beendet. Sie sind jedoch so weit fortgeschritten, dass der gesamte Grundriss sichtbar ist. Bauleiter des nach den berühmten Grundsätzen des griechischen Klassizismus umgesetzten Komplexes ist ein aus Athen angereister Architekt. Das Forum Iulium, ein langer schmaler Platz von 160 m × 75 m, wird auf drei Seiten von zwei Säulenreihen gesäumt und vom Tempel der Venus Genitrix überragt, dessen Marmorsäulen Goldschmuck verziert sind. Es war Caesars Wunsch, dass seine Mitbürger seine Kunstsammlungen bewundern können. Im Tempel und im Portikus sind Malereien (insbesondere zwei zum Preis von mehr als einer Million Sesterzen erworbene Gemälde aus der Hand des Timomachus von Byzanz), zahlreiche Statuen, sechs Dactyliotheken (Ringsammlungen), die geschnittene Edelsteine enthalten, sowie eine Besonderheit ausgestellt: ein vollständig mit Perlen aus Britannien überzogener Harnisch. Das Wasser des Brunnens der Danaiden-Nymphen vor dem Tempel umsprudelt die Reiterstatue des Diktators, eine Nachbildung der Alexanderstatue aus der Hand des Lysippos. Besondere Sorgfalt wurde auf die Darstellung des außergewöhnlichen Pferdes mit seinen in Gestalt menschlicher Finger gespaltenen Hufen verwendet. Das Forum Iulium, das unter den Schutz der Gottheit ihres Nachkommen gestellt ist, verherrlicht die Macht eines Mannes, der bereits ein Halbgott ist.

Caesar bittet Cicero und Oppius auch, bei der Umwandlung der *Saepta* mitzuwirken, ein Vorhaben, das er mit seiner Kriegsbeute aus Gallien finanziert. „Wir werden ein Gebäude errichten", schreibt Cicero, „das man bewundern wird. Auf dem Marsfeld werden wir nämlich eine von Marmor umfasste gedeckte Halle schaffen für die Tributkomitien und sie mit einem tausend Schritt langen Säulengang umgeben. Dieses Gebäude wird mit der Villa Publica verbunden sein. Du wirst mir sagen: ‚Wozu wird dieses Gebäude dienen?' Und ich antworte dir: ‚Warum sollen wir uns darum Sorgen machen?'" Die *Saepta Iulia* soll dafür sorgen, die Fiktion einer republikanischen Regierung aufrechtzuerhalten, da ihr Bau als Modernisierung der alten *Saepta* (Einfriedung) dargestellt wird, in der sich die plebejischen Wähler versammelten. Im Grunde ist dieser ausgedehnte, nördlich des Marsfeldes gelegene Standort (300 m × 125 m) ein prunkvoller, von Portiken gesäumter Platz. Die im Jahre 26 v. Chr. durch Agrippa vollendete *Saepta Iulia* ist niemals zu Wahlabstimmungen genutzt worden, entwickelt sich aber zu einem der meistbesuchten Ausflugsziele der Römer.

Die größte Teil der architektonischen Leistungen Caesars wird unter der Herrschaft seines Nachfolgers Augustus fertig gestellt. Zu Lebzeiten des Diktators zeichnet sich jedoch eine neue, durch die Gestalt Caesars beherrschte Verteilung der geistlichen und politischen Räume des republikanischen Forums und des Marsfeldes ab. Ein Spaziergänger, der an der Basilika Iulia aufbricht, geht an der Rostra Iulia und an der Curia Iulia vorbei, überquert das Forum Iulium und gelangt zur *Saepta Iulia*.

Caesar plant wenige Monate vor seiner Ermordung eine grundlegende Umgestaltung Roms. „Zufällig hat Capito das Vorhaben der Stadterweiterung angesprochen", schreibt Cicero. „Der Tiber soll von der Milvischen Brücke an umgeleitet werden und dann durch die Vatican-Ebene fließen. Das Marsfeld soll überbaut und die Vatican-Ebene zu einem neuen Marsfeld umgestaltet werden." Das ehrgeizige Gesetzesvorhaben Caesars zur „Vergrößerung der Stadt" sieht demzufolge vor, das Zentrum Roms durch eine Umleitung des Tibers zum Marsfeld hin zu verlagern und der Stadtfläche die nahezu leeren Grundstücke des Vatikans und des Armenviertels Trastevere hinzuzufügen. Sueton teilt weitere Einzelheiten über die Absichten Caesars zur Verschönerung der Stadt mit. Er hat vor, an der Stelle des Ziegensumpfes auf dem Marsfeld den größten jemals dem Mars geweihten Tempel zu erbauen. Auf diese Weise stünde dieser Gott, der Vater von Romulus und Remus, der Venus Genetrix des Caesarforums, der Mutter der *gens* Iulia, gegenüber. Um dem Theater des Pompeius Konkurrenz zu machen, beabsichtigt er, nach dem Vorbild der Akropolis von Pergamon ein größeres Theater zu errichten, das sich am Kapitol anschmiegt und das Forum überragt. Das Beispiel der beiden großen öffentlichen Bibliotheken von Alexandria und Pergamon musste ihn zu einem vergleichbaren Bauwerk für Rom anregen, und Caesar beauftragt den vielseitigen Autor Marcus Varro, Bücher anzuschaffen und sie in einem Verzeichnis zu erfassen. Sicher gehörten auch die Umgestaltung der römischen Stadtteile sowie, nach dem Vorbild Alexandrias, die Auswechslung der engen und ungesunden Gassen durch große Straßen zu diesem Vorhabenkomplex. Die Trockenlegung der Pontinischen Sümpfe hätte schließlich die stark verschmutze Atmosphäre Roms gereinigt. Keines dieser ehrgeizigen Vorhaben wird jedoch in die Tat umgesetzt.

Die Curia des Pompeius

Pompeius verfügte bei seinem dreifachen Triumph im Jahre 61 v. Chr. den Bau des ersten steinernen Theaters in Rom, das 55 v. Chr. eingeweiht wurde. Der architektonische Komplex, der das Theater umgibt, symbolisiert und verherrlicht die Siege des großen Feldherrn. Das Theater, das mit einer Höhe von 45 m (gleich der des Kapitols) das Marsfeld überragt, schmiegt sich nicht, wie es meistens der Fall ist, an einen natürlichen Hang an, sondern ruht auf mächtigen Gewölben. An seinem Eingang erhebt sich die dem Bildhauer Coponius geschuldete monumentale Gruppe der zwölf durch Pompeius besiegten Völker. Am höchsten Punkt der riesigen *cavea*, die 20 000 Zuschauer aufnehmen kann, steht ein kleiner, der Venus Victrix (Sieg bringend) geweihter Tempel. Die Göttin repräsentiert Tapferkeit, Ehre und Glück – Eigenschaften, die dem *imperator* in besonderem Maße zugesprochen werden. Hinter der Bühnenmauer des Theaters erstreckt sich der Portikus des Pompeius, ein riesiger Platz (180 m × 135 m) mit vier Säulenhallen, die einen Garten umrahmen. Dort sind Brunnen und zahlreiche Frauenstatuen zu sehen, von denen man die einen klassischen griechischen Bildhauern verdankt, während die anderen zeitgenössische Heldinnen darstellen. Atticus, ein großer Kunstliebhaber und Freund Ciceros, hat diese Statuen ausgewählt. Am östlichen Ende des Portikus ist eine große, rechteckige Exedra angelegt, in deren hinterstem Teil eine heroisierte (d. h. nackte) Statue des Pompeius aufgestellt wurde, der die Weltkugel in der Hand trägt. Caesar wird an den Iden des März des Jahres 44 v. Chr. in dieser, mit dem Bei-

name „Curia des Pompeius" versehene Exedra ermordet. Der riesige Komplex des Pompeius, der dem Kapitol gegenübersteht und sich über mehr als 300 m erstreckt, bildet eine richtige kleine Stadt.

Die Ermordung Caesars wird von einer Gruppe von Römern geplant, die von seiner Politik enttäuscht sind. Die treibenden Kräfte der Verschwörung sind zwei ehemalige Pompeianer ohne einen konkreten Plan: Marcus Iunius Brutus, Sohn der Servilia Caepionis, einer früheren Geliebten Caesars, und Caius Cassius Longinus, von Beruf Soldat. Einen Augenblick lang sind sich die 24 Verschwörer über die einzuschlagende Taktik unschlüssig: Die einen beabsichtigen, Caesar beim Verlassen seiner Wohnung auf der Via Sacra zu überfallen, andere während der Wahlen der Comitia, wieder andere während einer Gladiatorenvorstellung. Als sie erfahren, dass der Senat an den Iden des März (= 15. März) in der Curia des Pompeius eine Sitzung abhalten soll, finden die Verschwörer, dass der Ort und die Zeit für ihre Absichten günstig sind: Die Senatoren sind nicht bewaffnet, und die Verschwörer werden leicht ihre Messer mitbringen können, indem sie diese anstelle der für die Beratungen des Senats erforderlichen Unterlagen in ihren *scrinia* (zylindrische Kästchen, die dem Transport der Papiere dienen) verstecken. Caesar wird nicht von bewaffneten Wachen umgeben sein. Außerdem werden die bewaffneten Gladiatoren, die an diesem Tag im Theater des Pompeius trainieren, den Verschwörern Beistand leisten können. Die Zeit drängt, da Caesar einige Tage nach den Iden aufbrechen soll, um einen Feldzug gegen die Geten zu leiten. Die Durchführung des Attentats wird genau festgelegt: Trebonius wird den Konsul Antonius, den besten Freund Caesars, außerhalb der Curia aufhalten. Jeder der übrigen 23 Verschwörer verpflichtet sich, dem Diktator einen Dolchstoß zu versetzten. Die Rollen werden wie im Theater verteilt: Tillius Cimber soll Caesar zum Stehen bringen, Casca ihm den ersten Hieb versetzen, gefolgt von seinem Bruder Brutus und den restlichen Verschwörern.

Mehrere Zwischenfälle hätten Caesar davon abbringen können, sich in die Curia des Pompeius zu begeben. An den vorhergehenden Tagen hatten ungünstige Vorzeichen ein unmittelbar bevorstehendes Unglück angekündigt, und der Haruspex Spurinna hatte Caesar gewarnt, sich vor den Iden des März in Acht zu nehmen. Nachdem sie eine Nacht voller warnender Alpträume verbracht hat, fleht Calpurnia, die Frau des Diktators, ihren Mann am Morgen des 15. März an, die Senatssitzung zu vertagen. Lange überlegt Caesar wegen all dieser schlechten Vorzeichen und auch wegen seines schlechten Gesundheitszustandes (am Vorabend hatte er während eines Abendessens bei seinem *magister equitum* Lepidus entgegen seiner maßvollen Gewohnheit zuviel getrunken und gegessen!), ob er nicht dem Rat seiner Frau Calpurnia folgen sollte. Cäsar ist gerade im Begriff, Antonius zu schicken, um den Senat zu entlassen, als Trebonius, einer der Verschwörer, bei ihm ankommt und Calpurnias Träume in spöttischem Ton lächerlich macht. Trebonius drängt Caesar, sich in den Senat zu begeben, anderenfalls würde er als Schwächling gelten, der sich von den Ängsten einer Frau leiten lässt. Es ist elf Uhr morgens, und in der Curia des Pompeius warten die Senatoren bereits seit sieben Uhr früh.

Also entschließt sich Caesar, sein Haus zu verlassen, und besteigt die Sänfte, die ihn von der Domus Publica zum Portikus des Pompeius bringen wird. Als er in der Menge den Haruspix Spurrina bemerkt, ruft er ihm lachend zu: „Nun, da sind sie, diese Iden des März!", woraufhin Spurrina erwidert: „Ja, sie sind gekommen, aber sie sind noch nicht vorüber!" Artemidorus von Knidos, ein berühmter Griechischlehrer, der offenkundig von der Verschwörung Wind bekommen hat, schiebt die Leute beiseite, die sich um die Sänfte des *imperators* drängen, und reicht Caesar ein Briefchen, das die Liste der Verschwörer enthält. Caesar versucht mehrmals, es zu lesen, wird aber durch zahlreiche Bittsteller daran gehindert. Er hält das Briefchen noch in der Hand, als er die Curia betritt.

Caesar, der in eine purpurfarbene, goldbestickte Toga gekleidet ist und seinen Lorbeerkranz auf dem Kopf trägt, geht zur großen Erleichterung der Senatoren, die ihn seit mehreren Stunden erwarten, auf seinen vergoldeten Sitz zu. Anschließend verläuft alles wie von den Verschwörern geplant. Das Vorgehen ist zügig und schonungslos. Die Senatoren (es sind 900) sind wie vor den Kopf geschlagen, und da sie die Zahl der Verschwörer nicht kennen, fliehen sie in alle Richtungen, ohne auch nur daran zu denken, Caesar zu Hilfe zu kommen. Die im Theater des Pompeius versammelten Gladiatoren eilen auf die Curia zu und steigern das Entsetzen der Senatoren. Auch alle diejenigen, die Caesar von seinem Haus bis zur Curia begleitet haben und draußen warten – niedere Beamte, Bürger, Fremde, Freigelassene, Sklaven – laufen davon. Panik verbreitet sich auf den Straßen Roms. Die Senatoren rufen allen, denen sie begegnen, zu: „Fliehe, schließe Dich ein, schließe Dich ein!". Während die einen sich in ihren Häusern verbarrikadieren und die

← Der Tempel der Venus Victrix überragt den monumentalen Komplex des Pompeiustheaters. Am Ende des Quadriportikus mit Garten, der sich hinter dem Theater erstreckt, ist die Curia zu erkennen, in der Caesar im Jahre 44 v. Chr. ermordet wird.

→ Das Forum Romanum und das Begräbnis Caesars mit dem Scheiterhaufen, an dessen Stelle Augustus später den Divus-Iulius-Tempel errichtet. Zu diesem Zeitpunkt war die Curia im Bau. Die Basilika Iulia im Hintergrund blieb unvollendet.

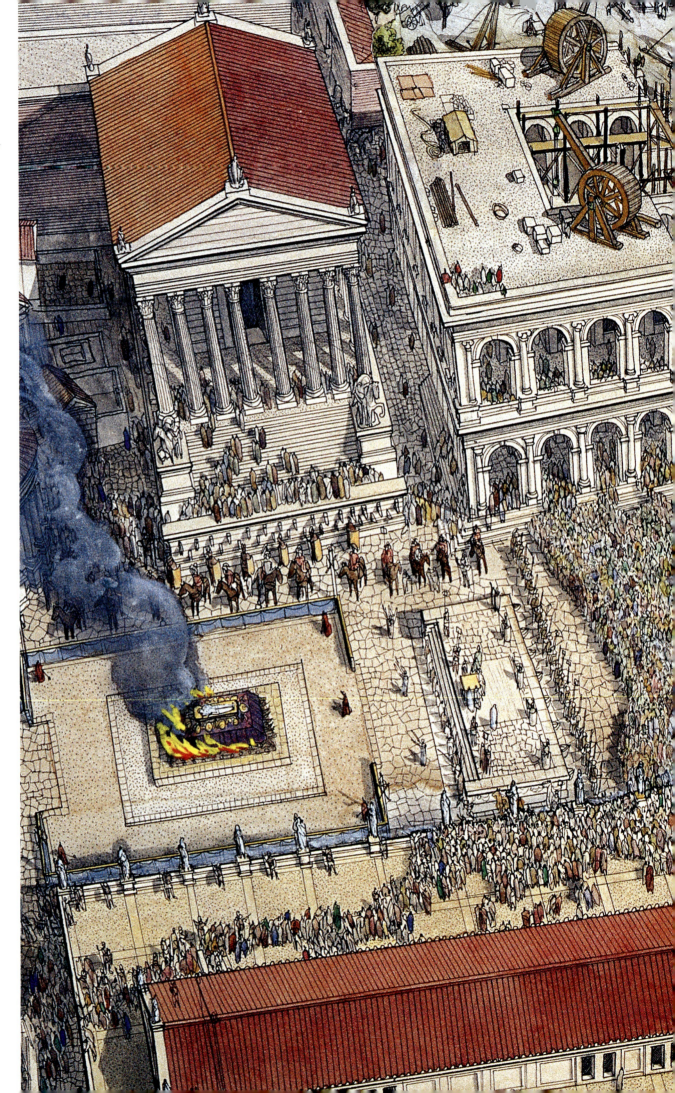

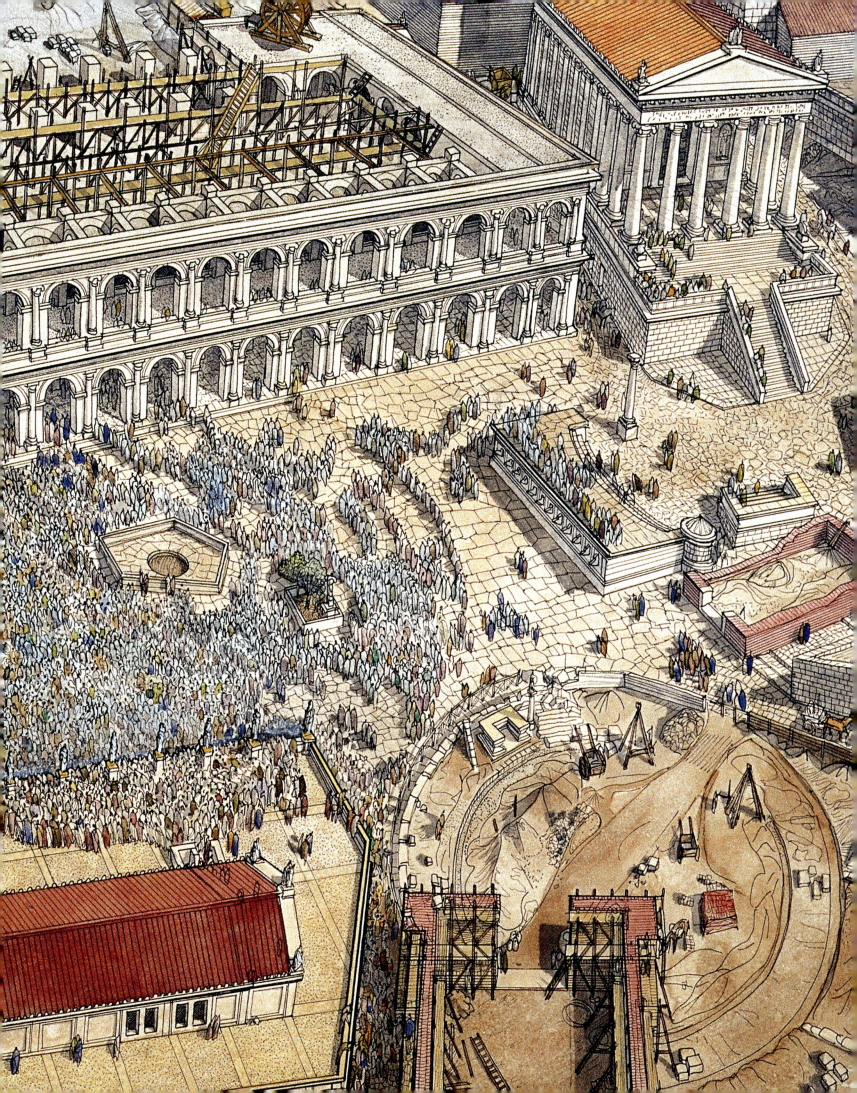

Dächer erklimmen, um sich zu verteidigen, nehmen andere die Gelegenheit war, auf den Märkten die Waren zu plündern. Als Konsul Antonius die Warnung erhält, dass man nach ihm sucht, um ihn zu töten, kleidet er sich hastig in ein Sklavengewand, eilt nach Hause und schließt sich dort ein. Lepidus, der *magister equitum*, läuft zur Tiberinsel und bringt die dort befindliche Legion zum Marsfeld.

Die Verschwörer verlassen die Curia des Pompeius mit blutbefleckten Togen und schwingen ihre Waffen. Einer hat an seinem Schwert den *pileus* befestigt, die phrygische Mütze, die in Rom das Symbol der Befreiung ist. Es ist jedoch niemand mehr da, um ihnen zuzuhören. Der aus zahlreichen Wunden blutende Leichnam Caesars bleibt in der stillen und von allen verlassenen Curia am Fuß der Statue des Pompeius liegen. Gegen Abend wagen sich drei Sklaven, wahrscheinlich die Sänftenträger des Diktators, in den Raum und heben den Leichnam auf, um ihn nach Hause zu bringen. Caesar hält noch das Briefchen des Artemidorus, das ihn vor dem Anschlag warnen sollte, in seiner krampfhaft erstarrten Hand. Bei dem Gastmahl des Lepidus am Vorabend hatte sich die Unterhaltung auch darum gedreht, was die angenehmste Art zu sterben sei. Caesar hatte ausgerufen: „Diejenige, auf die man nicht gefasst ist!"

Das Begräbnis Caesars auf dem Forum Romanum

Wie rechtfertigen weniger als 30 Verschwörer, die außer ihrem gemeinsamen Hass auf Caesar keine klaren politischen Pläne haben, ihren Anschlag auf vernünftige Weise vor den Römern? Sie rufen das römische Volk zur „Freiheit" auf, als sie ihre Waffen schwingend und mit glückstrahlenden Gesichtern zum Kapitol hinaufsteigen. Offenkundig sind sie überzeugt, dass sie durch die Ermordung Caesars die Freiheit wiederhergestellt haben. Worin aber soll diese Freiheit bestehen? Es bleibt alles im Unklaren, und als Brutus wenig später auf dem Forum eine Ansprache an das Volk hält, hört dieses in tiefem Schweigen zu und lässt weder Missbilligung noch Einverständnis erkennen.

Der Senat legt am übernächsten Tag bei seiner Zusammenkunft im Tellus-Tempel die gleiche Unschlüssigkeit an den Tag. Einerseits verfügt er, dass Caesar die göttlichen Ehren erwiesen und die von ihm ergriffenen Maßnahmen nicht angetastet werden. Andererseits gewährt er den Verschwörern auf Antrag Ciceros eine Amnestie und vergibt Provinzen an Brutus und seine Komplizen. Zu diesem Zeitpunkt geben sich alle mit dieser Doppeldeutigkeit zufrieden. Den Freunden Caesars – Antonius, Lepidus und seinem Schwiegervater Calpurnius Piso – erlauben diese wenigen Tage der Unschlüssigkeit aber, die Lage grundlegend zu ihren Gunsten zu ändern. Sie machen das Testament Caesars öffentlich bekannt, das für jeden Bürger eine Zuwendung in Höhe von 75 Denaren (= 300 Sesterzen) und die Abtretung seiner jenseits des Tiber gelegenen Gärten an die römischen Plebejer vorsieht.

Calpurnius Piso verlangt, dass das für den 20. März angesetzte Begräbnis ein glanzvolles Ereignis wird. Der Leichnam soll auf einem Scheiterhaufen verbrannt werden, der auf dem Marsfeld in der Nähe des Grabmals, das Caesar für seine Tochter Iulia erbaut hatte, errichtet wird. Für die Aufbahrung des Toten hat man vor der Rostra auf dem republikanischen Forum einen vergoldeten Raum errichtet, der den Tempel der Venus Genitrix nachbildet. Im Innern sind die blutbefleckten Kleidungsstücke, die Caesar am Tag seiner Ermordung trug, auf einem Bett aus Purpur und Gold niedergelegt. Die Römer ziehen in großer Zahl am Sarg vorbei und legen an dessen Fuß Opfergaben nieder. Von Musikern begleitete Schauspieler stellen, dem Begräbnisbrauch entsprechend, ruhmreiche Begebenheiten aus dem Leben des Verstorbenen nach. Anschließend lässt Antonius, der für seinen Freund die Grabrede halten soll, von einem Ausrufer den Senatsbeschluss (*senatus consultum*) verlesen, der Caesar die göttlichen Ehren verleiht, sowie den Eid, durch den sich die Senatoren noch zu Jahresbeginn zur Verteidigung des Lebens des Diktators verpflichtet haben. Danach äußert er nur wenige Worte, die das Mitleid der Menge erregen sollen, wobei er das empörende Gepräge des Anschlags unterstreicht. Zum Abschluss schwenkt er die blutverschmierte, von den Messerstichen durchlöcherte Toga Caesars.

Als die von hohen Beamten getragene Totenbahre Caesars auf dem Weg zum Marsfeld das Forum überquert, verwandelt sich die zunehmende Ergriffenheit der Römer in Wut. Auf dem Gesicht des Diktators sind die Spuren der Messerstiche für alle deutlich zu erkennen. Eine regelrechte Raserei bemächtigt sich der Menge. Es erhebt sich Protest dagegen, dass die Verbrennungszeremonie auf dem Marsfeld in Anwesenheit von Senatoren abgehalten werden soll, die ihren Eid verletzt haben. Derjenige, dem der Beiname „Vater der Heimat" verliehen wurde, soll in der Mitte seines Volkes eingeäschert werden.

Zwei Männer bemächtigen sich der im Aufbahrungsraum brennenden Kerzen und setzen die Totenbahre in Brand. Alle, die sich in der Nähe befinden, türmen um den Leichnam herum Absperrungen, Tische und Holzbänke auf, die sie in den Gebäuden auf dem Forum finden. Jeder will etwas als Huldigung in diesen improvisierten Scheiterhaufen werfen. Die anwesenden Legionsveteranen schleudern ihre Waffen ins Feuer. Die Schauspieler und Musiker der Trauerspiele entledigen sich ihrer Bühnenkleidung, zerreißen sie und werfen sie in die Flammen. Die Matronen opfern ihren Schmuck der Feuersglut, die Kinder ihre mit einem Purpurstreifen eingefasste Toga (*toga praetexta*) und die goldene Amulettkapsel (*bulla*), die sie um den Hals tragen.

Sobald der Leichnam Caesars verbrannt ist, bemächtigen sich die Plebejer glühender Holzstücke, um die Häuser des Brutus und des Cassius in Brand zu stecken. Die beiden Verschwörer konnten sich rechtzeitig außerhalb Roms in Sicherheit bringen. Der Volkstribun Helvius Cinna wird aufgrund einer Verwechslung mit einem Namensvetter unter den Verschwörern in Stücke gerissen und sein Kopf auf einem Spieß umhergetragen.

Im Anschluss an diese improvisierte Begräbniszeremonie legen die Ausländergemeinschaften Roms jede auf ihre Weise Trauer an. Es fällt besonders auf, dass die Juden der Stadt, sämtlich Anhänger Caesars und Gegner des Pompeius, der in den Tempel von Jerusalem eingedrungen war, sich zum Zeichen der Trauer an mehreren aufeinander folgenden Nächten um das Grab des Diktators herum versammeln.

Für die Römer ist Caesar bereits kein Mensch mehr, sondern ein göttliches Wesen. Das Erscheinen eines Kometen verstärkt den Glauben, dass Caesar unsterblich geworden ist. Der Politiker ist an den Iden des März des Jahres 44 v. Chr. verstorben, und in Rom ist an diesem Tag ein neuer Gott geboren.

Augustus

(63 v. Chr.–14 n. Chr.)

Das Haus des Augustus

→ Statue des Kaisers Augustus aus der Villa von Primaporta.

Die Geschichte des Palatins ist außergewöhnlich! Zunächst ist dieser Hügel Zeuge der sagenhaften Anfänge Roms. Im 1. Jahrhundert n. Chr. wird er Wohnstätte der römischen Herrscher, bis sich schließlich sein Name in allen europäischen Sprachen zum Synonym für die kaiserliche Residenz entwickelt.

Der Palatin ist nur von geringer Höhe (51 m an seiner höchsten Stelle). Er hat mit dem Palatium im Süden und dem Cermalus im Norden zwei Gipfel und ist über die Velia mit dem Esquilin verbunden. Auf der einen Seite überragt er das Forum Romanum, auf der anderen die Niederung des Circus Maximus, und er nimmt einen zentralen Platz in der Stadt ein. Für die Römer ist der Palatin mit Emotionen befrachtet, weil er Teil der sagenhaften und eindrucksvollen Vergangenheit der Stadt ist. Der steinerne Treppenlauf, der den Südhang des Hügels hinaufführt, trägt den Namen *Scalae Caci*. Diese Bezeichnung erinnert an eine alte Legende, die sich auf die Zeitalter vor der Stadtgründung bezieht: Die beiden Einheimischen Cacius und Pinarius, die den Palatin bewohnen, empfangen Herkules mit gebührender Gastfreundschaft und ehren ihn mit Begrüßungsgeschenken. Die Stelle, an der das Haus des Cacius gestanden hat, ist nach seinem Eigentümer benannt, den man jedoch nicht mit dem dreiköpfigen Riesen Cacus verwechseln darf, der demselben Herkules die Rinder des Geryon stahl. Die in einem Körbchen am Tiberufer ausgesetzten Zwillinge Romulus und Remus werden durch ein Flusshochwasser bis zur Lupercal-Grotte auf dem Palatin getragen, in der später jedes Jahr die Lupercalien begangen werden. Romulus zieht bei der Gründung Roms mit dem Pflug eine tiefe Furche um den Palatin herum, die die Grenzen der neuen Stadt markiert. Die „Hütte des Romulus" (*Tugurium* oder *Casa Romuli*), eine runde Holzhütte mit Strohdach, die die Römer von Generation zu Generation liebevoll wiederherstellen, befindet sich in der südwestlichen Ecke des Hügels. Am 21. April, dem Jahrestag der Stadtgründung Roms, begeht man zu Ehren der Göttin Pales auf dem Palatin die Palilia. Die Göttin ist die Beschützerin der Hirten, und ihr Name ist womöglich mit dem des Hügels in Verbindung zu bringen. Das Zusammenspiel aller dieser Einzelheiten verleiht dem Palatin eine heilige Aura. Octavius-Augustus wird daran gedacht haben, als er sich entschließt, seinen Wohnsitz in der Nähe dieser besonderen Stätten zu nehmen.

Am Ende des zweiten Punischen Krieges wird der Tempel der Kybele, der Magna Mater Phrygiens, auf dem Palatin errichtet: Im Jahre 204 v. Chr. lassen die Römer einen Kultstein aus Pessinus (Kleinasien) kommen, der ihnen zum Sieg über die Karthager verhelfen soll. Der schwarze Stein stellt die Naturgottheit Kybele dar, deren Tempel auf dem Palatin förmlich eingeweiht wird. Außer den *Scalae Caci* ermöglichen hauptsächlich zwei Aufstiege das Erklimmen des Hügels: der vom Ostende des Forums ausgehende *Clivus Palatinus* (Palatin-Aufstieg) und der *Clivus Victoriae* (Sieges-Aufstieg) am Westhang.

Am Ende der republikanischen Zeit ist der Palatin zum aristokratischen Stadtviertel schlechthin geworden. Die Eigentümer der Wohnstätten auf dem Hügel gehören zur Welt der Herrschenden, und die politische Klasse betrachtet es als Aufstieg, auf dem Palatin ansässig zu sein. Octavius, der zukünftige Kaiser Augustus, ist im Ostteil des Palatins, an einem „*Ad Capita Bubula*" („Zu den Rinderköpfen") genannten Ort

Augustus aus der Sicht Suetons

Sein Äußeres zeichnete sich durch hervorragende Schönheit und in jedem Alter durch große Anmut aus ... Sein Gesichtsausdruck wies, mochte er reden oder schweigen, große Ruhe und Heiterkeit auf. Daher gestand einmal ein gallischer Häuptling seinen Landsleuten, der sanfte Ausdruck habe ihn umgestimmt und abgehalten, Augustus, wie er es vorgehabt hatte, beim Alpenübergang, als er unter dem Vorwand einer Mitteilung Zutritt zu ihm erlangt hatte, in den Abgrund zu stoßen. Seine Augen waren hell und glänzend; er mochte gern, dass man in ihnen etwas von göttlicher Kraft fand, und freute sich, wenn jemand, den er scharf anblickte, den Blick niederschlug ... sein Haare sanft gelockt und dunkelblond, die Augenbrauen zusammengewachsen, die Ohren mittelgroß; seine Nase oben etwas vorspringend, unten leicht gebogen; seine Hautfarbe bewegte sich zwischen dunkel und hell; seine Statur war kurz – doch gibt sein Freigelassener und Hofhistoriograf Julius Marathus seine Größe immerhin auf fünf dreiviertel Fuß (1,70 m) an –, aber Proportionen und Ebenmaß seiner Glieder verdeckten diesen Übelstand ..."

Sueton, Cäsarenleben, Augustus, 79

geboren. Er wohnt am Anfang seines Lebens im ehemaligen Haus des Redners Calvus, das sich an den *Scalae Anularia* (Treppe der Ringe) befindet. Um seinen Ehrgeiz zu befriedigen, zieht er nach der Ermordung Caesars um und erwirbt das Haus des Hortensius im westlichen Winkel des Palatins. Dieser einstöckige Wohnsitz ist zwar klein, aber sehr günstig in der Nähe der *Casa Romuli* und der *Scalae Caci* gelegen. Er umfasst kaum 350 m², was im Vergleich zu den prächtigen zeitgenössischen Wohnstätten in Pompeji sehr wenig ist. Nach Sueton war seine Ausstattung im Verhältnis zu den anderen aristokratischen Wohnungen auf dem Palatin äußerst schlicht. Die Säulen des Portikus sind aus einfachem Alba-Stein. Der Boden der Gemächer ist nicht mit Marmor oder kostbaren Mosaiken bedeckt. Augustus schläft, sommers wie winters, über 40 Jahre in demselben Zimmer. Das winterliche Klima in Rom ist allerdings der Gesundheit abträglich. Wenn er krank ist, zieht Augustus es vor, in der wesentlich bequemeren Wohnstätte seines Freundes Maecenus zu übernachten! Die Armseligkeit seines Hauses entspricht der Sehnsucht des Augustus nach einem einfachen Leben, und Sueton beschreibt, dass Möbel und Geschirr dieses Herrschers so ärmlich waren, dass sie kaum einfachen Privatpersonen zugesagt hätten. Bei sich zu Hause braucht Augustus keine großen Speisezimmer, wie sie von seinen Nachfolgern so sehr für Festessen geschätzt werden. Sein launenhafter Appetit zwingt ihn mitunter dazu, vor oder nach der Abendmahlzeit, in deren Verlauf er nichts zu sich genommen hat, allein zu speisen. Er trinkt wenig, begnügt sich mit einfachen Gerichten, und es ist keine Affektiertheit seinerseits, wenn er für seine Mahlzeiten mit hausbackenem Brot, kleinen Fischen, handgemachtem Kuhmilchkäse und frischen Feigen vorliebnimmt.

Aus diesen Gründen hat Augustus nur sehr wenige Änderungen am Haus des Hortensius vorgenommen, sein Anwesen aber durch den Erwerb angrenzender Residenzen vergrößert. Sein gesamter Besitz nimmt schließlich eine große Fläche auf den Westhängen des Palatins ein, die auf der einen Seite an den Circus Maximus und auf der anderen Seite an das Forum Romanum angrenzt. Der Gebäudekomplex dient der Unterbringung der Familie des Augustus und der für die Machtausübung erforderlichen Verwaltungsdienste. Im Jahre 36 v. Chr. lässt Octavian – nach seinem Sieg

Versteigerungen mit Überraschungseffekt

Im Verlauf eines Festmahls ist es üblich, die Gäste mit verschiedenen Vergnügungen zu unterhalten. Lotterien und Versteigerungen gehören zum unterhaltsamen Zeitvertreib, den Augustus seinem Besuch bietet. Er lässt sorgfältig verpackte, nicht zusammenpassende Gegenstände in das Speisezimmer bringen: wertvolle alte Münzen, Kleidungsstücke, Schwämme, Kohlenzangen. Es sind auch auf die Rückseite gedrehte Gemälde dabei, damit man die Malerei nicht sehen kann. Die Aussetzung des Preises beginnt, und Gebote ertönen von jeder Liegebank. Alle brechen in Gelächter aus, sobald jedem einzelnen „Käufer" der Posten gebracht wird, für den er zuweilen viel Geld eingesetzt hat: Der eine hat den Kaufpreis für einen Schwamm in die Höhe getrieben, ein anderer entdeckt zu seiner Überraschung, dass er für nichts das Gemälde eines Meisters erworben hat, wohingegen ein erbärmlicher Schinken für teures Geld weggegangen ist.

↑ Das so genannte „Maskenzimmer" im Haus des Augustus auf dem Palatin.

bei Naulochoi über Sextus Pompeius, der um Sizilien herum ein unabhängiges Seekönigreich gegründet hatte – durch Mittelspersonen mehrere, seinem Haus nahe gelegene Wohnungen kaufen und verspricht, sie einer öffentlichen Nutzung zuzuführen. Nach der Schlacht von Aktium erwirbt der Senat im Jahre 31 v. Chr. eine angrenzende Wohnstätte, die eine Verlängerung zum Haus des Hortensius bildet. Der Blitz löst im Jahre 3 v. Chr. einen Brand aus, der das Haus des Augustus verwüstet. Für den Wiederaufbau wird in Rom eine Spendenaktion ausgerufen. Römer aller Klassen bringen persönlich ihren Mitteln entsprechende Gaben. Augustus begnügt sich damit, die Haufen gesammelten Geldes flüchtig zu berühren, und behält lediglich einen Denar pro Bürger ein.

Cassius Dio schreibt, dass Augustus „in gleichzeitig öffentlichen und privaten Gemächern leben wollte". Diese Doppelfunktion lässt sich sehr gut an der Zimmerverteilung in seinem Haus feststellen. Kleine Gemächer ohne Marmorfußboden bilden die Privatwohnung im Westen. Im Osten befinden sich größere, mit Fresken verzierte und mit Marmorplatten ausgelegte Empfangszimmer, die auf einen Hof mit Peristyl hinausgehen.

Zwei kleine Zimmer im vornehmen Teil ziehen durch ihre außergewöhnliche Ausschmückung die Aufmerksamkeit auf sich. Im „Maskenzimmer" bilden die Fresken in Trompe-l'œil eine Art Theater mit vorgetäuschten, aufgehängten Masken nach. In der Wandmitte ist jeweils eine bukolische Landschaft dargestellt, die sich gegen den veilchenfarbenen und tiefroten Untergrund abhebt. Im zweiten Raum sind Zweiggirlanden und Kiefernzapfen an zierlichen Pilastern aufgehängt. Diese Ausschmückungen sind kennzeichnend für die Malerei des „Zweiten Stils".

Der östliche Teil des Hauses ist offenkundig dem öffentlichen Leben gewidmet. In der Mitte dient ein großer Raum als *tablinum* (Geschäfts- und Empfangszimmer), flankiert von Flügeln und zwei Privatbibliotheken, in denen Augustus gerne die Lektüre seiner beiden Enkelsöhne, Gaius Caesar und Lucius Caesar, beaufsichtigt. Bei einem kleinen, reich mit Malereien in lebendigen Farben geschmückten Raum, der oberhalb eines eleganten Besuchszimmers auf der Seite des Peristyls liegt, muss es sich um das berühmte, von Sueton erwähnte „Syrakus" handeln. Augustus besaß nämlich im Obergeschoss seines Hauses – so schreibt der Historiker – ein Studierzimmer, in dem er ungestört alleine arbeitete. Er nannte diesen Raum sein „Syrakus" (zweifellos mit Bezug auf die Gepflogenheit der Einwohner von Syrakus, in ihrem Haus ein hochgelegenes Zimmer einzurichten, in das sie sich zurückzogen) oder seine „kleine Werkstatt". Auch andere Kaiser werden vergleichbare Zufluchtsorte haben, Domitian mit seinem „Syrakus" in der *Domus Flavia* und Hadrian mit seinem „Maritimen Theater" in der Villa Hadriana. Augustus kann sich über eine Rampe von seinem „Syrakus" aus direkt auf den Vorplatz des Apollo-Palatinus-Tempels begeben.

Die dem Princeps am 13. Januar 27 v. Chr. – in dem Augenblick, als Octavian den Namen Augustus annimmt – vom Senat verliehenen Ehrenzeichen verstärken den offiziellen Charakter dieses Teils seines Hauses. „Ich habe", so schreibt er in seinem Testament, „die Republik aus meiner Gewalt in die des Senats und des römischen Volkes übergeben. Um diese verdienstvolle Tat zu ehren, wurde mir auf Senatsbeschluss der Titel Augustus verliehen. Nach öffentlichem Beschluss wurde die Treppe zu meinem Haus mit zwei Lorbeerbäumen geschmückt, und über der Tür eine Krone aus Eichenlaub angebracht." Über Letztere erhebt sich die Inschrift *„ob cives servatos"* („Für die Rettung der Bürger"). Die beiden den Hauseingang zierenden Auszeichnungen haben eine sehr klare Bedeutung. Nach altem Brauch begleitet der Lorbeer den Triumph des *imperators*, und der Eichenkranz ist die höchste Belohnung, die einer Militärperson für den Schutz des Lebens der Bürger zuerkannt wird. Augustus präsentiert sich als siegreicher *imperator* in Permanenz, indem er an der Schwelle zu seiner Wohnstätte die Siegeszeichen zur Schau stellt. Außer diesen beiden bedeutenden Ehrenzeichen erhält der Princeps die Erlaubnis, den Eingang seines Hauses mit einer Vorhalle mit Giebel zu versehen, sodass es zu einer Art Tempel wird.

Der sakrale Charakter des Hauses des Augustus wird durch die Tempel verstärkt, die das Gebäude auf allen Seiten umgeben. Mit dem Kauf der Besitzung des Hortensius verleibt sich der zukünftige Augustus in gewisser Weise die *Casa Romuli* und die *Scalae Caci* ein, die daneben liegen. Ganz in der Nähe bilden die kleine, im Jahre 294 v. Chr. nördlich der *Scalae Caci* erbaute Victoria-Kapelle und der große Kybele-Tempel die westliche Grenze der *domus*. Der Apollo-Palatinus-Tempel stellt auf der anderen Seite die östliche Begrenzung her. Als Lepidus, der Pontifex maximus, im Jahre 12 v. Chr. stirbt, tritt Augustus seine Nachfolge an. Wie alle Pontifices maximi (und besonders Caesar) hätte er sich in der *Domus Publica*, nahe bei der *Regia* und dem runden Vesta-Tempel, niederlassen sollen. Augustus zieht es jedoch vor, auf dem Palatin zu bleiben, und lässt den Vesta-Kult ebenso wie die von Aeneas aus Troja mitgebrachten Penaten und Be-

schützer des römischen Volkes in sein Haus überführen. Man weiß nicht genau, welcher Teil des Hauses diesen neuen Kult aufnimmt. Ein Relief aus Marmor zeigt eine kleine Nachbildung des runden Tempels vom Forum vor einer Mauer, die mit einem Eichenzweig geschmückt ist. Vielleicht handelt es sich um eine Darstellung der im Haus des Augustus aufgestellten Vesta-Kapelle. Das Nebeneinanderstellen von Heiligtümern, die verschiedenen Gottheiten geweiht sind, ist bei den Römern alltäglich. Die Präsenz dreier wichtiger Tempel – der Tempel des Apollo, der Vesta und der Kybele – am Wohnsitz des Augustus ist kein Zufall, sondern trägt dazu bei, dem Haus und indirekt auch seinem Eigentümer einen sakralen Charakter zu verleihen. Wie Ovid es in den *Fasti* schreibt: „Vesta bekam Unterkunft in dem Wohnsitz ihres Vaters. Apollo bewohnt jetzt einen Teil des Palastes, Vesta den zweiten, und Augustus selbst den dritten. Lang lebe der Lorbeer des Palatin, lang lebe das Eichenkranz-geschmückte Haus! Es allein beherbergt drei Götter!"

Unterhalb der Terrasse des Kybele-Tempels befindet sich nördlich des Hauses des Augustus eine andere Wohnstätte, die nach einer Inschrift auf einer Abwasserleitung als die der Livia Drusilla anzusehen ist. Es handelt sich nicht um das Haus ihres ersten Gemahls, Tiberius Claudius Nero, sondern um eine der im Jahre 36 v. Chr. durch Augustus erworbenen Residenzen. Sie beherbergt die Gemächer der Kaiserin, die dort bis zu ihrem Tod im Jahre 29 n. Chr. lebt. Im Hauseingang stellt man diesen Eigentümerwechsel fest. Ursprünglich trat man durch eine im Osten gelegene Tür ein, die in ein Atrium führte, an das sich ringsherum zahlreiche kleine Räume anschließen. Dieser Eingang wird zugemauert, als Livia sich dort niederlässt. Fortan gelangt man von Westen in die Gemächer, indem man einen Korridor hinabgeht, der zu einem großen, durch ein Wetterdach vor der Sonne geschützten Hof

ROM

Das Haus des Augustus in einem Bezirk des Palatins.

→→ Links Zugangsweg und Treppe (die *Scalae Caci*) sowie die Stufen zum Tempel der Magna Mater. Die Residenz entspricht der Verknüpfung dreier Häuser, dem des Augustus, einem Haupthaus und dem so genannten „Haus der Livia" im Hintergrund. Die Wohnstätte ist mit dem Apollo-Tempel verbunden, der das Ganze überragt. Rechts befindet sich die Bibliothek, der der Danaiden-Portikus vorangestellt ist. In der Umgebung sind einige Villen angedeutet, die auf dem Hügel standen.

hin abfällt. In der Mitte des Hauses sind in drei Räumen – in einem *tablinum* (kleines Besuchszimmer) und in zwei daran seitlich angrenzenden Zimmern – herrliche, in Trompe-l'œil gemalte Ausschmückungen erhalten. Im *tablinum* zeigt eine große Malerei gegenüber der Eingangstür die Legende von Polyphem und Galatea. Von den Türattrappen auf den übrigen Wänden führt die eine auf eine mythologische Szene hinaus (Hermes, der Io befreit), die ein Meisterwerk des Griechen Nikias nachahmt, die beiden anderen auf architektonische Ausblicke. In den zwei seitlichen Zimmern hängen Obst- und Blättergirlanden in Feston-Form. Ein eindrucksvolles, langes, einfarbig gelbes Fries stellt im oberen Wandbereich des einen Zimmers Szenen aus dem Alltagsleben in Ägypten dar. Die Fresken aus dem Haus der Livia sind wie die aus dem Haus des Augustus besonders typische Beispiele der Malerei des „Zweiten Stils".

Auf einem Grundstück nahe dem Haus des Hortensius, das Augustus gerade erworben hat, schlägt im Jahre 36 v. Chr. der Blitz ein. Der zukünftige Kaiser beginnt, an dieser Stelle einen dem Apollo geweihten Tempel zu errichten, da die Haruspices den Ort für heilig erklärt haben. Diesen Gott hat er wahrscheinlich aus Zuneigung für die geheimnisvolle Sekte des Neophythagorismus gewählt, die Apollo als Befreier der Seele ehrt. Unter den Feinden des Augustus gab sich übrigens Sextus Pompeius als Günstling Neptuns zu erkennen, und Antonius stellte sich in Alexandria als der neue Dionysos vor. Mit der Wahl Apollos erinnert Augustus insgeheim daran, dass dieser Gott in der *Ilias* an der Seite der Trojaner, der Vorfahren der Römer, kämpfte. Der erste innerhalb des *pomeriums* (heilige Grenze Roms) für einen griechischen Gott errichtete Tempel ist der auf dem Palatin. Bis dahin hatte der „fremdländische" Gott Apollo seinen Tempel auf dem Marsfeld, außerhalb des *pomeriums*.

Die Arbeiten sind im Jahre 28 v. Chr. vollendet, und Augustus nimmt am 9. Oktober desselben Jahres die Weihung des Heiligtums vor. In diesem Augenblick wird Apollo als sein persönlicher Beschützer präsentiert, der es ihm durch sein Eingreifen ermöglicht hat, im Jahre 31 v. Chr. in der Schlacht von Aktium den Sieg gegen seinen Widersacher Antonius davonzutragen und der einzige Herrscher der römischen Welt zu bleiben. Augustus erzählt, dass der Gott seinen Bogen spannte, als er ihm an den Gestaden von Aktium vor einem kleinen, dem Apollo geweihten Tempel erschien. Augustus vervollständigt mit dem Tempel des Apoll von Aktium auf dem Palatin den Komplex der mit seiner Familie verknüpften Heiligtümer: dem Tempel der Venus Genitrix, der Mutter des Aeneas und der Ahnherrin der Familie der Iulier, auf dem Forum des Caesar sowie dem des Mars Ultor („Rächer"), den Octavian in dem Augenblick gelobt, als er den Krieg gegen die Mörder seines Adoptivvaters beginnt.

Die Zeitgenossen haben überschwängliche Beschreibungen dieses neuen Apollo-Tempels auf dem Palatin hinterlassen, der neben der Wohnstätte des Kaisers liegt. Die Römer gelangen über eine große Treppe dorthin, die am Südhang des Palatins entlang hinaufführt. Vor ihnen erhebt sich der leuchtende Tempel aus weißem Marmor aus Luni (Carrara). Durch seinen hoch gelegenen Standort überragt das Heiligtum nach dem Vorbild der Akropolis von Athen die ganze Stadt. Auf dem First des Tempels steht der Wagen des Phoebus-Apollo aus vergoldeter Bronze.

Nachdem man das Vorzimmer hinter sich gelassen hat, gelangt man auf den großen freien Platz der *area Palatina*. Eine monumentale Statue des Apoll von Aktium, der seine Leier in den Händen hält, überragt den Altar in der Mitte. Auf dem Podium ist die von Kleopatras Flotte in der Schlacht von Aktium gewonnene Schiffsbeute befestigt. Um den Altar herum sind die *armenta* des Myron aufgestellt – vier wunderschöne, von diesem Tierkünstler des 2. Jahrhunderts v. Chr. geschaffene Rinder.

Türen aus geschnitztem Elfenbein verschließen den Tempel. Sie zeigen die Vorliebe des Augustus für Darstellungen mit starkem Symbolgehalt, die mythische Einbildungskraft und historisches Erinnern miteinander vermengen. Auf dem einen Türflügel beweint Niobe den Tod ihrer durch die Pfeile des Apollo und der Artemis getöteten Kinder. Auf dem anderen werden die Gallier, die im 3. Jahrhundert v. Chr. Delphi überfallen haben, vom Parnass herabgestürzt. Niobe und die Gallier haben Apollo durch ihre *hybris* (Maßlosigkeit) gekränkt, und er hat sie bestraft. Zwischen den Zeilen erinnern Mythos und Geschichte an die Rolle des Augustus, der durch seine Frömmigkeit in der Schlacht von Aktium den maßlosen Ehrgeiz von Antonius und Kleopatra besiegt hat.

Die drei Votivstatuen im Innern des Tempels sind Meisterwerke der griechischen Kunst: der Apollo des Skopas, die Latona (griech. Leto) des Kephisodotos und die Artemis des Timotheos. Die goldenen Futterale, die die Sibyllinischen Bücher enthalten, wurden in den Sockel der Apollo-Statue gelegt. Bis dahin waren diese prophetischen, im Verlauf der römischen Geschichte wiederholt zu Rate gezogenen Bücher im

Die Malerei des „Zweiten Stils"

Die römische Malerei ist in vier, chronologisch aufeinander folgende „Stile" unterteilt. Der „Zweite Stil" erstreckt sich vom Beginn des 1. Jahrhunderts v. Chr. bis zur Regierungszeit des Augustus. Die Fresken im Haus der Livia auf dem Palatin sind beispielhaft für diesen Stil.

Auch Spurius Tadius, zur Zeit des göttlichen Augustus soll nicht fortgelassen werden, der als Erster die anmutigste Wandmalerei schuf, Landhäuser und Säulenhallen und Gartenanlagen, Haine, Lustwälder, Hügel, Fischteiche, Kanäle, Flüsse, Gestade und was man sich nur wünschte sowie verschiedenartige Gestalten von Spaziergängern oder Schiffsreisenden und solchen, die zu Land auf Eseln oder Wagen sich zu ihren Landhäusern begeben, ebenso auch Fischer, Vogelsteller oder Jäger oder auch Winzer. Auf seinen Bildern findet man schöne Landhäuser mit sumpfigem Zugangsweg, auf dem Männer mit Frauen, die sie um Lohn auf den Schultern tragen, schwankend einhergehen, während jene, die getragen werden, sich ängstigen, außerdem noch sehr viele derartige Einfälle von höchst geistreichem Humor. Er unternahm es auch, Seestädte unter Altanen zu malen, was einen sehr schönen Anblick ergibt und nur sehr geringe Kosten verursacht.

Plinius der Ältere, *Naturgeschichte*, XXXV, 116f.

Tempel des Jupiter Capitolinus aufbewahrt. Auf diese Weise beraubt Augustus den großen Tempel auf dem Kapitol eines seiner Besitztümer, um es in einen mit seiner eigenen Wohnstätte verknüpften Tempel zu überführen. Ringsherum sind Statuen der neun Musen und Sammlungen von Gegenständen aus Edelsteinen zu sehen sowie goldene Dreifüße als Geschenk des Augustus, deren Herkunft er in seinem Testament angibt: „Die Zahl der Silberstatuen in Rom, die mich zeigen, zu Fuß, zu Pferd oder in der Quadriga, beläuft sich auf etwa 80. Ich habe sie selbst entfernen lassen, und von dem Geld, das ihr Einschmelzen erbrachte, habe ich goldene Opfergaben für den Apollo-Tempel gespendet."

Wenn Besucher die *area Palatina* betreten, erstreckt sich zu ihrer Rechten der berühmte Danaiden-Portikus. Der Hof ist von einer dorischen Kolonnade mit zwei übereinander liegenden Ebenen aus gelbem, rot geädertem, numidischen Marmor umgeben. Der Architrav über den Säulen der ersten Ebene ist mit bemalten, plastischen Terrakotta-Tafeln verziert. Sie stellen nach archaisierend etruskischer Art mythologische Szenen dar. Der quadratische Platz verdankt seinen Namen den 50 Töchtern des Danaos, die auf ewig dazu verurteilt sind, Wasser in einen großen, durchlöcherten Tonkrug zu füllen, weil sie ihre Ehemänner getötet haben. Diese Reihe junger Mädchen befindet sich auf der oberen Ebene des Portikus. Während der Ausgrabungen wurden mehrere Stücke weiblicher Halbfiguren aus schwarzem und rotem Marmor gefunden, deren Büste in einer Säule endet. Die Danaiden raffen mit einer Hand ihren Peplos und tragen ein Gefäß auf dem Kopf. Die Entscheidung, den Portikus mit diesen mörderischen Prinzessinnen auszuschmücken, mag verwundern. Man erkennt jedoch deren tiefere Bedeutung. Die Grausamkeit der Danaiden-Sage, nach der die Töchter von ihrem Vater Danaos genötigt wurden, ihren Cousins und gleichzeitigen Ehemännern während der Hochzeitsnacht den Kopf abzuschneiden, beschwört das Zeitalter der Frühzeit herauf, in der es weder Ordnung noch Verbot gab. In der im Tempel sichtbaren apollinischen Harmonie wird die Grausamkeit der im Portikus dargestellten Erzählung aufgelöst und versöhnt. Der Kampf zwischen den beiden verfeindeten Brüdern Danaos und Aigyptos, der die Gräueltat der Prinzessinnen auslöst, kann darüber hinaus an den brudermörderischen Bürgerkrieg erinnern, der in Aktium zu Ende geht. (Es ist hervorzuheben, dass zwei der Danaiden den Namen Kleopatra tragen.) Die augusteischen Dichter lassen durchblicken, dass im Portikus auch der Vater der Danaiden mit dem Schwert in der Hand dargestellt war sowie 50 Reiterstatuen, die die 50 Söhne des Aigyptos, die unglücklichen Gatten der jungen Mädchen, verkörperten.

Als Augustus den Apollo-Palatinus-Tempel erbauen lässt, sieht er die Einrichtung einer öffentlichen Bibliothek im hintersten Teil des Danaiden-Portikus vor. Derartige Kulturgebäude werden in Rom erstmals errichtet. Offensichtlich haben sie ihr Vorbild in den großen, in den meisten Städten der hellenistischen Welt erschaffenen Bibliotheken. Unter diesen erreicht keine das Ansehen der von Alexandria (700 000 Bände) und von Pergamon (200 000 Bände). In der römischen Welt sind am Ende der republikanischen Zeit nur private Büchersammlungen für die Öffentlichkeit verfügbar, besonders die des Lucullus, die die aus Griechenland mitgebrachten Werke der stoischen Philosophie enthält. Caesar beabsichtigt als Erster, den Lesern eine öffentliche Bibliothek zu schenken. Der Gelehrte Varro erhält den Auftrag, einen Katalog der berücksichtigten Werke zu erstellen. Das Vorhaben wird zu Lebzeiten des Diktators nicht verwirklicht. Caesar hat jedoch zum Grundsatz erhoben, dass der herkömmlichen griechischen Abteilung eine lateinische hinzugefügt wird. Auf diese Weise gelingt es ihm, die bis dahin in den Privatsammlungen kaum vertretene lateinische Literatur einzubürgern.

Durch Augustus wird der Status öffentlich zugänglicher, dem Kaiser unterstellter Bibliotheken amtlich anerkannt. Der Princeps weist sich so als Förderer der bildenden Künste sowie der Philologie und der Philosophie aus. Im Danaiden-Portikus befindet sich ein Kulturkomplex von Rang. Er vereinigt in sich die Funktionen einer Bibliothek und eines Museums, denn in den Lesesälen und im Vorraum sind zahlreiche Kunstwerke ausgestellt. Die Bibliothek auf dem Palatin entspricht in ihrer architektonischen Gestaltung denen der hellenistischen Welt. Sie umfasst drei Teile: den äußeren Portikus, in dem sich die Intellektuellen ergehen, während sie über Literatur diskutieren; einen Doppel-Lesesaal mit griechischen und lateinischen Werken, der an seiner hinteren Wand eine halbkreisförmige Apsis einschließt, die die Statue eines Gottes oder eines zum Gott erhobenen Kaisers birgt; Nebenräume, die der Erhaltung der Handschriften, dem Verwaltungspersonal und den Schreibern, die die Werke kopieren, vorbehalten sind. Die Rollen mit den *papyri* werden im Lesesaal in Schränken mit rechteckigen Fächern aufbewahrt. Jede Rolle ist an einem Ende mit einem Schild versehen, auf dem der Name des Autors und der Titel des Werkes steht. Die Nischen von unterschiedlicher Größe sind auf zwei Ebenen übereinander gelagert, und die Bibliothekare haben über Treppen Zugang zu denen, die am höchsten angebracht sind.

Augustus lässt die Bibliothek auf dem Palatin mit alten und zeitgenössischen literarischen Werken in griechischer und lateinischer Sprache sowie staatlichen und religiösen Dokumenten bestücken. Da sie zu seinem eigenen Besitz gehört, verwaltet der Princeps die Bibliothek nach seinem Gutdünken, indem er das Personal aussucht und die Auswahl der Bücher vorschreibt oder ablehnt. Für ein literarisches Werk kommt das Zugangsverbot zu einer öffentlichen Bibliothek einem schleichenden Todesurteil gleich. Als Augustus den Pompeius Macer beauftragt, die Palatina einzurichten, verbietet er ihm, die Jugendwerke Caesars (im Wesentlichen Gedichte) darin aufzustellen, denn er erachtet sie für zu schwach, um dem öffentlichen Image zu entsprechen, dass er seinem Adoptivvater verleihen möchte. Diese Bücher sind für die Nachwelt endgültig verloren. Jérôme Carcopino zufolge hat Augustus auch die Werke Ciceros von allen Anspielungen auf Caesar

→ Darstellung des Raumes in der Villa der Livia in Primaporta, in der Nähe Roms, dessen Fresken an einen wunderschönen Garten voller Obstbäume und Vögel erinnern. Die Wandmalereien werden heute im Museum im Palazzo Massimo alle Terme in Rom gezeigt.

Die Muräne mit den Ohrringen

Die Besitzer von Fischbecken züchten häufig Muränen, deren Fleisch sehr geschätzt wird und die sie für teures Geld verkaufen können. Als Caesar seinen Triumph feiert, schenkt er dem Volk ein Festmahl, in dessen Verlauf 6000 Muränen gereicht werden. Obgleich dieser längliche, einem Aal ähnelnde Fisch mit seiner schuppenlosen Haut und seinem kräftigen, mit großen Zähnen versehenen Gebiss äußerst unsympathisch ist, löst er bei seinen Eigentümern echte Leidenschaften aus. Es sind mehrere unter ihnen bekannt, die den Tod einer Muräne wie den einer Tochter beweinen. Die Villa des Redners Hortensius in Bauli, die eine Residenz des Augustus wird, verfügt über gut ausgestattete Muränenbecken. Die kleine Antonia, eine der Nichten des Kaisers, hat den Einfall, an den Kiemen ihrer Lieblingsmuräne wunderschöne Ohrringe zu befestigen. Der so geschmückte Fisch wird zu einer Attraktion für die Sommergäste am neapolitanischen Golf.

---

säubern lassen. Die Gedichte Ovids werden nach dessen Verbannung ins Exil aus den drei öffentlichen Bibliotheken Roms herausgenommen. Später will der in seinen Entschlüssen stets unberechenbare Caligula die Werke des Homer, Virgil und Titus Livius, deren guter Ruf ihm übertrieben erscheint, aus der Palatina entfernen, um sie zu zerstören.

Die Bibliothek auf dem Palatin ist keine geschlossene, allein den Gelehrten vorbehaltene Welt, sondern ein Raum, der allen Gebildeten oder Spaziergängern offen steht, die sich in der außergewöhnlichen Umgebung des Danaiden-Portikus ergehen möchten. Tagsüber herrscht dort, wie in allen bedeutenden historischen Bauwerken Roms, ein reges Leben und Treiben. In der *Liebeskunst* weist Ovid seine Leser auf den Danaiden-Portikus als besonders vorteilhaften Ort hin, um Jagd auf schöne Frauen zu machen. Am Ende seines Lebens versammelt der müde und kranke Augustus den Senat in der Palatina und geht dort die Dekurien der Richter durch.

Die Verwendung des Palatins als Machtzentrum ist sehr bezeichnend für die Art und Weise, wie sich Augustus seine Rolle vorstellte. Er hat keine Paläste erbaut, wie später Nero und Domitian, da seine Neigungen nicht prunkvollen Gemächern gehörten. Außerdem erforderte seine Ausübung der Macht, die eine Fiktion republikanischer Traditionen beibehielt, keine allein für offizielle Empfänge vorbehaltenen Räume. Augustus hat es jedoch verstanden, um seine „bescheidene" Wohnstätte herum einen der geheiligten Macht des Kaisers geweihten Bereich zu schaffen. Der zeitgenössische Dichter Ovid gebrauchet als Erster den Ausdruck *domus Palatinae* als Entsprechung für den kaiserlichen Palast.

Nach dem Tod des Augustus wird keiner seiner Nachfolger dessen Haus bewohnen. Es verwandelt sich in eine Art Heiligtum, das der Verewigung des Andenkens an den Reichsgründer gewidmet ist. Damit ist es das erste Beispiel für die Umwandlung der Wohnung eines berühmten Mannes in ein Museum.

Die Villa von Primaporta

In Primaporta, etwa 15 km von Rom entfernt und in der Nähe der Via Flamina, der großen Straße nach Norden, gibt es eine Villa, die Livia Drusilla gehört. Die junge Frau erholt sich an diesem Ort, als sie sich zum Zeitpunkt ihrer Hochzeit mit Augustus nach Veji begibt. Ein Adler, der ein weißes Huhn in seinen Fängen trägt, lässt seine Beute in Livias Schoß fallen. Diese bemerkt sodann, dass das Huhn einen Lorbeerzweig voller Beeren in seinem Schnabel hält. Die hinzugezogenen Haruspices raten dazu, das Huhn zu behalten und den Zweig in Primpaporta einzupflanzen. Fortan werden in der Villa, die den Beinamen „*Ad Gallinas Albas*" (Zu den Weißen Hühnern) erhält, die als heilig angesehenen weißen Hühner gezüchtet. Was den Lorbeer anbelangt, so vermehrt er sich rasch, sodass in der Nähe der Villa ein Lorbeerwald entsteht. Aus ihm kommen die Zweige zur Herstellung der Lorbeerkränze, die die Kaiser anlässlich ihres Triumphes tragen. Der Lorbeer soll nach der Prophezeiung der Haruspices gedeihen, solange die Nachkommen des Augustus und der Livia die Geschicke Roms lenken. Im letzten Lebensjahr Neros, dem letzten Sprössling der Julisch-Claudischen Familie, vertrocknet der gesamte Lorbeerwald und die Hühner gehen ein. In Wirklichkeit hat jedoch wohl eine große Feuersbrunst in jenem Jahr zum Verschwinden der Hühner und des Waldes geführt.

Die Villa der Livia ist mit einer Fläche von 14 000 m² eine der größten in Latium. In dieser großen Wohnstätte bietet ein unterirdisches Triclinium eine Aufsehen erregende Ausschmückung in Trompe-l'œil. Dieses Zimmer misst 5,90 m × 11,70 m und zeigt auf seinen vier Seiten einen gemalten, vom Boden bis zur Decke reichenden Garten, der in einen sehr blauen Himmel übergeht.

Ein dünnes Gatter aus geflochtenen Weidenruten grenzt im Vordergrund der Malerei den Anfang des Gartens gegen das Triclinum ab. Hinter dem Gatter erstreckt sich eine hier und dort mit kleinen Sträuchern übersäte *ambulatio* (Allee). Im Zentrum jeder Zimmerwand bildet eine niedrige Mauer aus Stein (oder Marmor) im Mittelgrund eine Art Exedra, in der ein großer Baum wächst. Der eigentliche Garten erstreckt sich hinter diesen beiden zerbrechlichen Hürden. Kein Architekturelement, keine Säulen, Pavillons, Statuen oder Brunnenschalen unterbrechen die Fülle der Vegetation, in der Vögel umherfliegen. Das Ganze bildet ein echtes pflanzen- und vogelkundliches Verzeichnis. Lorbeer, Myrte, Zypresse, Tanne, Palme, Quitten- und Granatapfelbaum verflechten sich, und zu ihren Füßen blühen Mohn, Schwertlilien, Veilchen und Rosen. In diesem Garten, in dem das ganze Jahr über zugleich Blumen und Früchte wachsen, gibt es keine Jahreszeiten. In den Zweigen sind Nachtigallen, Schwalben, Drosseln, Turteltauben und viele andere Vögel zu erkennen. Einzige Spur menschlicher Anwesenheit ist auf dem Mäuerchen ein Käfig mit einem Kanarienvogel.

Der Maler (oder das Atelier), der dieses Fresko hergestellt hat, verfügt über eine vollkommene Technik. Er erzeugt eine räumliche Tiefe, indem er die Bäume im Vordergrund sehr deutlich, dann aber immer blasser und undeutlicher malt, bis sie im verschwommenen Hintergrund nicht mehr zu erkennen sind. Rote oder gelbe Früchte verleihen den zahlreichen Grünschattierungen eine leuchtende Note. Ein sanfter Wind streicht durch die Bäume und bewegt die zierlichsten Zweige. Dieser verwunschene Garten macht einen faszinierenden Eindruck auf den, der ihn betritt. Aus den römischen Häusern sind zwar auch andere Gartenmalereien bekannt, sie sind in ihrem Aufbau aber unvollkommener als die im Haus der Livia. Die Malereien von Primaporta führen in eines jener „Paradiese", das die Römer in ihren Villen gerne nachbildeten. Allerdings ist nicht gesichert, dass die Fresken in der Villa der Livia zu Lebzeiten der Gemahlin des Augustus ausgeführt wurden.

Der Augustus von Primaporta

Eine der schönsten Augustus-Statuen wurde in der Villa der Livia in Primaporta ausgegraben. Diese 2,06 m hohe Marmorarbeit, auf der Farbspuren erhalten sind, lehnt sich an den berühmten Doryphoros des Polyklet (um 440 v. Chr.) an, um den Kaiser als *imperator* zu verherrlichen. Die „ideale Nacktheit", eine Konvention der griechischen Bildhauerkunst, beschränkt sich hier auf die nackten Füße des Augustus. Alles Übrige ist typisch römisch, angefangen mit dem Harnisch und dem um die Hüften gewickelten Militärmantel.

Der Apollo-Palatinus-Tempel

Properz, der zum Kreis der von Maecenas protegierten Dichter gehört, hat wahrscheinlich der Einweihung des Apollo-Palatinus-Tempels beigewohnt. Im Bemühen um Bündigkeit, hat er in dem von ihm Gesehenen eine Auswahl getroffen. Er sagt nichts über das Triumph-Tor, durch das man in den Portikus gelangt, er hat die protzige Fülle der dem Apollo geweihten Gegenstände im Tempel ausgesondert, er spricht nicht über die Bibliotheken.

Fragst du, warum ich so spät zu dir komme?
Apollos goldene Säulenhalle ist vom erhabenen Caesar eingeweiht worden.
Zu gar gewaltiger Pracht war sie durch punische Säulen gegliedert, zwischen denen sich die Töchterschar des greisen Danadus erhob.
Apollo in Marmor, schöner fürwahr als der wirkliche Apollo, sang, so schien es mir jedenfalls, mit offenem Munde zur allerdings schweigenden Leier; und den Altar umgab die Herde des Myro, vier kunstvoll gestaltete Rinder, Lebendigkeit anzeigende Standbilder.
Dann erhob sich in der Mitte der Tempel aus hellem Marmor, dem Apollo sogar lieber als die ortygische Heimat:
Dort stand über dem Giebel der Sonnenwagen, und Flügeltüren gab es, ein edles Werk aus Elfenbein; die eine Flügeltür zeigt die vom Gipfel des Parnasses hinabgestoßene Gallier, auf der anderen grämt sich Niobe über ihr Unglück.
Dann zwischen Mutter und Schwester Apollo selbst, der pythische Gott, wie er in langem Gewande Lieder zur Leier erklingen lässt.

Properz, *Elegien*, 2, 31

Die Reliefs auf dem Brustpanzer sind gleichsam ein Lobgesang auf die augusteische Ideologie. Die Mittelszene bildet eine historische Begebenheit ab: Der in eine persische Hose und langärmelige Tunika gekleidete Partherkönig Phraates IV. gibt Tiberius, dem Schwiegersohn des Augustus, einen der bei der römischen Niederlage in Carrhae erbeuteten Legionsadler zurück. Zwei zur Rechten und zur Linken sitzende weibliche Allegorien versinnbildlichen Germanien und Dalmatien (oder Dakien), zwei ehedem feindliche und nun dem Römischen Reich angegliederte Gebiete. Dieser Schmuck ist sowohl eine Bekundung der Allgemeingültigkeit römischer Macht als auch eine Huldigung an den augusteischen Frieden.

Um das Mittelmotiv herum sind Gottheiten dargestellt: Apollo und Diana auf Höhe der Taille sowie Himmel und Erde am oberen und unteren Ende des Harnischs. Unter der Himmelskuppel beschwört die Sonne auf ihrem Viergespann die durch die augusteische Politik begünstigte, kosmische Harmonie herauf. An ihrer Seite befinden sich der Mond mit seiner Fackel in der Hand und die ihre Urne mit Tau haltende Morgenröte. Ein kleiner Amor reitet neben dem rechten Bein des Augustus auf einem Delphin. Dieser Eros ist eine direkte Anspielung auf die göttlichen Vorfahren des Kaisers, der als Adoptivsohn Caesars von Venus abstammt. Alle Motive auf dem Harnisch gehören zugleich der Geschichte und der Mythologie an und betonen das wunderbare Charisma des Herrschers und Stifters des römischen Friedens (*Pax Romana*).

Im Gesicht des Augustus, das Ruhe und Erhabenheit ausstrahlt, findet sich alles wieder, was in der Ikonographie des Harnischs ausgedrückt ist. Sein schönes Gesicht mit den harmonischen und gut geschnittenen Zügen ist bezeichnend für das Bild, das der Princeps sich selbst verleihen möchte. Es bedeutet eine Rückkehr zur Idealisierung der griechischen Bildhauerkunst. Die Jugendbildnisse des Augustus bringen seinen Ehrgeiz zum Ausdruck und zeigen ihn nervös, hohlwangig, mit hervorstehenden Backenknochen, gerunzelter Stirn und verkniffenem Mund. In der Statue von Primaporta ist all dies verschwunden. Das Gesicht ist voller, die Züge sind in einer stillen Kraft zur Ruhe gekommen. Hier wird nicht der Herrscher als *imperator* verewigt, sondern der legitime Führer, der – den Arm in einer würdevollen Geste erhoben – die von ihm regierte Welt beschützt. Auch sei als Kennzeichen der augusteischen Identität eine Einzelheit seiner Frisur festgehalten: zwei Haarsträhnen, die auf seiner Stirn eine Art Zange bilden.

Die Villa von Posillipo

Zwischen Neapel und Pozzuoli (*Puteoli*) springt eine sehr schroffe, felsige Landspitze ins Meer vor. Der reiche Vedius Pollio erbaute dort eine eindrucksvolle Villa, der er den Namen „Posillipo" (*Pausilypum*; „sorgenfrei") gab. Dieser Sohn eines Freigelassenen unterhält gute Beziehungen zu Augustus, die ihm dazu verhelfen, einer der privaten Berater des Kaisers zu werden und in den Ritterstand einzutreten. Er ist unermesslich reich und hat sich auf dem Esquilin in Rom einen Palast errichten lassen. Obendrein ist ihm das unmögliche Unterfangen geglückt, auf einem felsigen und schwer zugänglichen Untergrund seine Wohnstätte von Posillipo zu bauen. Von der Villa des Vedius Pollio, die stufenförmig am Hang der Landspitze ansteigt, hat man – trotz der Hindernisse, die sich den Erbauern in den Weg stellten – eine außergewöhnliche Rundsicht auf die umgebende See und die vom Vesuv überragte Küste. Unter den Sehenswürdigkeiten Posillipos sind die berühmten Fischbehälter, in den Pollio riesige Muränen züchtet. Diese Fische sind der Mittelpunkt eines Zwischenfalls, der Pollio berühmt gemacht hat. Als Augustus eines Tages bei ihm zu Abend isst, zerbricht ein Sklave unglücklicherweise eine Kristallschale von großem Wert. Der zornige Pollio lässt den Tollpatsch ergreifen und befiehlt, ihn in das Muränenbecken zu werfen. Als der Unglückliche den Kaiser um Mitleid anfleht, lässt Augustus das wertvolle Geschirr Pollios bringen und ordnet an, alle Stücke zu zerschlagen. Der Hausherr ist somit gezwungen, das Leben seines Sklaven zu schonen. Die Überlieferung hat sich der Anekdote bemächtigt und das Verhalten des Pollio zu der Behauptung verkürzt, dass dieser seine Muränen für gewöhnlich mit Menschenfleisch fütterte!

Vedius Pollio stirbt im Jahre 15 v. Chr. und hinterlässt Augustus testamentarisch den größten Teil seiner Besitztümer. Der Kaiser lässt das römische Haus des Pollio abreißen und errichtet an seiner Stelle den Portikus der Livia. Was die Villa von Posillipo betrifft, so

DER GOLF VON NEAPEL

Die Villa von Posillipo

→→ Oberer Teil der Villa des Pollio auf Posillipo. Das Bild zeigt den Theaterbezirk unter freiem Himmel und das überdachte Odeon sowie am äußersten Ende des kleinen Kaps einen der Zugangshäfen für die Villa. Im Hintergrund der Golf von Neapel und der Vesuv.

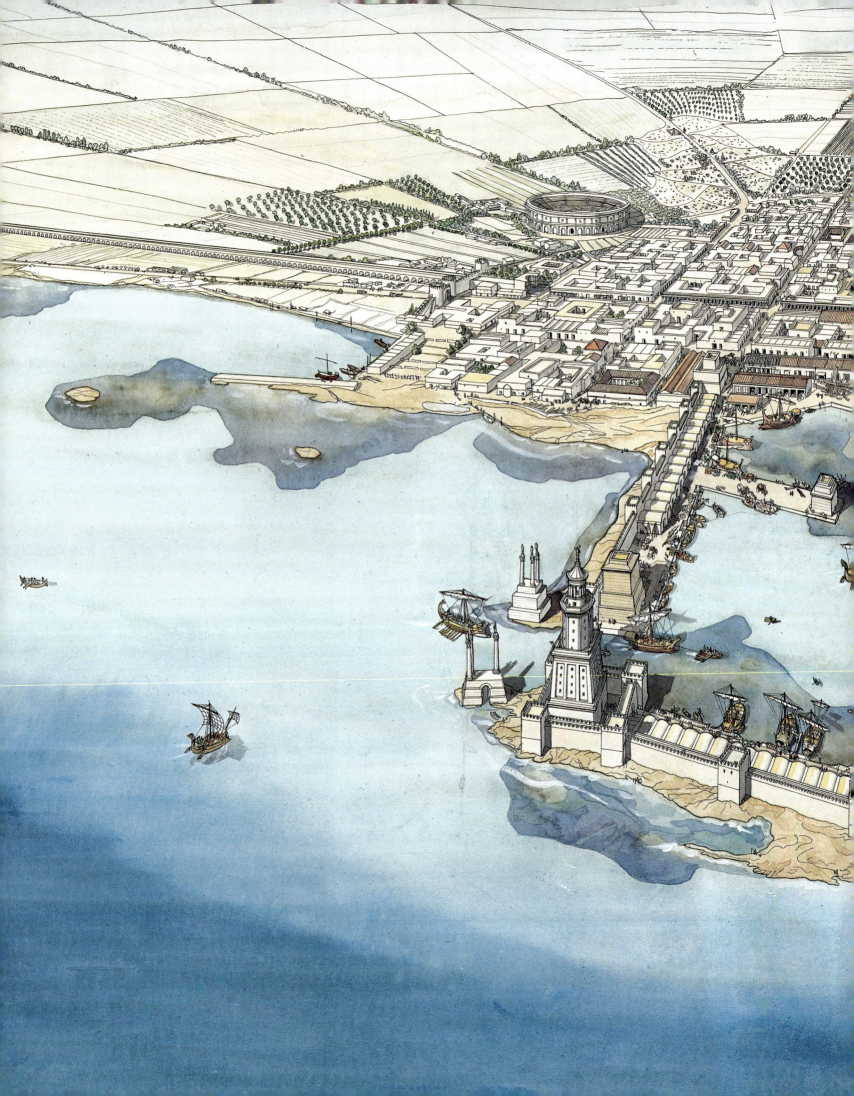

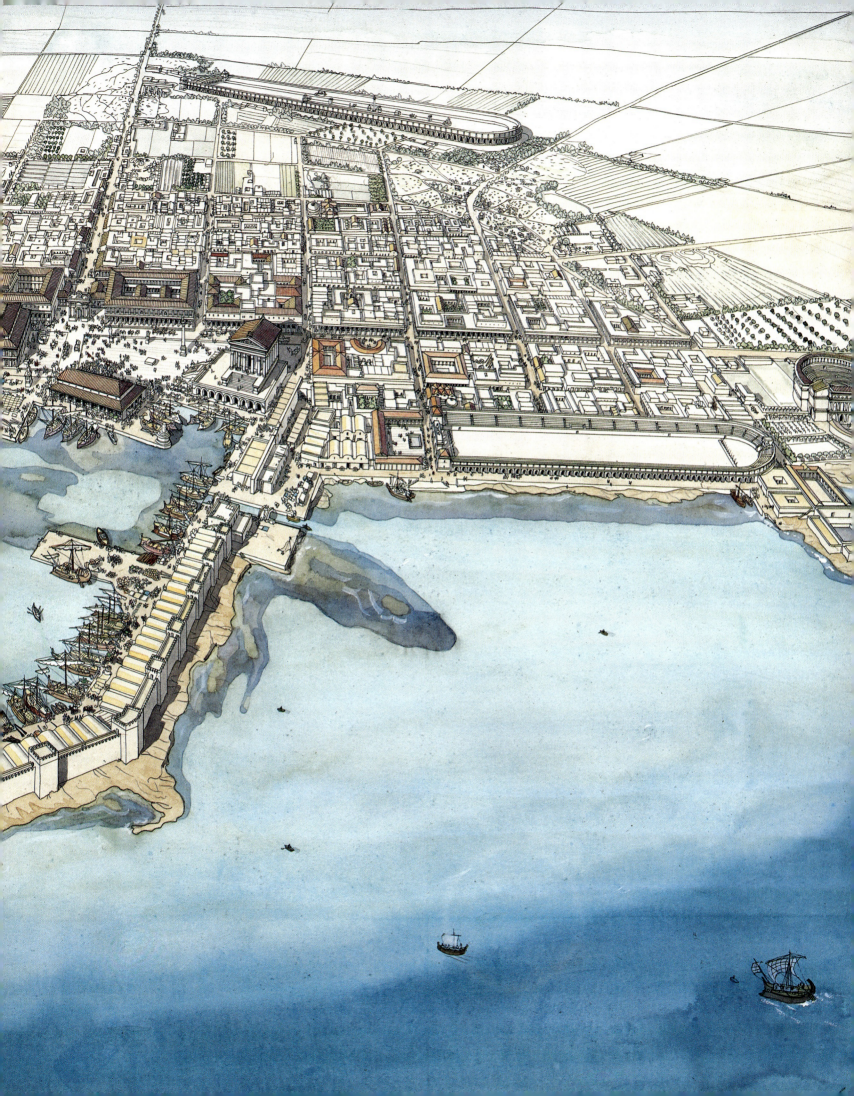

PALÄSTINA

Ceasarea Marina

←← Die Hafenstadt Caesarea, die Herodes gründet und zu einer Hauptstadt seines Königreiches erklärt. Rechts vom Hafen das Stadion und das kleine, den Palast einschließende Kap. Die regelmäßigen Umrisse belegen eine planmäßige Stadtgründung. Die Stadt wurde geschaffen, um einer Küste ohne natürliche Vorzüge durch den Bau zweier großer künstlicher Molen, die man im Vordergrund in das Meer hineinragen sieht, einen großen Hafen zu geben.

wird sie den zahlreichen kaiserlichen Sommerfrischen im Golf von Neapel hinzugefügt. Einige der Fische des Pollio leben noch zur Zeit Senecas und unter der Herrschaft des Nero in den Fischbehältern von Posillipo!

In augusteischer Zeit wird mit Rücksicht auf die Bedeutung der Sommerfrischen Kampaniens im Leben der römischen Aristokratie eine Verbesserung der Landverbindung zwischen den verschiedenen Ortschaften am Golf von Neapel nötig, besonders im Hinblick auf den von Agrippa, Freund und Schwiegersohn des Augustus, erbauten Kriegshafen Misenum. Der vulkanische Tuffstein Kampaniens lässt sich relativ leicht bearbeiten, sodass eindrucksvolle Tunnel für den Verkehr gebohrt werden können. Zwei von ihnen unterqueren die Landspitze von Posillipo. Den Ersten, die *Crypta Neapolitana*, gestaltet Cocceius, der Architekt des Augustus. Diese unterirdische Straße ist mehr als 700 m lang, 4 m breit und an manchen Stellen an die 9 m hoch. Der als „Grotte des Sejan" bezeichnete, ebenfalls unter Posillippo befindliche Tunnel hat etwa die gleiche Größe. Die „Grotte der Sibylle" wird zwischen dem Lukriner Becken und dem Averner See gegraben, die „Grotte des Cocceius", die eine Länge von einem Kilometer erreicht, zwischen Cumae und Portus Julius. Diese Unterführungen sind hinreichend breit, um die Durchfahrt und das Aneinander-Vorbeifahren von großen Wagen und sogar Streitwagen zu gestatten. Fenster und Lichtschächte gewährleisten die Belüftung der Tunnel, und zur Beleuchtung der Strecken sind in den Nischen Fackeln angebracht. Einige Reisende fürchten sich trotz all dieser Neuerungen, diese unterirdischen Straßen zu befahren. So hat Seneca, der die *Crypta Neapolitana* befahren musste, um sich von Baiae nach Neapel zu begeben, diese Erfahrung wahrhaftig als Gefangensetzung erlebt: „Es gibt nichts Unendlicheres als dieses Gefängnis, nichts Finstereres als diese Fackeln, die uns nicht erlauben, in dieser Finsternis etwas zu sehen, sondern nur die Finsternis selbst wahrzunehmen! Aber selbst wenn dieser Ort beleuchtet wäre, würde der Staub das Licht verbergen, dieser Staub, der schon im Freien unangenehm und unerträglich ist. Was soll man dann von diesem Tunnel sagen, in dem er ständig herumwirbelt und ohne einen Luftzug auf die zurückfällt, die ihn aufwirbeln?" Der Romanautor Petronius geht seinerseits so weit zu sagen, dass es sehr starker Beweggründe bedarf, um sich in die *Crypta Neapolitana* zu wagen!

Caesarea Maritima und Jerusalem

Die Paläste Herodes des Großen

Der Unterstützung durch die Römer ist zu verdanken, dass Herodes der Große, der über 40 Jahre hinweg die Geschichte des jüdischen Volkes bestimmen sollte, im Jahre 40 v. Chr. König wurde. Die Römer machen sich die Treue des Herrschers zunutze, um ihren Einfluss im Mittleren Osten zu erweitern. Herodes ist stolz darauf, ein enger Freund des Augustus und dessen Schwiegersohnes Agrippa zu sein. Er kommt zweimal nach Rom: im Jahre 40 v. Chr. anlässlich seiner Krönung und im Jahre 17 v. Chr., um den von Augustus ausgerichteten Säkularfeiern beizuwohnen. Damals konnte er auf den Foren, dem Marsfeld und dem Palatin die großen architektonischen Leistungen des Pompeius, Caesar und Augustus besichtigen. Von diesen Vorbildern lässt er sich anregen, um sein Königreich mit hervorragenden Bauten auszustatten.

Das zwischen 22 und 9 v. Chr. erbaute Caesarea ist eine der bemerkenswertesten Schöpfungen des Herodes. Der vom König ausgewählte Standort, eine kleine, „Stratons Turm" genannte Reede, ist jedoch für die Errichtung eines großen Hafens wenig geeignet. Herodes ist entschlossen, die Natur durch Nutzung des neuesten technischen Fortschritts zu bezwingen, um mit Piräus zu wetteifern, und lässt gewaltige Steinblöcke versenken, um den in 35 m Tiefe gelegenen Grund zu verfüllen. Auf diese Weise ist es möglich, oberhalb des Meeresspiegels eine 60 m breite, mit Wellenbrechern versehene Mole zu errichten. Zu Ehren von Augustus Caesar erhält die neue Stadt den Namen Caesarea.

Die Architekten des Herodes lassen sich von hellenistischen und römischen Städten anregen, um den Stadtplan von Caesarea zu zeichnen, deren Straßen –

↑ Der Tempel des Augustus und der Livia in Vienne, einer der ersten Kolonien in Gallien. Der Tempel wurde dem Augustus und der Livia geweiht, als sie nach ihrem Tod zu Göttern erhoben worden waren.

unter Wahrung gleicher Abstände untereinander – im Hafen zusammenlaufen. Ein Aquädukt gewährleistet die Wasserversorgung. Unweit des Herodes-Palastes werden, den Grundsätzen der hellenistischen Architektur entsprechend, ein vom gewaltigen Tempel der Roma und des Augustus überragtes Forum nach römischer Art, ein Theater und ein Stadion errichtet. Während die Wohnstätte eines Herrschers im Verständnis des Herodes gleichzeitig seinem Privatleben und seinem öffentlichen Leben dienen kann, hat Augustus zur selben Zeit sein Privathaus auf dem Palatin zum Mittelpunkt der kaiserlichen Gewalt gemacht. Mit dem „Klippenpalast" in Caesarea kündigt sich beinahe ein Jahrhundert im Voraus das an, was der von Domitian auf dem Palatin erbaute Flavische Palast darstellen wird. Der öffentliche Teil des Palastes des Herodes – ein großer Hof mit Portikus, auf den der Audienzsaal hinausgeht – thront auf dem Gipfel der Landspitze, die das Meer überragt. Die Privatgemächer sind auf der unteren Ebene um ein weitläufiges Peristyl herum angelegt, das ein Wasserbecken umgibt. Zwei große Speisezimmer sind zu beiden Seiten dieses Hofes angeordnet. Unter der römischen Besetzung wird der Klippenpalast – die ehemalige Wohnstätte des Herodes – zur offiziellen Residenz der Prokuratoren.

Herodes ist auch bestrebt, Jerusalem seinen früheren Glanz zurückzugeben. Er macht aus Jerusalem eine moderne Stadt nach hellenistischem Vorbild, deren Straßen sich rechtwinklig kreuzen. Aquädukte versorgen die Stadt, die zu dieser Zeit 30 000 Einwohner beherbergt. Eine feste, mit Türmen versehene Mauer umgibt das Stadtgebiet, das über vier, den vier Himmelsrichtungen entsprechend angeordnete Tore zugänglich ist.

Ab 19 v. Chr. stellt Herodes den Tempel wieder her und verdoppelt die Fläche des Platzes, die diesen umgibt. Das mit Gold ausgeschmückte Heiligtum überragt eine Reihe von Portiken, von denen jeder einzelne einer bestimmten Gruppe vorbehalten ist: den Nichtjuden, den Frauen, den jüdischen Männern. Der Tempel selbst ist nur den Priestern zugänglich. Ganz in der Nähe erhebt sich die Antonia-Festung, die der Überwachung der heiligen Stätten dient.

Herodes versieht Jerusalem gegen den Widerstand der Juden mit Hippodrom und Theater, den in den griechischen Städten üblichen Spielstätten. Die Oberstadt verfügt über eine eigene Umfassungsmauer und nimmt die prächtigen Häuser der örtlichen Aristokratie auf. Herodes lässt dort seinen eigenen Palast bauen, der sich aus zwei gewaltigen, prunkvollen, nach seinen beiden erlauchten Freunden benannten Gebäuden zusammensetzt: das Kaisareion und das Agrippeion. Dieser Palast ist von einer Befestigungsmauer umgeben, an deren Spitze sich drei hohe Türme erheben.

Tiberius
(42 v. Chr. – 37 n. Chr.)

← Porträt des Tiberius nach einer Statue. Es handelt sich um eine Darstellung des betagten Kaisers aus der Zeit, als er in der Villa Jovis auf Capri lebte.

Sperlonga

Die Herrschaft des Tiberius erfährt infolge eines Aufsehen erregenden Zwischenfalls, der sich im Jahre 26 n. Chr. in seiner Villa in Sperlonga abspielt, eine entscheidende Wende. Der Nachfolger des Augustus ist eine argwöhnische und in sich gekehrte Persönlichkeit. Zu dieser Zeit muss er mit dem latenten Widerstand der zwischen Hass und Furcht schwankenden Senatoren fertig werden, und es gelingt ihm nicht, die Gunst der römischen Plebejer zu gewinnen, die ihm vorwerfen, ihre Freude an volkstümlichen Veranstaltungen, Theater- und Zirkusvorstellungen nicht zu teilen. Der plötzliche Tod des sehr charismatischen Thronfolgers Germanicus, der nach einem hartnäckigen Gerücht auf kaiserliche Weisung vergiftet worden sein soll, ruiniert im Jahre 19 n. Chr. die zerbrechlichen Bindungen, die Tiberius mit seinem Volk hatte knüpfen können. Der alte Kaiser, der unter seiner steigenden Unbeliebtheit leidet, residiert nicht mehr in Rom, sondern auf seinen italienischen Besitzungen.

Tiberius nimmt im Jahre 26 n. Chr. in Gesellschaft von Freunden eine Mahlzeit in dem Speisezimmer ein, das in der Sperlonga-Grotte eingerichtetet wurde. Plötzlich stürzen Felsblöcke herab, die sich zufällig vom Gewölbe gelöst haben, und zermalmen einige Diener. Die erschrockenen Gäste flüchten. Der Prätorianerpräfekt Seian bewahrt als einziger einen kühlen Kopf und beugt sich auf Knie und Arme gestützt über Tiberius, um ihn vor den herabfallenden Steinen zu schützen. Die zur Rettung des Kaisers eintreffenden Soldaten finden diesen unversehrt und immer noch vom athletischen Körper des Prätorianerpräfekten beschirmt vor. In der Überzeugung, dass Seian sein einzig wirklicher Freund ist, zögert Tiberius damals nicht mehr, ihm seine Amtsbefugnisse in Rom zu übertragen, und trifft den Entschluss, freiwillig ins Exil auf die Insel Capri zu gehen.

Die Villa von Sperlonga (lateinisch *spelunca*, „die Grotte") liegt im südlichen Latium, in der Nähe von Terracina und Gaeta. Die Familie der Livia Drusilla, der Mutter des Tiberius, besaß dort mütterlicherseits ein Anwesen, dessen in das 1. Jahrhundert v. Chr. datierte Überreste noch sichtbar sind. Ein langer Portikus bietet die Möglichkeit, bei einem Spaziergang die schöne Aussicht über Küste und Meer zu genießen. Die im Innern der Gebäude ausgegrabenen großen *dolia* (große Tonkrüge) deuten darauf hin, dass es sich bei dieser Wohnstätte, die im Unterschied zu anderen am Meer gelegenen Villen dieser Zeit anscheinend nicht über Fischbehälter verfügte, um einen landwirtschaftlichen Betrieb handelt.

Diese verhältnismäßig schlichte Villa am Meer ist nicht mit der Wohnstätte zu verwechseln, die Tiberius sich ab 4 n. Chr. an derselben Stelle errichten und die er von seiner Machtübernahme im Jahre 14 n. Chr. an für sich ausbauen lässt. Es handelt sich nicht mehr um eine einfache Sommerfrische, sondern um eine kaiserliche Residenz, die zur Machtzentrale wird, wenn sich der Kaiser und seine Freunde dort aufhalten. Sueton bezeichnet sie, keineswegs im übertragenen Sinne, mit dem Begriff *praetorium* (Zelt des Generals oder kaiserlicher Palast). Tatsächlich handelt es sich um ein echtes Praetorium mit Unterkünften und Ställen für die Soldaten der Kaisergarde, also genau diejenigen, die Tiberius beim Einsturz der Grotte zu Hilfe kommen. Ein sehr langer zweischiffiger Portikus, an dem ein Spazierweg entlangführt, der an einem Nymphäum endet, verbirgt die oberhalb der Villa gelegene Kaserne vor den Blicken des Kaisers und seines Gefolges. Zwei symmetrische Pavillons mit Kolonnaden fassen das in einer Grotte erbaute Nymphäum ein. Die Wohngemächer sind im Innern eines großen Hofes mit Peristyl zusammengefasst. Eine Folge von Terrassen ermöglicht es, bis ans Meer herabzusteigen. Marmorstatuen, Fontänen, Brunnen und auf die verschiedenen Ebenen verteilte Kolonnaden tragen zum theatralischen Aussehen dieser schönen Villa bei.

Der Komplex zweier zur Gefälligkeit des Kaisers und seiner Gäste ausgestalteter Höhlen gab Sperlonga jedoch seinen Namen. Die italienische Küste ist an dieser Stelle mit Grotten gespickt, von denen einige geräumig genug sind, um sie zu prunkvollen Gemächern umzugestalten. In Sperlonga bilden diese keine einfachen, einer am Meer gelegenen Villa beigefügten Pavillons. Sie wurden vielmehr als komplexe Rauminszenierung entworfen, die eine Vereinigung von Wasser und Fels vollzieht. Ein großes, rechteckiges Becken vor dem Höhleneingang setzt sich im Grotteninnern durch ein weiteres, vollkommen rundes Schwimmbecken fort. Diese Becken erinnern an die Fischbehälter der reichen Grundbesitzer aus republikanischer Zeit. Ein drittes und kleineres Becken, das sich links von dem ersten befindet und mit diesem verbunden ist, diente jedoch tatsächlich der Fischhaltung. Vielleicht boten die um das Becken ausgebrochenen Nischen Enten Unterschlupf. Ein in der Form eines Schiffsbugs behauener und mit einem Mosaik bedeckter Felsvorsprung, der die Inschrift „Schiff Argo" trägt, verbirgt diesen ursprünglich mit Meerwasser gefüllten Fischbehälter vor den Blicken derjenigen, die sich vor der Hauptgrotte befinden. Bringt man die große Grotte mit diesem Hinweis auf die Odyssee in Verbindung, so ist zu vermuten, dass die bildliche Darstellung sich auf eine Erzählung aus der Argonautenfahrt bezieht, in deren Verlauf die Schiffsbesatzung der Argo bei der Zauberin Kirke Halt macht.

↓ Äußerstes Ende der Villa des Tiberius in Sperlonga. Um den Hof herum die Kaserne und die Ställe, anschließend der lang gestreckte Fassaden-Portikus und die auf das Meer hinausgehenden Thermen. Am Fuß des Hügels erstrecken sich die Fischbecken. Die ausgebauten Grotten sind zum Palast hin offen.

Das Gedicht aus der Sperlonga-Grotte

In der Spelunca-Grotte wurde eine Marmortafel mit einem Gedicht gefunden. Ein gewisser „Faustinus", bei dem es sich vielleicht um einen gleichnamigen Freund Martials handelt, der in der Umgebung von Sperlonga während der Regierungszeit Domitians Besitzer einer Villa war, hat den Text signiert. Wahrscheinlich wurde das dem Anlass entsprechende Gedicht, das in sehr konventionellen Versen die Dichtung Vergils mit der Kunst des Bildhauers der in der Grotte befindlichen Gruppen vergleicht, während eines Aufenthaltes des Domitian in Sperlonga verfasst.

Wenn der göttliche Dichter aus Mantua (= Vergil) hierher kommen könnte,
er, der ein so weltweit bewundertes Werk geschaffen hat,
müsste er sich geschlagen geben angesichts dieser Grotte.
Er würde die Listen des Mannes aus Ithaka bewundern,
der dem von Schlaf und Wein schweren Ungeheuer das Augenlicht raubte,
die Grotte, die Frischwasserbecken, die Zyklopenfelsen,
die Grausamkeit der Skylla und das Schiff, das in ihrer Höhle zerschellt.
Vergil selbst gestände, dass keine Dichtung
das Leben dieser Wesen so gut wiedergeben kann
wie es der Künstler vermag, den nur die Natur übertrifft.
Faustinus (hat diese Verse geschrieben) für den glücklichen Baumeister dieser Höhle.

Das große rechteckige Becken gegenüber der Grotte umschließt in seiner Mitte ein Podium. Es ist rundherum mit Zellen durchlöchert, die Amphoren enthalten, die wahrscheinlich für die Fischbrut genutzt wurden. Das Podium trägt einen Pavillon und ist mit dem Boot zu erreichen. Dort wurde das von einer Kolonnade umgebene Speisezimmer (*cenatio*) errichtet. Eine erste Besonderheit besteht darin, dass die drei U-förmig angeordneten Liegebänke so ausgerichtet sind, dass die Gäste dem Meer den Rücken zuwenden. In der Mitte dieser *cenatio* trägt ein kleines Becken vier stehende oder sitzende Kinderstatuen, die die Gäste ansehen. Das runde Becken, das auf die beiden auf seiner rechten und auf seiner linken Seite befindlichen Hauptgrotten hinausgeht, liegt den Gästen gegenüber. Der natürliche Rahmen der Höhle wurde bewahrt, und die Unebenheiten des Felsens tragen dazu bei, die geheimnisvolle Erhabenheit des Ganzen zu verstärken. Der Abstand zwischen der *cenatio* und der Grotte wurde so bemessen, dass man die im Innern dargebotene Szene mit einem Blick erfassen kann. Als großer Kenner der griechischen Literatur hat Tiberius diesen außergewöhnlichen Komplex seinem Lieblingshelden Odysseus gewidmet. Zwei monumentale Gruppen verweisen auf sehr bekannte Begebenheiten aus den homerischen Dichtungen. Diese Statuen, bei denen es sich um Meisterwerke griechischer Bildhauerkunst handelt, sind wahrscheinlich marmorne Kopien bronzener Originale aus der Hand rhodischer Künstler, denen nach Plinius dem Älteren auch die Laokoon-Gruppe zu verdanken ist. Diese für den Barock der rhodischen Schule des 2. Jahrhunderts v. Chr. repräsentativen Stücke sind von außergewöhnlicher Größe (zwischen 3 m und 5 m). Das Auge der in der *cenatio* befindlichen Gäste kann sie aufgrund ihrer Anordnung in der Grotte erst nach und nach entdecken. Die beiden Gruppen konnten anhand der an Ort und Stelle aufgefundenen Skulpturenfragmente teilweise wieder aufgebaut werden.

Die Darstellung der Skylla in der Mitte des runden Beckens zieht zuallererst den Blick des Gastes auf sich. Skylla, eine bezaubernde, von Kirke in ein schreckliches Monster verwandelte Nymphe, hält in Begleitung von Charybdis Wache an der Meerenge von Messina. Sie ist eine der ungeheuren urzeitlichen Kräfte, die in der geordneten Welt der olympischen Götter noch fortbestehen. Der Künstler hat sich sehr eng an die Textpassage der *Odyssee* gehalten, die den furchtbaren Schreihals beschreibt: „Sie hat zwölf unförmige Füße. Auf sechs riesigen Hälsen haben sechs abscheuliche Köpfe im Maul je drei Reihen dichtgefügter Zähne angefüllt mit schwarzem Tod. Zur Hälfte in einem

LATIUM

Die Hauptgrotte der Villa von Sperlonga

→→ Im Vordergrund das Triclinium und sein kleines, mit Amorstatuen geschmücktes Zierbecken. Es ging auf ein rundes Becken in der natürlichen Höhle hinaus, wo Statuen Begebenheiten aus der *Odyssee* veranschaulichen (in der Mitte die Darstellung der Skylla, im Hintergrund die Gefährten des Odysseus beim Blenden des Zyklopen Polyphem). Zur Linken erinnert der Felsen in Form eines Schiffsbugs an das Schiff Argo.

Felsspalt steckend, streckt sie ihre sechs Köpfe aus der grässlichen Höhle ... bis hinab in den Bauch der Schiffe mit dem blauen Bug, und mit jedem ihrer sechs Mäuler greift sie sich eine Beute." Der Bildhauer hat bei der Darstellung dieses Mischwesens – einer Verbindung aus Mensch, Krake, Haifisch und anderen Meeresungeheuern – geschickt die Anordnung der die Seeleute verschlingenden Hunde ausgenutzt, die den Körperteil verbergen, an dem sich kaum sichtbar die schwer darzustellenden zwölf Pranken befinden. Dafür hat er Skylla mit einem langen Fischschwanz versehen, der einen der Seeleute umschlingt. Durch die kühne Darstellung des Schiffes des Odysseus – in Vorderansicht und parallel zur Skylla – konnte der Künstler alle Einzelheiten des Angriffs dieses Monsters zugleich zeigen. „Während unsere Augen zu Charybdis hinüberschauten, raubte Skylla aus dem Bauch unseres Schiffes sechs Gefährten, die besten und stärksten Kräfte. Als ich den Blick wieder unserem Schiff und unseren Männern zuwandte, sah ich nur noch ihre Arme und Beine in der Luft umherschlagen. Sie schreien und rufen nach mir ... und Skylla verschlingt sie auf der Schwelle ihrer Höhle, während sie heulen und in einem qualvollen Kampf ihre Arme mir entgegenstrecken." Bei der Figur vorne auf dem Schiff kann es sich nur um Odysseus handeln, einen lächerlich kleinen Mann, der einen Pfahl schwingt und so der riesenhaften Skylla die Stirn bietet.

Wenden die Gäste ihren Blick weiter nach rechts, so sehen sie am Eingang der Hauptgrotte ein langes Podium, das eine zweite Skulpturengruppe trägt: die Blendung des Zyklopen Polyphem durch Odysseus und seine Begleiter. Auch diese Gruppe befolgt den homerischen Text im wörtlichen Sinn: „Tief schlafend erbrach der Zyklop Wein und Stücke von Menschenfleisch ... Als der Pfahl aus Olivenholz, noch grün, aber schon rot werdend, eine schreckliche Glut verströmt, ziehe ich ihn aus dem Feuer. Meine Gefährten stehen dicht neben mir, ein Gott hat ihnen neuen Mut gegeben. Sie ergreifen den Pfahl und stoßen seine Spitze in sein Auge. Ich halte ihn von hinten im Gleichgewicht und drehe ihn. Wir hielten und drehten gemeinsam den in der Flamme angespitzten Pfahl, und das Blut floss um den glühenden Pfahl." Die Komposition dieser Szene ist sehr eindrucksvoll. Sie verschließt einen Teil des Zugangs zur Grotte und nimmt einen pyramidenförmigen Raum ein, der diagonal vom gewaltigen Körper des Zyklopen durchquert wird.

Sobald die Gäste ihren Blick wieder dem Vordergrund zuwenden, entdecken sie beiderseits des runden Beckens zwei Skulpturengruppen von geringerer Größe: zur Linken Menelaos (oder Achilles?), den Leichnam des Patroklos stützend, zur Rechten Diomedes und Odysseus, die das aus Troja entwendete Götzenbild des Palladion in das griechische Lager bringen.

Die Skulpturen der Sperlonga-Grotte sind Gegenstand zahlreicher Untersuchungen, und es bestehen noch erhebliche Meinungsverschiedenheiten hinsichtlich der Zuschreibung der Statuen und ihrer Bedeutung. Es scheint, dass Tiberius zwei Begebenheiten aus der *Odyssee* ausgewählt hat, die den endgültigen Sieg der menschlichen Klugheit über die groben Abscheulichkeiten der Urzeit veranschaulichen. Polyphem stellt im Vergleich zu Skylla einen Zustand dar, der zwischen tierischem und menschlichem Wesen liegt: Er ist Hirte, hütet Herden und stellt Käse her. Jedoch ist er gleichzeitig ein einäugiger Riese, der sich von rohem Menschenfleisch ernährt. Bei jedem der beiden Abenteuer kommen sechs Gefährten dadurch um, dass sie von Skylla oder dem Zyklopen verschlungen werden. Odysseus kann Skylla nur durch seine Flucht entkommen. Im zweiten Fall kann er den Riesen durch eine List bezwingen und seine Gefährten dadurch aus der Höhle herausbringen, dass er sie den Schafen an den Bauch bindet.

Es wurden viele Mutmaßungen über die esoterische Bedeutung der Sperlonga-Grotte angestellt. Denn die Art und die Anordnung der Statuen deuten darauf hin, dass sich hinter den homerischen Sagen ein Initiationsparcours verbirgt. Tiberius befindet sich in seiner Wohnstätte von Sperlonga inmitten der Schauplätze der italienischen Abenteuer des Odysseus: Der Monte Circeo der Kirke ist vom Meeresufer aus zu sehen, nicht weit von dort wüten die Lestrigonen, weiter entfernt befinden sich die Phlegräischen Felder, der Wohnort der Zyklopen, die Halbinsel von Sorrent, die Heimat der Sirenen, die Skylla und Charybdis beherbergende Meerenge von Messina, die durch Äolus beherrschten Äolischen Inseln und schließlich Sizilien, wo die Sonnenrinder weiden. Auf der Reise des Odysseus stellen alle diese Stationen Prüfungen dar, die er durch seine *métis* (List und Klugheit) meistert. Jede für sich genommen lassen diese Stationen die Macht des *fatum* (Schicksal) erkennen, das nach der innersten Überzeugung des Tiberius die einzige die Welt beherrschende Kraft war. In diesem Sinne stellt der französische Archäologe Pierre Gros fest, „Der natürliche Standort (von Sperlonga) wurde ausgebaut, in eine ehrgeizige Komposition eingebunden und diente als Rahmen, um sie (= die homerischen Skulpturengruppen) mit allen gelehrten, aber auch dynastischen Übereinstimmungen in Szene zu setzen, für die sie sich eignen: Die Demonstration oder zumindest der Anspruch einer legitimen und kosmischen Macht steht in der auf diese außergewöhnliche Grotte gerichteten Villa von Sperlonga im Zusammenhang mit dem Schmuckkästchen einer gebändigten Natur, in der die Gründungsmythen durch ihre Eingliederung in einen kosmischen Komplex zeitlos werden." Die Architektur der Sperlonga-Höhle bietet sich außerdem durch die Auswahl zweier in Höhlen lebender Figuren aus der Odyssee wie eine „mise en abyme" (ein Bild, das sich selbst enthält) des Grottenbegriffs dar.

Die Polyphem-Gruppe versperrt den Eingang zur Hauptgrotte. Auf der Rückseite befinden sich zwei in den Felsen hineingegrabene Räume. Die linke Nebengrotte ist kreisförmig angelegt. Ihre Wände sind gemauert und mit Muscheln verziert. Sie birgt ein mit Marmor ausgelegtes Speisezimmer. Dieser Raum war vermutlich die Kulisse für den Felseinsturz, vor dem Tiberius durch Seian gerettet wurde. Wahrscheinlich diente hinten ein kleines Zimmer dem Kaiser zum Ausruhen.

Die Sperlonga-Höhle stellt eine theatralische Inszenierung dar, in der der natürliche Rahmen die Kulisse bildet, das große runde Becken die Stelle der *orchestra* (Bühne des griechischen Theaters) einnimmt und die Statuen die Schauspieler des Dramas sind. Die Sessel, die beiderseits des runden Beckens und auch bei der Statue, die auf der die Grotte überragenden Anhöhe aufgestellt ist, in den Fels gehauen sind, verstärken diesen Eindruck.

Die Eigenständigkeit der *cenatio* von Sperlonga gründet sich also sowohl auf ihre Ausrichtung, durch die die Gäste dem Meer den Rücken zuwenden, als auch auf die vor diesen dargebotene Rauminszenierung. Wahrscheinlich stellten die Speisen, die man den Gästen servierte, nicht den hauptsächlichen Reiz der Mahlzeit dar. Tiberius ist nämlich von genügsamem Temperament. Die langen, in Feldlagern zugebrachten Jahre haben ihn gelehrt, sich mit sehr einfacher Kost zu begnügen.

Sein einziger Leckerbissen ist die Gurke, von der er jeden Tag isst. Seine Gärtner sorgen für frische Gurken, wo immer er ist. Sie bauen die Gurken in mit Rädern versehenen Kisten an, die sie in Abhängigkeit von der Sonne umsetzen können. Diese Kisten werden im Winter mit in Rahmen gefassten, hauchdünnen und lichtdurchlässigen Glimmerplatten abgedeckt, sodass man sie ohne Angst vor dem Frost in der Sonne stehen lassen kann. Auf diese Weise kommen das ganze Jahr über frische Gurken auf den kaiserlichen Tisch. Tiberius hat während seiner Feldzüge in Germanien auch die nordischen Gemüse (Pastinaken oder Rüben?) zu schätzen gelernt und lässt sich diese jedes Jahr aus der rheinischen Festung Galduba schicken. Die Bitterkeit dieses Gemüses wird durch das Kochen in Honigwein gemildert. Auch Brokkoli und wilden Spargel isst der Kaiser für sein Leben gern. Die römischen Feinschmecker verachten alle diese sehr rustikalen Gemüse. Der berühmteste von ihnen, Marcus Gaius Apicius, erwähnt sie nicht einmal in seiner Abhandlung über das Kochen. Tiberius ist außerdem ein großer Obstesser, und die von ihm bevorzugte Birnensorte trägt seinen Namen, *pira Tiberiana*. In Rom führt er geräucherte Rosinen aus Afrika ein. In Sperlonga stehen die in den Fischbehältern gezüchteten Muscheln und Fische sowie deren Milch auf dem Speisezettel. Im Grunde misst Tiberius den Konventionen der aristokratischen Festessen wenig Bedeutung bei. Dies unterscheidet ihn von seinen drei Nachfolgern, den großen Feinschmeckern oder gar Vielfraßen Caligula, Claudius und Nero. Häufig lässt

Ein übereifriger Diener

Auf seinem Weg nach Neapel kam Tiberius, der Kaiser, nach Misenum, wo oben auf dem Berg die Villa einst Lucull errichtet hat. Man blickt dort auf das sizilische und sieht auch das tyrrhenische Meer. Von den Bediensteten des Hauses einer – hoch geschürzt, die Tunica aus Leinwand von Pelusium ging von den Schultern fest gegürtet abwärts, unten hingen Troddeln –, dieser macht sich daran, als nun sein Herr die frischen Pflanzungen durchwandelte, mit einer Kanne, einer hölzernen, den heißen Boden zu besprengen und gefällig seinen Dienst zur Schau zu stellen. Doch man verlacht ihn. Nun rennt er von dort voraus – er kennt die Windungen – zu einem anderen Wandelgang, den Staub zu binden. Tiberius sieht und durchschaut den Mann und merkt, worum es geht. „Hallo", ruft ihn der Herr. Der springt natürlich gleich herbei, in freudiger Gewissheit aufs Geschenk erpicht. Da spaßt er so, der große Kaiser in seiner Majestät: „Du hast nicht viel vollbracht und Mühe unnütz aufgewendet. Wesentlich teurer werden Ohrfeigen bei mir verkauft."

Phaedrus, *Fabeln*, 2. Buch, 5

> **Die Ängste des Tiberius**
>
> Die Angst vor einem Attentat lässt Tiberius trotz seines Rückzugs nach Capri, wo er sich in Sicherheit fühlen kann, weiterhin keine Ruhe. Wenige Tage nach seiner Ankunft auf der Insel geht er alleine spazieren, als vor ihm ein Fischer auftaucht, der die als unbezwingbar geltenden Felsen erklommen hat. Der Mann ist gekommen, um dem Kaiser einen großen Fisch zu schenken. Verängstigt ruft Tiberius seine Wachen und lässt das Gesicht des Fischers mit dem Fisch zerkratzen. Der Unglückliche beglückwünscht sich mit lauter Stimme, dem Herrscher nicht auch die große Languste gegeben zu haben, die er gefangen hat. Tiberius lässt das Schalentier bringen und befiehlt, dass man damit das Gesicht des Fischers zerfetzen soll.

Tiberius aus Sparsamkeit die Reste der Speisen vom Vortag auf seinen Tisch bringen (was für Feinschmecker der Ketzerei gleichkommt!). Wenn ein halbes Wildschwein auf dem Tisch landet, erklärt er seinen Gästen: „Es ist genauso gut wie das ganze Tier!"

Für Tiberius besteht der Reiz eines Mahls vor allem in den Gesprächen mit den Gästen. Das Gefolge des Kaisers beschränkt sich in Sperlonga auf einige enge Freunde, die ihm genug Vertrauen einflößen, um nicht böser Absichten verdächtigt zu werden. Man findet dort einen einzigen Senator, den ehemaligen Konsul und angesehenen Rechtskundigen Cocceius Nerva, den Prätorianerpräfekten Seian, Thrasyllos, den ständigen Astrologen des Tiberius, den Ritter Curtius Atticus sowie griechische Literaten, deren Gesellschaft der Princeps sucht. Während der Kaiser bezüglich der Verwendung des Lateinischen bei Senatoren und Soldaten sehr pedantisch ist, wird in den privaten Unterhaltungen in Sperlonga die meiste Zeit das Griechische verwendet, und Tiberius verlangt von seinem Gefolge, das reinste Attisch zu sprechen.

Der Kaiser verfügt über eine solide geistige Bildung. Philo von Alexandria schreibt, dass er „durch seine Intelligenz ebenso wie durch seine vornehme Stellung überlegen war". Er hat eine sehr gute Ausbildung erhalten und während der neun Jahre, die er zwischen 6 v. Chr. und 2 n. Chr. auf Rhodos im Exil verbrachte, fleißig am Unterricht der Philosophen der Insel teilgenommen. Er ist wahrscheinlich ein Anhänger des Stoizismus, dessen strenge Grundsätze zu seiner Gemütsart passen. Auch hat er tiefe Ehrfurcht vor Homer sowie vor Euphorion, Rhianus und Parthenius, drei griechischen Dichtern aus Alexandria, deren gespreizten und undeutlichen Stil er schätzt. Sie dienen ihm als Vorbild für die von ihm in griechischer Sprache verfassten Gedichte, die voller geheimnisvoller und altmodischer Wendungen sind. Tiberius kennt alle Schulen der griechischen Malerei und Bildhauerkunst sehr gut und ist ein aufgeklärter Kunstfreund, der im gesamten Reich nach wertvollen Bildern und Statuen suchen lässt, um seine Wohnstätten damit zu schmücken. Schließlich – und das ist kein Widerspruch – ist er in der Astrologie bewandert, die ihm der Mathematiker Thrasyllos während seines Aufenthaltes auf Rhodos nahe gebracht hat. Tiberius macht aus ihm seinen engsten Gefährten, und der Astrologe wird bis an sein Lebensende an seiner Seite bleiben. Die Rolle des Schicksals im Universum und bei der Machtausübung fesselt den Kaiser dabei mehr als die gewöhnliche Vorhersage von Zukunftsaussichten oder das Erstellen von Horoskopen.

Die Neigungen des Tiberius leiten in der *cenatio* der Sperlonga-Grotte den Ablauf der Unterhaltungen. Ihre Ausstattung liefert einen unerschöpflichen Gegenstand für gelehrte Spekulationen über die Mythologie und die geheime Bedeutung der Begebenheiten aus der *Odyssee*. Tiberius hat Freude daran, das Wissen seiner Gäste zu prüfen, indem er sie sehr gelehrten Befragungen unterzieht: „Wer war die Mutter der Hekabe?", „Wie nannte sich Achilles, als er sich in der Verkleidung eines Mädchens unter den jungen Mädchen von Skyros versteckte?", „Was sangen die Sirenen, um die Seeleute zu verführen?". Einige Gäste fürchten sich vor diesen „Wissenstests". Ein gewisser Seleucus, ein Vertrauter des Kaisers, verfällt auf die Idee, den Kaiser durch Sklaven, die seine tägliche Lektüre aufschreiben, ausspionieren zu lassen. Dies ermöglicht ihm, von Tag zu Tag den Stoff der Befragung des folgenden Tages zu „wiederholen"! Tiberius bekommt leider Wind von der List des Seleucus, vertreibt ihn aus seiner Umgebung und nötigt ihn zum Selbstmord.

Die Villa Iovis auf Capri

Augustus war der erste römische Kaiser, der sich für die Insel Capri interessierte. Dieser Kaiser verweilt dort zu einer Zeit, als die Insel noch der Stadt Neapel gehört. Der Zufall will es, dass die schmachtend zu Boden gekrümmten Zweige einer 100-jährigen Eiche im Vorübergehen des Kaisers unvermittelt ihre Lebenskraft zurückgewinnen. Dieser ist von der unerwarteten Auferstehung so beeindruckt, dass er Capri erwirbt und Neapel zum Ersatz die Insel Ischia gibt.

Capri hat viele Vorzüge, die Augustus und später Tiberius bezaubern. Durch die Verbindung der milden Seeluft mit dem von den Anhöhen herabkommenden, sanften Wind ist das Klima im Winter ebenso angenehm wie im Sommer. Mit ihrer üppigen Vegetation ist die Insel eine kühle Oase in der mediterranen Hitze. Schließlich – und das ist nicht der geringste Vorzug – bietet sich denen, die die Nordküste Capris bewohnen, die herrliche Aussicht auf den Golf von Neapel. Augustus lässt dort eine große Villa errichten, die aus einer Reihe von Gebäuden besteht, die sich über eine Landspitze verteilen. Diese im Vergleich zu den prachtvollen Sommerfrischen der neapolitanischen Küste relativ bescheidene Wohnstätte ist von Gärten und einem Wald umgeben. Die kaiserliche Familie gewöhnt sich daran, zum Verweilen in diesen „Palast am Meer" zu kommen, wo sie fern vom geschäftigen Leben auf dem Kontinent die Ruhe genießen kann.

Tiberius hat mehr noch als Augustus zur Berühmtheit Capris beigetragen, indem er sich dort im Jahre 27 n. Chr. niederließ. Dieses freiwillige „Exil" des Kaisers bildet den Abschluss jahrelanger, zunehmend beklemmender Angstgefühle, die ihm den Aufenthalt in Rom unerträglich machen. Als Tiberius die Stadt unter dem Vorwand einer offiziellen Reise nach Kampanien verlässt, ist er innerlich überzeugt, dass er dorthin nicht zurückkehren wird. Der Zwischenfall von Sperlonga, in dessen Verlauf der Prätorianerpräfekt Seian den Kaiser vor einem Felseinsturz schützt und auf diese Weise sein Leben rettet, bestärkt Tiberius lediglich in seinem geheimen Entschluss. Schon Kampanien scheint ihm kein hinreichend sicherer Zufluchtsort mehr zu sein, denn zu viele Leute können sich den kaiserlichen Residenzen nähern. Außerdem glaubt er, dass nur eine Insel ihm vollkommene Sicherheit zu bieten vermag. Tiberius hat in seiner Jugend sechs Jahre auf Rhodos in aufgenötigter Abgeschiedenheit verbringen müssen. Capri hat Rhodos gegenüber den Vorteil, dass man nur auf einer Seite, im Bereich des heutigen Hafens von Marina Grande, auf engem Raum anlegen kann. Überall sonst verwehren schroffe Felsen und tiefes Wasser den Schiffen den Zugang. Sobald er auf Capri anlegt, ist Tiberius überzeugt, auf diesem leicht zu überwachenden und zu schützenden Boden Ruhe zu finden.

Zwischen 27 und 37 n. Chr. wird Rom von einem in völliger Zurückgezogenheit auf seiner Insel lebenden Kaiser aus der Ferne regiert. Nichts wird Tiberius zwingen können, sich wieder auf den Weg nach Rom zu machen, weder familiäre Ereignisse (Todesfälle oder Hochzeiten) noch politische Probleme oder äußere Gefahren. Mehrmals versucht er, sich auf den Kontinent zu begeben, gelangt aber nicht über Kampanien hinaus und beeilt sich, auf seine Insel zurückzukehren. Seine Beschlüsse teilt er dem Senat und den Römern durch Abgesandte mit. Nur wenige Vertraute haben die Möglichkeit nach Capri zu kommen, um den Kaiser zu besuchen. Im Jahre 31 n. Chr. lässt er den jungen Caligula, seinen 19-jährigen Adoptiv-Enkelsohn zu sich kommen. Der mit einer mächtigen Verstellungskunst begabte Junge hat scheinbar vergessen, dass Tiberius seine gesamte Familie ausgelöscht hat und zeigt sich sehr folgsam. Der Kaiser, der sich nur wenige Illusionen über die vermeintliche Fügsamkeit und den undurchsichtigen Charme des Caligula macht, hat keinen anderen Erben und muss ihn auf seine zukünftigen Herrscherpflichten vorbereiten.

Nach Tacitus ließ Tiberius zwölf riesige Villen auf Capri erbauen, die entweder nach den zwölf olympischen Göttern oder nach den zwölf Tierkreiszeichen benannt worden sein sollen. Es sind jedoch nur Überreste von zweien erhalten: die der eindrucksvollen, auf einer steil abfallenden Anhöhe errichteten *Villa Iovis* (Jupiter-Villa) und die einer am äußersten Nordwest-Ende der Insel, auf der Landspitze von Damecuta erbauten Wohnstätte. Überreste anderer Villen sind nicht überliefert. Womöglich handelte es sich um einfache Pavillons, die der Kaiser gelegentlich aufsuchte, um von verschiedenen Standpunkten aus den Golf von Neapel zu betrachten.

Die hochmütige Gestalt der Villa Iovis, die ein regelrechtes Felsennest ist und die unruhige Persönlichkeit des Tiberius widerspiegelt, steht auf einem schroffen Berg, der in einem Steilhang von Schwindel erregenden 300 m Höhe endet. In der östlichen Exedra der Villa hat man den Eindruck, dem Vesuv und der Halbinsel von Sorrent gegenüber zwischen Himmel und Meer zu hängen. Der Villenkomplex nimmt etwa 7000 m² ein und steigt stufenförmig auf mehreren, durch die unebene Oberflächengestalt bestimmten Ebenen an. Eine riesige, in vier Behälter unterteilte, viereckige Zisterne bedeckt in der Mitte eine Fläche von 900 m². Der untere Teil der Zisterne dient der Speicherung des für die Villa und die Thermen benötigten Wassers, denn es gibt keine nahe gelegene Quelle. Der obere Teil

CAPRI

Die Villa Iovis

←← Dieser kompakt wirkende Palast ist um große, innen liegende Zisternen herum angelegt. Die äußeren Räume verteilen sich auf mehreren Ebenen um einen Sockel, der mit starken, durch Bögen miteinander verbundenen Strebepfeilern versehen ist. Die kleine, einen Vorsprung in der Fassade bildende Exedra entspricht einer Thermenanlage.
Oben entfalten sich um einen über den Zisternen angelegten Hofgarten herum die prunkvollsten Gemächer. Diese sehr hoch gelegene Wohnstätte auf dem Gipfel einer etwa 100 m hohen Felsklippe war weithin sichtbar.

der Zisterne ist der Unterbau der eigentlichen Wohngebäude. Den durch diese riesige Zisterne gebildeten klobigen Block umgibt eine Mauer, die im Westen mehrere Stockwerke mit kleinen Zimmern umfasst. Sie dienen der Unterbringung der Prätorianergarde und des Hauspersonals. Ein enger Portikus überragt diese hohe Fassade ohne architektonische Besonderheiten. Der in der Villa Iovis ankommende Reisende sieht zuallererst nur diese Seite der Villa, die einer Festung ähnelt.

Der Grundsatz vollkommener Sicherheit bestimmte die innere Ausgestaltung der Villa Iovis: enge Türen, die auf Flure oder Treppen hinausführen, die sich leicht durch Wachen absichern lassen, und das Fehlen großer offener Flächen. Wer über die Myrtenallee ankommt, muss eine Rampe erklimmen, um das im Verhältnis zum Mittelbau versetzte Tor der Villa zu erreichen. Hinter dem Tor enthält ein kleiner, *atrium*-förmiger, von vier Säulen aus geädertem Marmor umgebener Vorraum eine rechteckige Nische, die eine Kaiserstatue birgt.

Über die linke Seite dieses Vorraumes gelangt man in ein Gewirr von Fluren, Treppen und Vorräumen, die zu den mit dem Wasser aus einem der Zisternenbehälter gespeisten Thermen führen. Für eine private Wohnstätte sind diese Bäder – mit ihren fünf großen Zimmern, die nacheinander als Vorraum, als Umkleideraum, als *frigidarium*, als *tepidarium* und als *caldarium* dienen – besonders groß. In dem *caldarium*, das mit zwei Apsiden versehen ist, wird die Wärme durch die mit Hohlziegeln abgedeckten Mauern gespeichert. Am Ende dieser Südseite befindet sich der Heizraum.

Den Mittelpunkt des Palastes, der der Flächenausdehnung der Zisterne entspricht, nimmt ein quadratischer, von einem Portikus umgebener Turm ein. Ringsherum befinden sich die für das Dienst habende Personal bestimmten Unterkünfte. Auf der Ostseite wurde eine große, halbkreisförmige, mit sieben Türen versehene Exedra angelegt, die im Verhältnis zur Mitte des von einem Peristyl umgebenen Hofes versetzt ist.

Ein von dieser Ostseite ausgehender Korridor führt zu den Privatgemächern des Tiberius. Diese auf der Nordseite angeordneten Bauten sind vom Rest der Villa vollständig abgetrennt. Die Zimmer liegen einerseits zum Golf von Neapel hin und andererseits nach Süden, zu einem den Peristyl des zentralen Hofes überragenden Portikus. Die Diener können sich über äußere Rampen und Treppen direkt in die Küchen und Wirtschaftsgebäude begeben, ohne das Innere der Villa durchqueren zu müssen. Eine große Loggia-Promenade von 92 m Länge führt am Ende des Steilhanges über dem Meer entlang. Ein Triclinium und ein kleines Besuchszimmer (*diaeta*), die beide mit mehrfarbigem Marmor ausgelegt sind, gehen auf diese Loggia hinaus. Tiberius zieht sich gewöhnlich in diese ruhigen, zum Meer hin gelegenen Zimmer zurück, und niemand darf dann in die Nähe des alten Kaisers kommen, der in seinem Geiste immer wieder die Enttäuschungen seines Lebens vorüberziehen lässt. Eine besondere Zisterne neben der *diaeta* versorgt diese Privatgemächer. Nicht weit entfernt im Westen birgt ein solider Steinbau das Observatorium, von dem aus Tiberius und sein Astrologe Thrasyllos die Sterne beobachten können, um das Schicksal Roms in Erfahrung zu bringen.

Im Westen bilden die Küchen einen von der Villa getrennten Trakt. Sie enthalten mehrere Öfen sowie Wasserbecken zum Abspülen der Gerätschaften. Über einen innen liegenden Korridor gelangt man in die zur Hälfte unter der Erde liegenden Lagerräume im Erdgeschoss des Hauptgebäudes der Villa. Die Lebensmittel, von denen in Anbetracht der Abgeschiedenheit der Villa große Vorräte bereitstehen müssen, können dort frisch gehalten werden.

Der Leuchtturm, ein wuchtiger quadratischer Turm von 12 m Seitenlänge und 20 m Höhe, der sich in einiger Entfernung von der Villa befindet, ist in dieser von der Welt losgelösten Festung ein wichtiges Gebäude. Seine Lichtsignale – Feuer oder Rauch – ermöglichen nicht nur den vorbeiziehenden Schiffen in der Nacht die Orientierung, sondern auch eine Kommunikation mit den an der neapolitanischen Küste und vornehmlich in Misenum befindlichen Observatorien. Sueton hat die Beklommenheit des Tiberius beschrieben, nachdem dieser vom Verrat des Seian erfahren und daraufhin dem Senat einen Brief mit dem Ersuchen um seine Hinrichtung gesandt hatte. Auf seinem Felsen wartet der Kaiser stundenlang ungeduldig auf das Signal von der neapolitanischen Küste, das ihm die Hinrichtung desjenigen meldet, den er bis dahin als seinen Freund angesehen hat. Auch nachdem er das denkwürdige Signal erblickt hat, das die Unterdrückung der Verschwörung Seians verkündet, fühlt Tiberius sich längst noch nicht sicher. Er lässt die Statisten des Prätorianerpräfekten bis nach Capri bringen. Nach langwierigen und kunstgerechten Folterungen werden die Unglücklichen von dem Felsen herabgestürzt, auf dem sich die Villa Iovis erhebt. Unten zermalmt eine Gruppe Seeleute die Leichen durch Hiebe mit Rudern und Bootshaken. Tiberius schaut diesen blutigen Hinrichtungen von seiner Villa herab regungslos und ohne mit der Wimper zu zucken zu. Anschließend braucht er neun Monate, bevor er sich erneut traut, die Villa Iovis zu verlassen. Der Leuchtturm stürzt einige Tage vor Tiberius Tod durch ein Erdbeben ein.

Die meiste Zeit residiert Tiberius in der Festung der Villa Iovis. Auch schätzt er seinen Wohnsitz von Damecuta, der auf einem in das Meer eintauchenden Kap an der Westspitze der Insel errichtet wurde. Diese Sommervilla ist mit dem Boot erreichbar. Eine Besonderheit dieses entzückenden Domizils, das bei weitem nicht die Nüchternheit der Villa Iovis aufweist, ist die lange Aussichtspromenade, die zwei Wohnbereiche miteinander verbindet. Diese auf dem Kamm der felsigen Landspitze erbaute Loggia ist mit kleinen Exedren versehen, die Sitzgelegenheiten für die ausruhenden Spaziergänger enthalten. Ein halbkreisförmiges, auf das Meer hinausgehendes Belvedere am westlichen Ende ist von einem Triclinium und Besuchszimmern umgeben. Am anderen Ende der Loggia führt eine Treppe zu kleinen Terrassen, die Zimmer und ein rundes Belvedere tragen.

Am Fuß des Felsens von Damecuta befindet sich die Blaue Grotte, eines der Naturwunder von Capri, in der ein blaues phosphoreszierendes Licht den Felsen einen unwirklichen Glanz verleiht. Eine schmale Öffnung ganz hinten in der Eingangshöhle führt in eine zweite, gut verborgene Höhle. Tiberius gestaltet dieses zweite Becken zu einem Nymphäum um, dessen natürliche Pracht die der mit hohem Aufwand in den Sommerfrischen der Römer erbauten künstlichen Grotten übertrifft. Ein unterirdischer Gang verbindet das Nymphäum mit der darüber befindlichen Villa. Die Überlieferung wird aus diesem verborgenen Heiligtum den Ort der uneingestandenen Ausschweifungen dieses römischen Kaisers machen.

Der Ruf des Kaisers hat nämlich unter der Einsamkeit gelitten, in der er seine zehn letzten Lebensjahre verbracht hat. Die Römer sind in Ermangelung einer glaubhaften Erklärung für das Exil ihres Herrschers überzeugt, dass er Rom verlassen hat, um seinen verderbten Neigungen freien Lauf zu lassen. Vornehmlich wird er beschuldigt, seine Sklaven auf den Kontinent zu schicken, um dort sehr junge Mädchen und Jungen für widerliche Orgien aufzutreiben, die er auf Capri veranstaltet. Er zwinge diese als Waldgeister und Nymphen verkleideten Kinder, sich allerlei neuartigen Paarungen hinzugeben. Der alte Mann bade auch gerne völlig nackt mit Säuglingen. Es ist fast sicher, dass die Fama die Schrullen des Kaisers stark übertrieben hat. Gewiss zeigte dieser, während des größten Teils seines Lebens für seine sexuelle Gleichgültigkeit bekannte Mann auf Capri Symptome seniler Lüsternheit. In seinem Zimmer lässt er erotische Malereien und Skulpturen aufstellen. Seine Bibliothek wird um frivole Werke bereichert, darunter das berühmte Handbuch der Griechin Elephantis, in dem alle Techniken des Geschlechtsverkehrs im Einzelnen aufgeführt sind. Diese ausschweifenden Neigungen sind jedoch weit von den Exzessen entfernt, die demjenigen zugeschrieben werden, den man in Rom „*Caprineus*" nennt. Das ist ein Wortspiel, das gleichzeitig „der Mann aus Capri" und „der alte Bock" bedeutet. Sueton und Tacitus beschreiben als einzige unter den antiken Autoren in ähnlichen Worten die Ausschweifungen des Tiberius, und man kann annehmen, dass sie als gemeinsame Quelle die *Memoiren* von Agrippina der Älteren verwenden, die eine erklärte Feindin des Kaisers war. Im Übrigen ist unklar wie den Römern, die nicht einmal wussten, ob Tiberius noch am Leben ist, so viele Einzelheiten über sein Sexualleben auf Capri bekannt gewesen sein können.

Das Alltagsleben des Tiberius war auf Capri sehr wahrscheinlich sehr viel friedlicher, als man es sich vorgestellt hat. Tagsüber meditiert er stundenlang in seinen sonnendurchfluteten Schlupfwinkeln, er liest oder geht spazieren, inspiziert mit seinen Gärtnern das Gemüse in seinem Gemüsegarten und pflegt seine vertrauten Tiere, besonders eine Drachenschlange, die ihm aus der Hand frisst, und die Pfauen, die er in seinem Obstgarten aufzieht. Nachts untersucht er von seinem Observatorium aus den Lauf der Himmelskörper. In Rom und in Italien waren ihm alle diese äußerst gewöhnlichen Betätigungen unmöglich geworden, da er sich so sehr vor seinen Zeitgenossen in Acht nahm. Anstatt in Rom die Macht auszuüben, hat Tiberius es vorgezogen, der Nesiarch (Inselfürst) von Capri zu werden.

ROM

Die Domus Tiberiana

↓ Diesen Teil des Palastes, der den Namen des Tiberius trägt, erbaute in Wirklichkeit Nero. Tiberius ist an diesem Platz geboren, der damals nur aus einem Komplex nebeneinander liegender Villen bestand. Nero hat dort nach einem ursprünglich sehr ebenmäßig angelegten Bauplan einen Palast errichtet, der von seinen Nachfolgern nach und nach verändert wird. Die *domus* erhebt sich auf dem Gipfel des Palatins. Das durch Caligula errichtete kompakte Gebäude (*Atrium Gai*), das mit dem Castor-und-Pollux-Tempel verbunden ist, erscheint weiter unten an seiner Ecke. Im unteren Bildteil verläuft vor dem Haus der Vestalinnen eine von Läden gesäumte Straße.

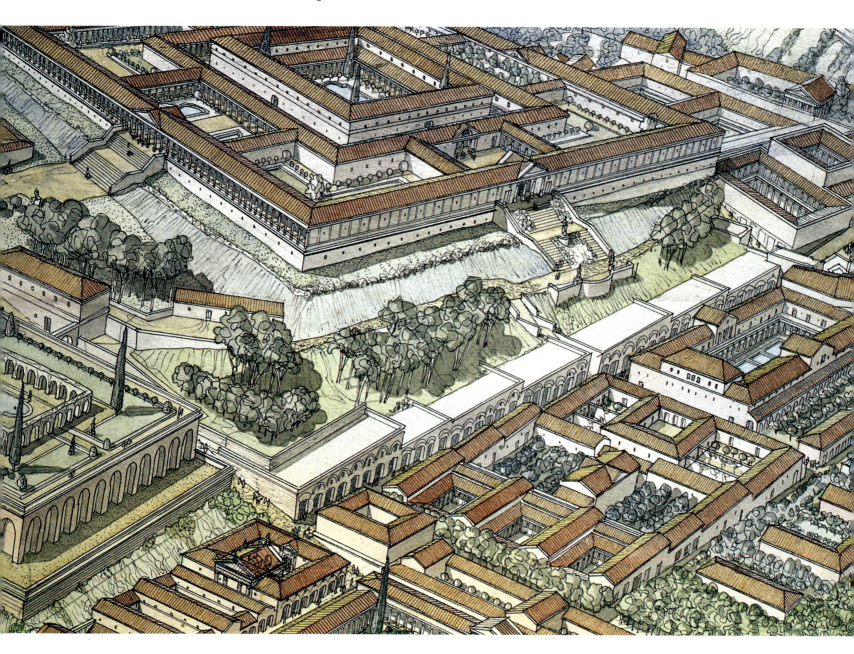

Die Domus Tiberiana

Der Name *Domus Tiberiana*, den die antiken Autoren dem Teil des Palatins gegeben haben, der sich nördlich vom Haus der Livia bis zum Forum Romanum erstreckt, sollte keinen falschen Anschein wecken. Es handelt sich bei diesem Bereich auf dem Germal, einem Teil des Palatins, nicht um einen durch Tiberius erbauten Palast. Der Ausdruck *Domus Tiberiana* tritt im Übrigen nur im Zusammenhang mit den Bürgerkriegsereignissen der Jahre 68 bis 69 n. Chr. auf.

Die Verwirrung rührt möglicherweise von der Tatsache her, dass Tiberius auf dem Palatin das Haus der Claudier, seiner Familie väterlicherseits, bewohnt hat. Er lässt sich keine neue Wohnstätte errichten, als er im Jahre 14 n. Chr. Kaiser wird. Aus seiner Regierungszeit gibt es darüber hinaus keine Spuren eines einheitlichen Palastes. Seine eigene Wohnstätte kommt zu den Gebäuden, die Augustus sowohl für sein Privatleben als auch für seine öffentliche Tätigkeit in Anspruch genommen hatte, hinzu. Die wenigen, in der Nähe der *domus* der Claudier gelegenen Häuser, die noch einfachen Privatpersonen gehörten, wurden sehr wahrscheinlich von Tiberius vereinnahmt, um mit der *domus* des Augustus ein Ganzes zu bilden. Der unklare Ausdruck *in Palatio* („auf dem Palatin") dient zumeist als Verweis auf den Sitz der kaiserlichen Macht unter Julisch-Claudischer Herrschaft. Die heute *Domus Tiberiana* genannten Gebäude sind später erbaut und datieren aus flavischer und antoninischer Zeit.

Caligula ist während seiner sehr kurzen Herrschaft der Erste, der den Bau eines echten Palastes beabsichtigt. Er lässt zu diesem Zweck die Bauten des Palatin durch einen Gebäudetrakt verlängern, der bis zum Forum reicht. Dessen hauptsächliche Räume sind ein Atrium und ein Hof mit Peristyl, der ein Becken und ein Triclinium einrahmt, das auf das Forum hinausgeht. Die Besonderheit des Palastes besteht darin, dass er über eine Fußgängerbrücke mit dem Dioskuren-Tempel verbunden ist. Caligula hat die Rückwand dieses ehrwürdigen Heiligtums durchbrechen lassen, um es zum Vorraum seiner Wohnstätte umzugestalten. Wie Cassius Dio berichtet, pflegt Caligula zu sagen, dass er „Castor und Pollux zu Pförtnern" hat und dass er sich an Stelle der Götter niedersetzt, um die Huldigung der Römer zu empfangen. Von seinem Palast aus lässt Caligula eine weitere Fußgängerbrücke schlagen, die über den Tempel des vergöttlichten Augustus hinwegführt und vor dem Tempel des Jupiter Capitolinus endet. Der Kaiser kann auf diese Weise direkt dorthin gelangen, denn „er wollte der Mitbewohner des Jupiter sein". In der Nähe seines Hauses lässt er einen seiner eigenen Person geweihten Tempel errichten. Er beabsichtigt, darin die berühmte, 12 m hohe Zeusstatue von Olympia aufzustellen, deren Kopf durch seinen eigenen ersetzt worden wäre.

Zum Glück für das Meisterwerk des Phidias wird das Schiff, das es nach Rom bringen soll, vor seiner Ankunft in Griechenland vom Blitz getroffen! Alle die architektonischen Absonderlichkeiten des Caligula werden gleich nach seinem Tod zerstört.

Im Januar des Jahres 41 n. Chr. beschließt Caligula, nachdem er am Morgen den zu Ehren Apollos stattfindenden palatinischen Spielen beigewohnt hat, sich zum Mittagessen nach Hause zu begeben. Die Verschwörer, die ihn ermorden wollen, befinden sich in dem unterirdischen Korridor, der von der *area Palatina* zu seinem Palast führt, inmitten einer Kindergruppe, die sich auf ihren Auftritt vorbereitet. Sein Onkel Claudius, der ihn begleitet, flüchtet verängstigt bis zum *Hermaeum*, der *diaeta* des Palastes, und versteckt sich hinter einem Vorhang. Dort entdecken ihn die Prätorianer, die ihn als neuen Kaiser grüßen.

Der Beitrag des Claudius zum Komplex der *Domus Tiberiana* lässt sich nur schwer mit Sicherheit bestimmen. Man schreibt ihm den Bau eines großen Podiums in der Nordwestecke des Palatins zu, das der *Domus Transitoria* Neros als Unterbau dienen wird. Die längs der *Domus Flavia* befindliche *Domus Tiberiana* dient vom 2. Jahrhundert n. Chr. an als Wohnstätte des Thronfolgers.

Caligula
(12–41 n. Chr.)

Die Palastschiffe von Nemi

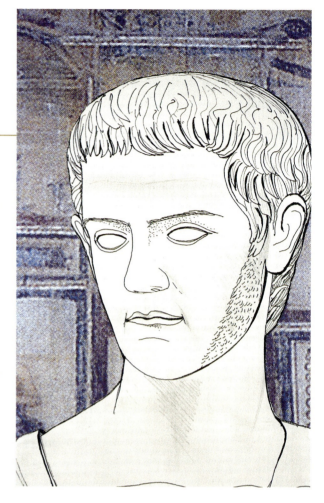

→ Porträt des Caligula, nach einer Statue.

Seine Verrücktheit kommt bei Caligula besonders durch den bewussten Verstoß gegen alle natürlichen und menschlichen Gesetze zum Ausdruck. Dieser widersprüchliche Geist ist tief in seinem Charakter verwurzelt: Er gibt mit vollen Händen Geld aus, hortet es aber auf schäbige Weise. Er liebt das Bad in der Menge, flüchtet sich aber häufig in die Einsamkeit. Er vernachlässigt die Bestrafung echter Verbrecher, verurteilt aber Unschuldige zum Tode. Dieser labile und launische Mensch hat es sich zur Regel gemacht, das Unmögliche zu verwirklichen und die Natur herauszufordern. Er hat vor, den Isthmus von Korinth zu durchstechen, und auf dem Gipfel der Alpen will er eine Stadt erbauen. Für die Errichtung seiner italienischen Residenzen beginnt er gewaltige Bauarbeiten, um die natürliche Landschaft tief greifend zu verändern, die Gipfel dem Erdboden gleich zu machen und die Ebenen durch das Herbeischaffen vieler Tonnen Erde zu erhöhen.

Zu seinen wichtigsten Bestrebungen gehört es, das Meer in Festland zu verwandeln. Eines Tages beschließt er, zwischen Baiae und Pozzuoli eine Brücke aus mit Erde bedeckten Schiffen über den Golf von Neapel bauen zu lassen. Mit einer riesigen Menschenmenge im Gefolge durchstreift er zwei Tage lang zu Pferd diese auf das offene Meer hinausgeworfene Landzunge (siehe Abbildung S. 68/69). Der Bau riesiger Galeeren, auf denen er am Ufer des Nemi-Sees verweilt oder die Küsten Kampaniens entlangfährt, ist für Caligula eine Art und Weise, dieselbe Fantasie zu verwirklichen: In einem Palast auf dem Wasser zu wohnen, der im Hinblick auf seine Pracht und seinen Komfort mit denen vergleichbar ist, die er in Italien besitzt. Diese Palast-Galeeren wurden nicht für lange Reisen eingerichtet, sondern nur zur Zerstreuung. Sie sind mit Segeln und mit zehn Reihen Ruderern ausgestattet, die aber von keinem großen Nutzen sind, denn die meiste Zeit bleiben sie in Ufernähe.

Der Nemi-See, auf dem Caligula mehrere seiner prachtvollen Schiffe untergebracht hat, befindet sich in den Albaner Bergen, in der Nähe Roms. Er füllt den Grund eines alten Vulkankraters aus, dessen Hänge bis an das Seeufer herabreichen. Die Alten gaben diesem bezaubernden kleinen See den Beinamen „Spiegel der Diana", denn in seinen stillen Wassern spiegelt sich ein am Ufer erbauter Tempel dieser Göttin. Im Jahre 1929 wurden auf dem Grund des Nemi-Sees zwei Schiffe entdeckt. Sie enthielten Ziegel, die mit einem auf den Namen Caligulas lautenden Stempel versehen waren. Aller Wahrscheinlichkeit nach wurden sie absichtlich durch Claudius versenkt, der sich vom Beginn seiner Herrschaft an um die Zerstörung der Errungenschaften seines Vorgängers bemüht hat. Die zwei Galeeren sind von eindrucksvoller Größe: Sie gehören mit einer Länge von 75 m × 34 m in dem einen und von 71,30 m × 20 m in dem anderen Fall zu den größten in der Antike erbauten Schiffen (ein Kriegsschiff misst durchschnittlich 50 m, ein Handelsschiff 25 m). Durch diese außergewöhnlichen Abmessungen lassen sie sich in schwimmende Kaiserpaläste umwandeln. Eine weitläufige Plattform, die an beiden Enden über das Deck hinausragt, bestätigt dies. Zu Herstellung der Schiffe wurden kostbare Materialien verwendet. Der Rumpf,

Diebstahl an der kaiserlichen Tafel

Die Pracht des Zubehörs und die Kostbarkeit des bei den kaiserlichen Banketten verwendeten Geschirrs können die Teilnehmer in Versuchung führen. Caligula überrascht einen Sklaven, der heimlich ein Silberplättchen löst, das ein Liegebett schmückt. Der Kaiser befiehlt, dem Unglücklichen die Hände abzuschneiden, sie an seinen Hals zu hängen und ihn mit einem Schild von Tisch zu Tisch zu führen, dem der Grund seiner Bestrafung zu entnehmen ist. Die Sklaven sind nicht die einzigen, die sich den kaiserlichen Luxus unberechtigt zunutze machen wollen. Titus Vinius entwendet eine goldene Schale von der Tafel des Claudius. Der Kaiser gibt vor, nichts gesehen zu haben, befiehlt aber am folgenden Tag, dass Vinius als einziger Gast irdenes Geschirr vorgesetzt bekommt.

der darüber hinaus durch mit Wolle umwickelte Bleiplatten isoliert ist, besteht aus mehreren Holzarten. Das Heck ist mit Edelsteinen verziert und trägt prächtige Löwen-, Leoparden- und Wolfsköpfe als Zurrringe. Die leichten Segel sind in unterschiedlichen Farben gehalten. Dem doppelstöckigen Hauptdeck liegt der Grundriss einer Lustvilla zugrunde. Mit Blumen geschmückte Portiken umgeben die Wohngebäude. Die Mahlzeiten können in großen, durch Behänge vor der Sonne geschützten Speisezimmern im Freien eingenommen werden. Für die Freizeit der Passagiere sind Thermen eingerichtet. Alles ist von äußerster Pracht: Mosaikfußboden, Marmorwände und Bronzestatuen. Um die Wohngebäude herum sind Weinstöcke und Obstbäume gepflanzt. Der Kaiser kann sich auf diese Weise vorstellen, auf dem Land zu sein, obwohl er von Wasser umgeben ist. Er benutzt diese Palast-Galeeren für große Feste, Bankette, Tanz- und Musikvorstellungen.

Wenn er seine Gäste empfängt, erscheint Caligula nicht in einem Aufzug, der dem eines römischen Kaisers entspricht und würdig ist. Als großer Bewunderer der orientalischen Monarchien trägt er ein langes, goldbesticktes Gewand aus durchscheinender Seide. Er zieht sich hohe Theaterstiefel (Kothurn) oder Damensandalen an und trägt an Handgelenken und um den Hals prunkvollen Schmuck zur Schau. Manchmal zeigt er sich seinen Gästen auch in der Verkleidung einer olympischen Gottheit, indem er als Jupiter Blitze schleudert, als Verkörperung des Neptun den Dreizack schwingt, als Bacchus einen Blütenstand (Thyrsus) schwenkt oder als Herkules eine Keule und ein Löwenfell trägt. Er geht sogar so weit, sich als Göttin, etwa als Diana oder als Venus, zu kostümieren. Die dicke Schminke, die sein Gesicht bedeckt, macht die Verwandlung perfekt.

Auf dem Ehrenplatz im Speisezimmer lässt Caligula seine drei Schwestern Drusilla, Agrippina und Livilla Platz nehmen, mit denen er – was für niemanden ein Geheimnis ist – inzestuöse Beziehungen pflegt. Nicht weit von ihm entfernt befindet sich sein Liebhaber, der berühmte Pantomime Mnester, den er ohne Scham vor seinen Gästen umarmt. Es sei denn, dass es sich um seinen anderen Herzallerliebsten handelt: seinen Schwager Lepidus, den Gemahl Drusillas, den er – bis er ihn tötete – einige Zeit als seinen zukünftigen Nachfolger ausersehen hat.

GOLF VON NEAPEL

Eine Brücke über das Meer zwischen Baiae und Pozzuoli

→→ Eine der teuersten Verrücktheiten Caligulas ist die Brücke, die er über den Golf von Neapel geschlagen hat. Der Astrologe Thrasyllos hatte Tiberius gegenüber behauptet: „Gaius (Caligula) hat ebensoviel Aussicht Kaiser zu werden, wie den Golf von Neapel zu Pferd zu überqueren." Caligula stellt sich im Sommer des Jahres 39 n. Chr. der Herausforderung und lässt zwischen Baiae und Pozzuoli (eine Entfernung von etwa 5 km) eine Brücke über das Meer bauen. Er befiehlt, so viele Schiffe wie möglich zu versammeln. Dies führt zu einer großen Hungersnot, denn man konfisziert die Schiffe, die Rom und Italien mit ägyptischem Weizen versorgen. Die Schiffe werden in zwei Reihen angeordnet und verankert. Anschließend werden sie mit Erde bedeckt, um ihnen das Aussehen der *Via Appia* zu verleihen. Caligula reitet und fährt während zwei aufeinander folgenden Tagen unablässig auf dieser Straße hin und her. Am ersten Tag reitet er, mit einem den Harnisch Alexanders bedeckenden, purpurfarbenen und goldbestickten seidenen Mantel bekleidet, auf einem reich ausstaffierten Pferd und mit einer Armee von Reitern und Fußsoldaten im Gefolge. Am nächsten Tag trägt er eine aus Goldfäden gewebte Tunika und fährt einen Wagen, vor den zwei berühmte Pferde gespannt sind. Die Prätorianer flankieren hinter ihm den Darius, eine der von den Parthern an Rom ausgelieferten Geiseln, und Wagen befördern die in geblümte Gewänder gekleideten Freunde des Kaisers. Die folgende Nacht vergeht mit einem großen Festmahl, das auf den Schiffen aufgetischt wird. Das Fest nimmt ein schlimmes Ende, denn der mit Essen und Wein übersättigte Caligula stürzt viele Gäste ins Meer und lässt sie durch mit Spitzen versehene Schiffe versenken.

→ Palastschiffe des Caligula auf dem Nemi-See, unweit von Rom. Die gut erhaltenen Überreste dieser großen Schiffe sind gefunden worden. Es handelte sich um echte, zu äußerst prächtigen Lustpalästen ausgebaute schwimmende Inseln mit Kolonnaden und Gärten.

ROM

Der Zirkus auf dem Vatikan

↓ Der Zirkus des Caligula auf dem Vatikan, von der Villa der Agrippina aus gesehen. In der Mitte der *spina* erhebt sich ein Obelisk (heute auf dem Petersplatz aufgestellt), der auf einem Schiff aus Ägypten gebracht wurde. Der Rumpf des Schiffes wurde anschließend versenkt und als Fundament für den Leuchtturm von Ostia verwendet. Das Bauwerk sollte durch Nero vollendet werden.

GOLF VON NEAPEL

Das Nymphäum des Claudius in Baiae

↑ Das in der Pisonenvilla von Baiae eingerichtete Nymphäum war nur mit dem Boot zu erreichen. Hier treffen die Gäste ein, um auf den Betten Platz zu nehmen, die in dem überwölbten sowie mit Statuen von Göttern und verschiedenen Persönlichkeiten ausgeschmückten Raum aufgestellt sind. Die Darstellung der Polyphem-Episode (*Odyssee*) erinnert an den Schmuck der großen ausgebauten Grotte von Sperlonga.

Die Gastmähler Caligulas, die entgegen der Gepflogenheit mitten am Nachmittag beginnen, sind für ihre Ausgefallenheit berühmt. Die Gerichte werden am Ufer zubereitet und mit Booten auf die Galeere gebracht. Die unersättliche Gefräßigkeit des Kaisers ist wohl bekannt. Er stopft sich mit der vor ihm aufgetischten Nahrung voll und hat eine Schwäche für Süßigkeiten. Er trinkt reichlich. Wenn er nichts mehr hinunterbringen kann, lässt er sich übergeben und fängt dann sofort wieder an, gierig neue Gerichte in sich hineinzuschlingen. Gerne überrascht er seine Gäste mit sonderbaren Speisen. Einmal lässt er das Brot und das Essen mit Gold bedecken. Ein anderes Mal nimmt er, angeregt vom Beispiel der Kleopatra, in Essig aufgelöste Perlen zu sich. Er wiederholt gerne: „Man muss entweder sparsam oder Kaiser sein."

Es ist zwar sicher eine Ehre, auf eine der kaiserlichen Galeeren geladen zu werden, aber auch eine Furcht erregende Gunst. Es kann nämlich niemand vorhersehen, auf welchen komischen Einfall der kranke Geist Caligulas kommen wird. An seiner Tafel empfängt er die Frauen des Adels, die er praktisch unter den Augen ihrer Ehemänner missbraucht. Die unschuldigsten Bemerkungen können sich als Falle erweisen, denn der Kaiser kann ihnen in seiner Bosheit eine gefährliche Bedeutung verleihen. Mitten in einem Festmahl bricht er plötzlich ohne erkennbaren Grund in Gelächter aus. Die beiden in seiner Nähe sitzenden Konsuln fragen ihn respektvoll nach dem Grund seiner Heiterkeit, und er antwortet ihnen: „Mich belustigt, dass ich Euch beiden mit einem Kopfnicken die Kehle durchschneiden lassen kann!"

Das Fest zieht sich bis spät in die Nacht hin. Caligula, der unter chronischer Schlaflosigkeit leidet, zögert so lange wie möglich den Moment heraus, in dem er sich – von absonderlichen Ängsten geplagt – allein in seinem Schlafzimmer wiederfindet. Alles ist ihm recht, um seine Gäste zurückzuhalten: Er möchte ihnen einen neuen Tanzschritt vorführen oder ihnen die Hauptrolle aus einem Theaterstück vortragen. Manchmal greift er auf blutigere Zerstreuungen zurück: Er lässt Gefangene kommen, die vor ihm unter der Folter verhört werden. Einer seiner Prätorianer, der in der Kunst des Kopfabschneidens zum Meister geworden ist, macht vor den Gästen von seiner Begabung Gebrauch und köpft aufs Geratewohl aus den Gefängnissen herausgeholte Menschen. Vielleicht gibt Caligula sich auch dem grausamen Spiel hin, das ihn bei der Begebenheit an der Bootsbrücke zwischen Baiae und Pozzuoli so sehr belustigt hat: Am Ende des Gastmahls lässt er mehrere seiner Gäste ins Wasser werfen. Einige sind zum Schwimmen zu betrunken und ertrinken, andere klammern sich am Schiff fest. Der Kaiser lässt sie durch Ruderschläge in den Fluten versenken.

Die Galeere ist während der ganzen Nacht von tausend Lichtern erleuchtet, und die Ufer sind erfüllt vom Klang der Musikinstrumente und von den Schreien der betrunkenen Gäste. Auf seinen prachtvollen Schiffen hat Caligula seine irrsinnigsten Wünsche befriedigen können, denn nach einem glücklichen Ausspruch des Cassius Dio „wollte er das Meer in das Festland und die Nacht in den Tag verwandeln".

Der Zirkus auf dem Vatikan

Die Vatikanische Ebene erstreckt sich dem Marsfeld gegenüber am rechten Tiberufer. Es handelt sich genau genommen nicht um ein römisches Stadtviertel, sondern um ein außerstädtisches Gebiet, in dem sich im Norden Gräberfelder und im Süden mehrere, zum kaiserlichen Vermögen gehörige Villen befinden. Agrippina besitzt eine davon, die mit schönen Gärten umgeben ist. Am Fuß dieser Gärten hat man die Überreste eines durch Caligula begonnenen und durch Nero vollendeten Zirkus gefunden. Dieser in die Villa der Agrippina eingegliederte Zirkus ist eine Privatanlage, von der man aus den Villen der Aristokratie weitere Beispiele kennt. In diesem Zirkus ist auf der *spina* ein 25 m hoher Obelisk aufgestellt. Caligula lässt ein besonderes Schiff bauen, um ihn aus Ägypten kommen zu lassen. Das Schiff wird später auf Veranlassung des Claudius im Hafen von Ostia versenkt. Nach dem großen Brand des Jahres 64 n. Chr. lässt Nero hastig Barackenlager in dieser vatikanischen Villa errichten, um dort die Katastrophenopfer aus der Stadt Rom unterzubringen. Die für das Unheil verantwortlich gemachten und verurteilten Christen werden auf Befehl des Kaisers im Zirkus des Caligula zu Tode gemartert. Heute befindet sich der Obelisk der *spina* in der Mitte des Petersplatzes.

Das Nymphäum des Claudius in Baiae

Auf der Höhe der Punta dell'Epitaffio wurde in Baiae ein sehr schönes Nymphäum in 7 m Tiefe unter dem Meer gefunden, das wahrscheinlich zu einer Villa des Kaisers Claudius gehört. Der an die Landspitze ange-

Das Freudenhaus auf dem Palatin

Die unersättliche Habgier Caligulas lässt ihn nach allen möglichen Mitteln suchen, um sich Geld zu verschaffen. Er verfällt auf den Gedanken, innerhalb seiner Wohnstätte auf dem Palatin ein riesiges Bordell zu eröffnen, das eine Vielzahl von Kämmerchen umfasst. Als Insassen dieses in einem Kaiserpalast eher ungewöhnlichen Etablissements sucht er die Ehefrauen hochrangiger Bürger und die Kinder der erlauchtesten Familien aus. Caligula schickt Sklaven zu einer Runde über die Plätze und durch die Basiliken aus, um junge Leute und Greise dazu zu zwingen, in das kaiserliche Freudenhaus zu kommen. Diejenigen, die vorgeben, nicht über hinreichende Geldmittel zu verfügen, um mit den „Prostituierten" auf dem Palatin zu verkehren, müssen auf der Stelle Darlehen zu Wucherzinsen zeichnen. Neben den Wucherern stehen Bedienstete, die in der Öffentlichkeit die Namen der „Kunden" aufschreiben, um sicherzustellen, dass diese auf dem Palatin erscheinen werden.

schmiegte, rechteckige, in einer halbreisförmigen Apsis endende Raum ging auf das Erdgeschoss der Villa hinaus. Das wie eine Grotte aufgebaute, überwölbte und mit Marmor ausgekleidete Nymphäum ist in Wirklichkeit ein U-förmiges *triclinium*. Ein Kanal, der von der Villa herkommt, führt durch einen überwölbten Bogengang in das Innere. Durch ihn gelangen die Gäste auf Booten hinein, um sich dann auf Liegebetten mit hölzernen Rückenlehnen auszustrecken. Es gibt jeweils vier Betten auf den beiden langen Seiten und zwei auf den kurzen Seiten beiderseits des Eingangs. Die Gäste können sich unmittelbar aus den flachen Schüsseln bedienen, die auf dem Wasser schwimmen.

Entlang der langen Seiten des Raumes bergen jeweils vier rechteckige Nischen Statuen, von denen man sechs gefunden hat. Sie stellen die Eltern des Kaisers Claudius dar – Nero Claudius Drusus gekleidet als Feldherr und Antonia die Jüngere als Venus Genitrix und mit einem Diadem auf dem Kopf –, die beiden Kinder des Claudius und der Valeria Messalina – Britannicus und Claudia Octavia – sowie schließlich zweimal die Gottheit Dionysos. Vermutlich stellten die fehlenden Statuen die übrigen Mitglieder der Familie des Claudius dar, sehr wahrscheinlich seine Großmutter, die Kaiserin Livia Drusilla, und vielleicht seinen Großvater, Tiberius Claudius Nero. Das *triclinium* ist folglich der *gens Claudia* gewidmet, der die Kaiser Tiberius und Claudius angehörten.

In der hinteren Apsis zeigt eine große Statuengruppe die Blendung des Polyphem durch Odysseus, der von einigen als Vorfahr der Claudier genannt wird. Der Bildhauer hat sich offenkundig von der großen Skulptur aus der Sperlonga-Grotte des Tiberius, dem Onkel des Claudius, anregen lassen.

Nero
(37–68 n. Chr.)

← Bildnis des Nero nach einer Statue im Palatinischen Museum.

Die Domus Aurea

Rom wird mein Haus:
Bürger wandert aus nach Veji
sofern nicht dieses verfluchte Haus
auch Veji umfasst!

Sueton berichtet, dass die Römer diese spaßigen Verse sangen, als sie Neros *Domus Aurea* in die Höhe wachsen sahen. Dieses satirische Liedchen, das der Bestürzung der Plebejer Ausdruck verleiht, findet seine Fortsetzung in der Wut der Aristokraten, die „diese verabscheuungswürdige, auf den sterblichen Überresten der Bürger errichtete Wohnstätte" verurteilen. Zum Zeitpunkt der Pisonischen Verschwörung, zu der sich im Jahre 65 n. Chr. die wichtigsten Männer Roms zusammenschließen, beabsichtigen seine Gegner, Nero im Goldenen Haus zu ermorden. Es versinnbildlicht in ihren Augen die Gewaltherrschaft des Kaisers.

Nero hatte die Seele eines Baumeisters. Von den ersten Jahren seiner Herrschaft an lässt er in seiner Geburtsstadt Antium (heute Anzio) eine Villa errichten, die in etwa 190 km Entfernung von Rom an der Südküste des Latium, in einer der schönsten Landschaften Italiens liegt und von drei kleinen künstlichen Seen umrahmt wird. Antium ist Neros Lieblingsresidenz. Dort hält sich seine Mutter Agrippina die Jüngere auf, als der Kaiser sie nach Bauli kommen lässt, um sie zu ermorden. Poppaea Sabina bringt im Jahre 63 n. Chr. in Antium Neros Tochter zur Welt. Nero lässt dort – verrückt vor Freude über diese Geburt – prachtvolle Zirkusspiele geben. Als der große Brand von Rom ausbricht, befindet sich der Kaiser wiederum in Antium. In den Überresten der kaiserlichen Villa von Antium wurden drei Meisterwerke hellenistischer Bildhauerkunst entdeckt: der Apollo von Belvedere, das Mädchen von Antium und der Borghesische Fechter.

Nero nimmt sich auch ein umfangreiches Bauprogramm vor, das die italienische Landschaft tief greifend verändert hätte. Er beschließt, einen schiffbaren Kanal zu bauen, der vom Averner See bei Cumae ausgehend am Küstenstrich entlang über 160 Meilen (mehr als 200 km) bis zur Tibermündung in Ostia führen soll. Seine Breite hätte es zwei Quinqueremen (zwei Fünfruderern bzw. Galeeren, in denen jeweils fünf Ruderer eine Einheit bilden) ermöglicht, aneinander vorbeizufahren. Dieses Vorhaben war keine einfache Marotte. Die Schiffe, die über das Meer bis nach Ostia hinauffahren mussten, hatten nämlich häufig Schwierigkeiten, das Kap Misenum zu umrunden. Der von Nero geplante Kanal hätte es ermöglicht, diese Klippe zu umschiffen und Rom gefahrlos zu erreichen. Ein weiteres Vorhaben Neros bestand darin, zwischen Misenum und dem Averner See ein gewaltiges Becken auszuheben. Alle Thermalquellen der Gegend um Baiae sollten in dieses überdachte und von Portiken umgebene Becken eingeleitet werden.

Darüber hinaus wissen wir, dass Nero die Stadt Rom bis nach Ostia ausdehnen wollte und dass er sich eine neue Hauptstadt vorstellte, die seinen Namen tragen sollte: Neropolis. Es ist also anzunehmen, dass der Kaiser von einem riesengroßen Komplex träumte, der von Rom bis nach Baiae reichte. Als der Kaiser stirbt, haben die Arbeiten am Durchstich der an den Averner See angrenzenden Anhöhen bereits begonnen. Nero hatte angeordnet, alle Gefangenen des Reiches nach Italien zu bringen, um sie für diese Arbeit einzusetzen. Tatsächlich wird Domitian die schnelle Verbindung Rom–Baiae von Neapel verwirklichen. Er baut die Via Domitia, die auf der Höhe von Sinuessa an die Via Appia angeschlossen ist und geradewegs bis nach

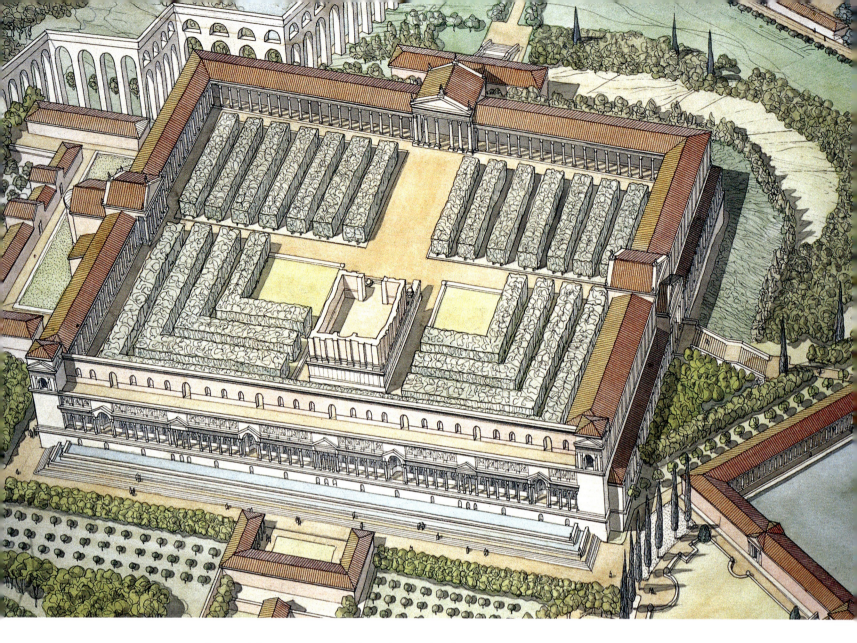

↑ Nero legte am Sockelrand des Divus-Claudius-Tempels (Claudius) eine Reihe monumentaler Nymphäen und Becken an. Der Divus-Claudius-Tempel war damals teilweise zerstört, und sein Platz bildete eines der Nebengebäude der Domus Aurea.

Cumae führt. Statius stellt fest, dass es künftig nur knapp zwei Stunden braucht, um den Weg bis zu den Badeorten Kampaniens zurückzulegen. Der liebedienerische und beflissene Dichter spielt dabei aber die Zeit herunter, die zum Überwinden der 200 km zwischen Sinuessa und dem Lukriner See erforderlich ist! Ein weiteres großes Vorhaben Neros ist der Bau des Kanals von Korinth, den er kurz vor seinem Tod begonnen hatte. Die Arbeitskräfte für dieses Unternehmen werden von Vespasian bereitgestellt, der damals Krieg in Judäa führt und jüdische Kriegsgefangene schickt.

Diese großen Vorhaben, zu denen der Bau der *Domus Aurea* hinzuzurechnen ist, stellen beträchtliche Ausgaben dar, die die Staatskasse nicht decken kann. Nero ist sich aber sicher, schnell in den Besitz ungeheurer Reichtümer zu kommen, indem er einer wunderlichen Geschichte Glauben schenkt. Im Jahre 65 n. Chr. lockt Caesellius Bassus, ein mehr oder weniger geistesgestörter römischer Ritter punischer Abstammung, den Kaiser mit der Hoffnung, den ungeheuren Schatz der Königin Dido zu heben, den sie in den weitläufigen Grotten bei Karthago versteckt haben soll. Ohne die Wahrscheinlichkeit dieser Enthüllung zu überprüfen, schickt Nero mehrere, mit Soldaten beladene Dreiruderer nach Afrika. Die Soldaten sollen zusammen mit eigens angeheuerten afrikanischen Bauern auf dem von Bassus angegebenen Gelände zu graben anfangen. In Rom ist nur noch von den sagenhaften Reichtümern Didos die Rede. Selbstverständlich wird die Grotte mit dem Schatz nicht gefunden. Im Vertrauen auf die Hirngespinste des Bassus ist Nero jedoch überzeugt, dass er seine Politik der großen Bauvorhaben mühelos wird finanzieren können.

Die Kürze seiner Herrschaft erlaubte es Nero nicht, seine pharaonischen Vorhaben zu vollenden. In Wirklichkeit kann er seine Politik der großen Bauvorhaben nur in Rom durchführen. Zu Beginn seiner Herrschaft lässt er die *Domus Transitoria* – den „Durchgang" – als sein Wohnhaus errichten. Das Gebäude verdankt seinen Namen der Tatsache, dass es als Verbindung zwischen dem Ostteil des Palatins und den in kaiserlichen Besitz übergegangenen Gärten des Maecenas auf dem Oppius dient. Der Flavische Palast hat die durch den Brand des Jahres 64 n. Chr. zum Teil zerstörte *Domus Transitoria* überdeckt. Die noch erhaltenen Überreste vermitteln jedoch einen Eindruck vom Reiz dieser Wohnstätte. Ihre beiden durch marmorne Treppen miteinander verbundenen Ebenen lehnen sich an den Abhang des Hügels an. Ein Nymphäum mit 48 roten und grünen kleinen Marmorsäulen, das in der Mitte des unteren Ranges liegt, wirkt wie die Bühnenwand eines Theaters. Vor diesem Nymphäum birgt eine Art *atrium* mit einem auf zwölf Porphyrsäulen ruhenden Dach einen Brunnen. Hinten, dem Nymphäum gegenüber, enthält eine runde Apsis die Statue einer Gottheit. Zu beiden Seiten dieses Pavillons erstrecken sich zwei Seitenflügel. Plätschernde Brunnen erfrischen in allen Räumen die Luft. Wahrscheinlich lag ein Teil des Pavillons auch unter der Erde, um ihn vor der Sonne zu schützen. Dies ist von einigen Wohnstätten aus Bulla Regia in Afrika bekannt, deren Sommergemächer sich im Untergeschoss befinden. Die ursprüngliche Anlage der *Domus Transitoria* bringt eine neue Auffassung vom Haus zum Ausdruck. Man sieht dort nämlich eine Kombination aus althergebrachten Bestandteilen der römischen *domus* (das Atrium) und Neuerungen, wie der Öffnung des Hauses nach außen, die die Besonderheiten der *Domus Aurea* ankündigen. Die *Domus Transitoria* ist keine richtige *domus* mehr, sondern ein Komplex aus Pavillons, die durch Portiken miteinander verbunden sind. Den Gestaltern der *Domus Aurea* werden die kostbare und vielfarbige Raumausschmückung mit unterschiedlich gefärbtem Marmor und die mit Gold und Edelsteinen wirkungsvoll hervorgehobenen Fresken als Anregungen dienen.

Im Juli des Jahres 64 n. Chr. bricht in den Docks in der Nähe des Circus Maximus mitten in der Nacht ein Feuer aus. Durch den sehr stürmischen Wind und die leicht brennbaren Waren in den Lagerhäusern breitet sich das Feuer schnell aus und erreicht den Osten der Stadt. Die Flammen wüten neun Tage lang. Der in aller Eile aus seiner Villa in Antium zurückgekehrte Nero überwacht von den östlich der *Domus Transitoria* gelegenen Gärten des Maecenas aus den Fortgang des Feuers und leitet die Verteilung der Kohorten der Vigiles (der Feuerwehr) auf die neuralgischen Punkte (singt aber entgegen einer hartnäckigen Legende kein Gedicht über den Fall von Troja!). Als die Vigiles den Brand schließlich eindämmen können, stellt man fest, dass die Verluste ein von den früheren Katastrophen, die die Stadt erleben musste, noch niemals gekanntes Ausmaß angenommen haben. Von den 14 Regionen (= Stadtbezirke) Roms sind drei vollständig zerstört, sieben stark beschädigt, und nur vier Außenbezirke wurden verschont. Abgesehen vom Verlust an Menschen, über den nur wenige Einzelheiten bekannt sind, liegen ganze Häuserblöcke in Trümmern, viele große Denkmäler sind verschwunden, und die meisten Kunstsammlungen, insbesondere die Neros, wurden eingeäschert.

Der Palatin ist einer der von der Katastrophe am meisten betroffenen Hügel, und die *Domus Transitoria* ist zu einem großen Teil zerstört. Nero beschließt, umgehend einen neuen Palast zu errichten. Die Bauarbeiten beginnen schon im Jahre 64 n. Chr. und sind beim Tod des Kaisers im Jahre 68 n. Chr. noch nicht vollständig beendet. Die große Eile Neros verstärkt das hartnäckige Gerücht, der Kaiser habe befohlen, die Stadt den Flammen preiszugeben, um der zahlreichen, für sein neues Vorhaben erforderlichen Grundstücke habhaft zu werden. Diese Anschuldigung betrachtet man heute als unbegründet. Zahlreiche Villen und Gärten des Esquilin, an deren Stelle sich die *Domus Aurea* erheben wird, sind zu diesem Zeitpunkt bereits Bestandteil der kaiserlichen Besitzungen, und es hat tatsächlich nur sehr wenige Grundstücksenteignungen gegeben.

Nero verwirklicht sein Vorhaben, einen ausgedehnten Komplex zu errichten, der vom Palatin bis zum Oppius (Erhebung des Esquilin) und dann am Verlauf der Mauer des Servius Tullius entlang ostwärts bis

ROM

Die Domus Aura, das „Goldene Haus"

→→ Die von Nero erbaute Domus Aurea nahm einen bedeutenden Teil des Zentrums von Rom ein. Der Palatin-Hügel im Hintergrund war mit Bauten besetzt, die sich auf mehrere, um Gärten herum angelegte Komplexe verteilten. Unterhalb erstrecken sich die wichtigen Nebengebäude, zu denen das „Vestibül" mit dem Koloss sowie der See (*stagnum*) und der umgestaltete Divus-Claudius-Tempel (auf der linken Seite) gehören. Am unteren Bildrand ist ein Teil des auf dem Oppius-Hügel erbauten Palastes zu sehen. Die Grünanlagen umfassten ausgedehnte Gärten und Bereiche, die als Weidefläche für Haustiere oder als Auslauf für Wildtiere bestimmt waren. Dieser vielschichtige Komplex war entlang unterschiedlicher Achsen ausgerichtet. Er bildete geradezu eine Stadt in der Stadt. Die Ausstattung erreichte eine derartige Prachtentfaltung (Marmor, vergoldeter Stuck und Edelsteine), dass die antiken Autoren die kaiserliche Residenz als „Domus Aurea" (Goldenes Haus) bezeichneten.

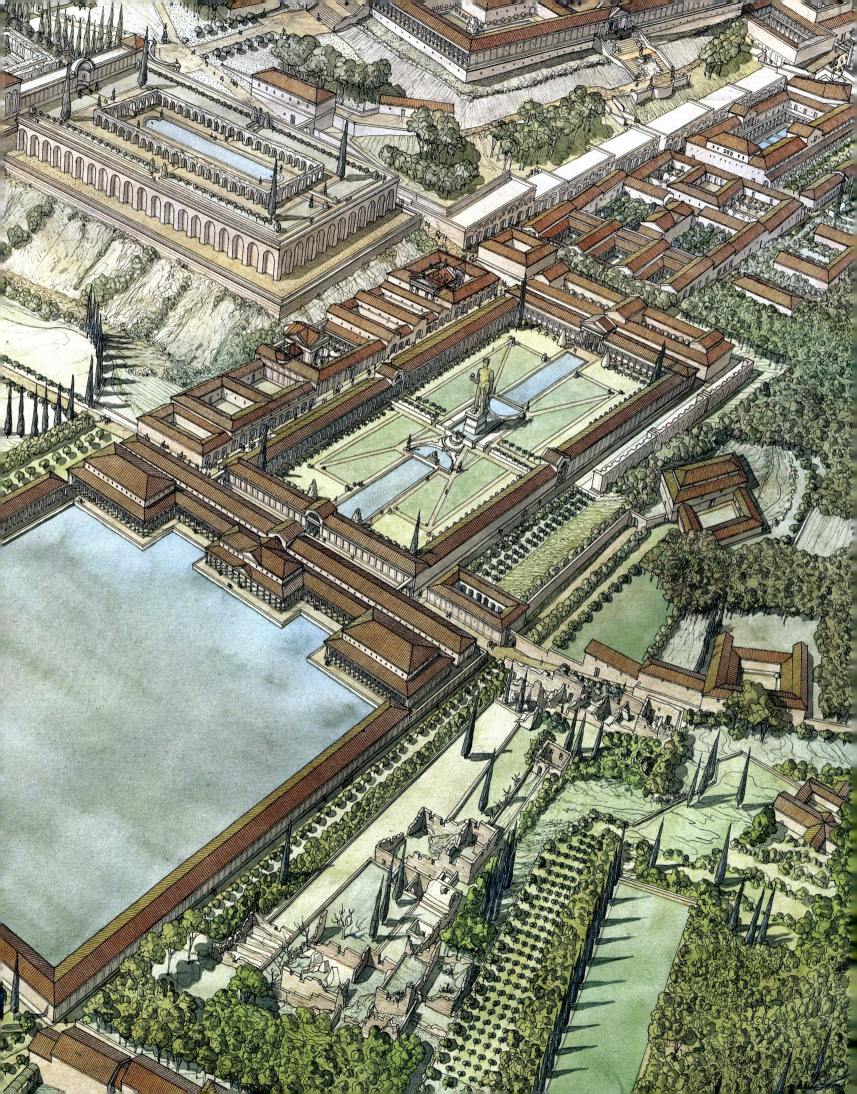

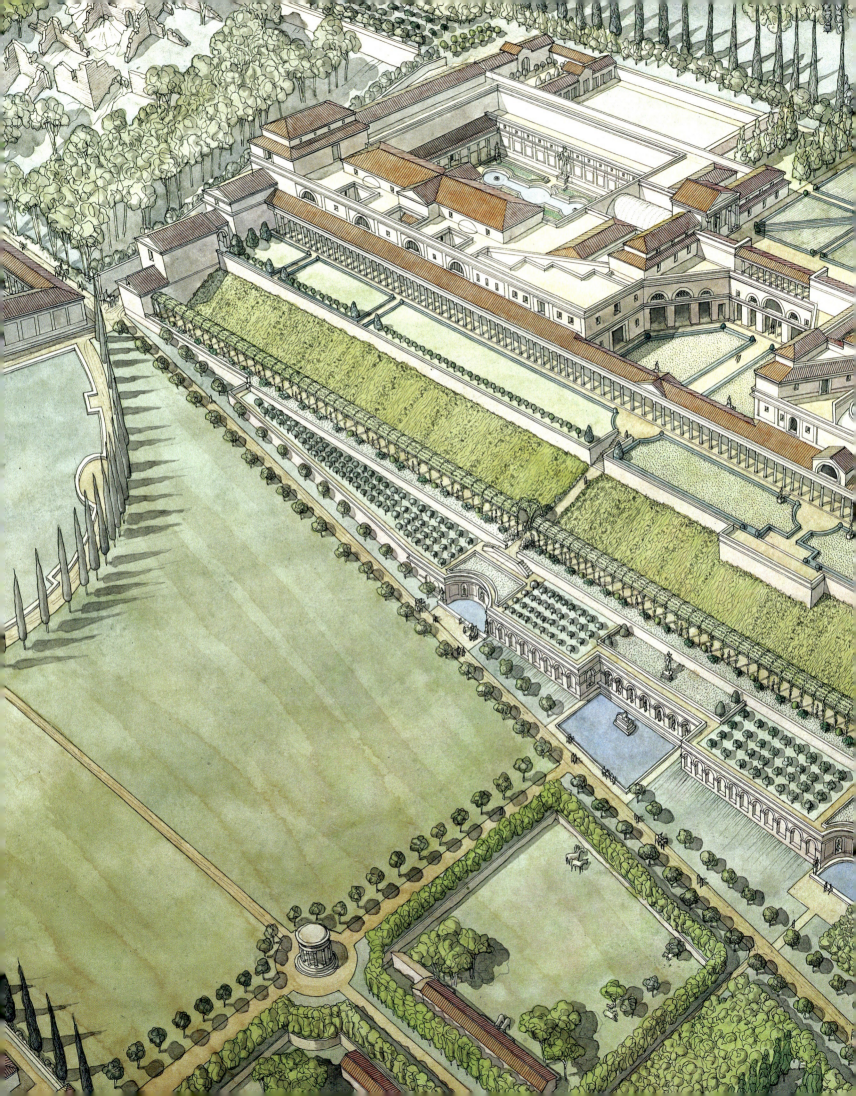

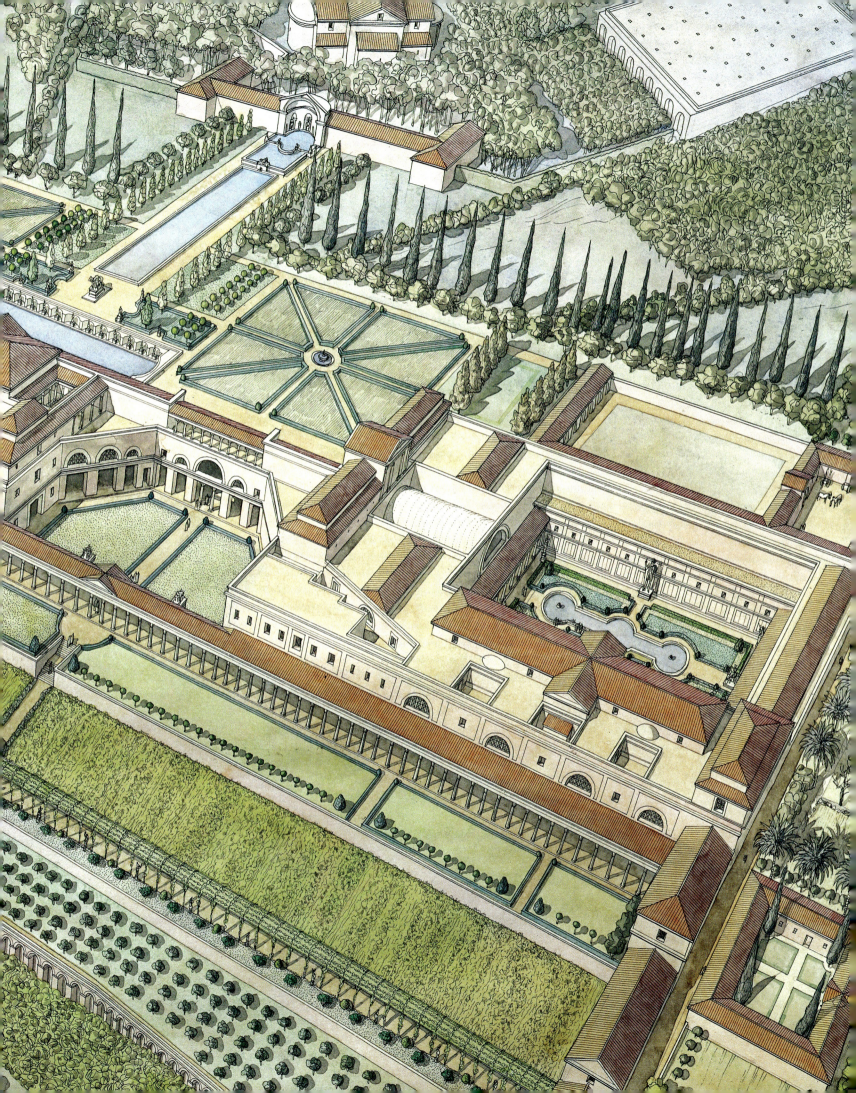

ROM

Die Domus Aurea: Der Palast auf dem Oppius-Hügel

←← Dieser Teil der kaiserlichen Wohnstätte bestand aus einem auf zwei symmetrisch angeordneten Ebenen am Hügelabhang erbauten Palast. Oben auf der Terrasse dürften sich Gartenanlagen befunden haben, und die Kante bestand aus großen überwölbten Räumen und zwei langen Hofgärten. In der Mitte ist der Kuppelsaal zu erkennen. Es ist nicht nachzuweisen, dass es sich um den in den antiken Quellen erwähnten Raum handelt, der mit einer den Lauf der Sterne vor Augen führenden Maschine ausgestattet war. Der Boden fiel terrassenförmig in Richtung See (Stagnum Neronis), zum Grund der Niederung hin ab. Der unter den Titus-Thermen erhalten gebliebene linke Teil und der Mittelteil dieses Palastes sind teilweise konserviert und in unseren Tagen zu besichtigen.

zum Caelius hinabreicht. Zwischen Esquilin und Caelius befindet sich eine sumpfige Niederung. Das Unternehmen Neros erfordert gewaltige Erdarbeiten und Maßnahmen zur Abstützung der Anhöhen. Nero vertraut die Leitung der Arbeiten den beiden Baumeistern und Ingenieuren Severus und Celer an, die die fortgeschrittenste Technik der Zeit aufs Beste verwenden werden. Diese beiden Bauleiter sowie der mit der Innenausstattung des Hauses beauftragte Maler Fabulus (oder Famulus) sind Römer. Nero, der die Ausführung der *Domus Aurea* nicht – wie damals üblich – Griechen oder Orientalen anvertraut und italienische Künstler auswählt, die dem jahrhundertealten griechischen und ägyptischen Erbe gegenüber freier sind, legt eine außergewöhnliche geistige Aufgeschlossenheit an den Tag. Tacitus, der bei den Gestaltern „eine kühne Fantasie" erkennt, hebt die architektonischen Neuerungen des Goldenen Hauses hervor. Durch den Einsatz zahlreicher Techniker und Arbeiter gelingt es Severus und Celer, innerhalb von weniger als fünf Jahren mitten im Zentrum von Rom den größten jemals bekannt gewordenen Kaiserpalast zu errichten. Er erstreckt sich auf einem vollständig neu gestalteten Gelände über nahezu 2 km Länge und 1 km Breite und umfasst eine Fläche von 80 ha. (Zum Vergleich: Der heutige Petersdom und die Gärten des Vatikan nehmen lediglich die Hälfte dieser Fläche ein.)

Um diese ausgedehnte *domus* zu bauen, sind enorme Summen erforderlich. Nero erschöpft die Staatskasse und bemächtigt sich der Gold- und Silberstatuen der Tempel, um sie einschmelzen zu lassen. Man bedenke, dass er auch der Hoffnung nachhängt, endlich den sagenhaften Schatz Didos zu finden! Während der Bau voranschreitet, schickt er Abgesandte mit dem Auftrag nach Griechenland und Kleinasien, Malereien und Skulpturen an sich zu bringen, die dem Kaiser für die Ausschmückung seines zukünftigen Palastes gefallen könnten. Nero schätzt in den letzten Jahren seiner Herrschaft die Gesellschaft eines anrüchigen und untypischen Gefolges, darunter Secundus Carrinas, ein stoischer Pseudo-Philosoph, Acratus, ein Freigelassener von zweifelhaftem Lebenswandel, Vatinius, ein missgestalteter ehemaliger Flickschuster, der durch seine Denunzierungen ein beträchtliches Vermögen angesammelt hat und dessen derb-komische Begabung Nero gefällt, sowie Calvia Crispinilla, eine aus der Aristokratie hervorgegangene Abenteurerin, die sich als „Gesellschafterin" des mit großem Prunk vom Kaiser „geehelichten" Eunuchen Sporus in die Gunst des Herrschers eingeführt hat. Nero hätte es gerne gesehen, dass Seneca sich zu dieser Gruppe von Anwerbern gesellt und ihr seine moralische Unterstützung gibt. Der ehemalige Lehrer des Kaisers möchte seinen Namen jedoch nicht mit einem derartigen Abenteuer in Zusammenhang gebracht sehen und schützt seinen schlechten Gesundheitszustand vor, der ihn zum Rückzug aufs Land zwingt.

Diese kaiserlichen „Emissäre" schaffen die außergewöhnlichsten Meisterwerke des griechischen Kulturerbes aus Athen, Delphi, Olympia und Pergamon herbei. Zumindest drei dieser Wunderwerke sind uns durch spätere Kopien bekannt: Eines davon ist die auf die rhodische Schule zurückgehende Laokoon-Gruppe, die in eindrucksvoller Weise den trojanischen Priester Laokoon mit seinen beiden Söhnen zeigt, wie sie von zwei gewaltigen Schlangen erstickt werden. Die zwei Bronzestatuen, die einen sterbenden Gallier und einen Gallier, der sein Weib und sich tötet, darstellen, wurden aus dem Athena-Heiligtum von Pergamon gestohlen. Plinius der Ältere weist auch darauf hin, dass Nero die aus Athen geraubte Amazone „mit den schönen Beinen" des griechischen Bildhauers Strongylion besaß, die der Herrscher so sehr schätzte, dass er sie auf seinen Reisen mitnahm. Es gibt auch einen vom großen Lysippos geschaffenen Alexander als Kind, den Nero mit Gold bedecken lässt. Bei den Ausgrabungen der *Domus Aurea* wurde eine Venus Kallipygos gefunden und eine Muse, die vielleicht zu einer Gruppe des Praxiteles gehörte. Die Flavier werden diese Statuen weiterverwenden, um sie im Friedenstempel und in den Titus-Thermen aufzustellen.

Nach und nach zeichnen sich auf den Baustellen die groben Umrisse des neronischen Vorhabens ab. Die von Sueton und Tacitus gelieferten Beschreibungen deuten darauf hin, dass der Kaiser seinen Palast in den Mittelpunkt einer Art Mikrokosmos stellen wollte, der alle Bestandteile des Universums vereinigt: Am Ufer des künstlichen Sees befinden sich Hafenanlagen, auf dem Oppius Gärten und Obstgärten, Wälder auf den Hängen des Caelius und Weiden auf den Reeden. Die Landschaften sind von Wild- und Haustieren bevölkert. Diese künstliche Natur hat sicher die persischen „Paradiese" zum Vorbild. Allerdings ist nicht zu vergessen, dass das Nebeneinanderstellen ländlicher und maritimer Landschaften seit langem ein Schönheitsmerkmal kampanischer Villen war, deren Besitzer auf die künstliche Erschaffung einer traumhaften Natur stolz waren.

Der Zugang zur *Domus Aurea* erfolgt östlich des Forum Romanum über die Velia, wo ein gewaltiges, zu einem *atrium* führendes *vestibulum* steht. Sueton nennt bezüglich der Länge der Portiken mit dreifacher Kolonnade, die das *vestibulum* säumen, die Zahl

ROM

Die Domus Aurea: Das Stagnum Neronis

↓ Der Bau dieses gewaltigen, von Portiken umgebenen Beckens war beim Tod Neros nicht vollendet. Das Bild stellt in Wirklichkeit eine Ansicht des Vorhabens dar. Vespasian errichtete an dieser Stelle das große römische Amphitheater (Kolosseum), wobei er die Fundamente wiederverwendete. Die leistungsfähigen hydraulischen Anlagen, die ursprünglich für das Becken bestimmt waren, dürften anfangs bei der Veranstaltung der von Titus initiierten Naumachien (Seeschlachten) zum Einsatz gekommen sein, vor allem bei der Einweihung des Kolosseums im Jahre 80 n. Chr.

1480 m. Dieser Komplex gibt den Eingang eines althergebrachten römischen Hauses in überdimensioniertem Maßstab wieder. Die über 35 m hohe, vom berühmten Koloss von Rhodos angeregte Kolossalstatue der Sonne aus vergoldeter Bronze erhebt sich als das am meisten Aufsehen erregende Werk des Goldenen Hauses im Mittelpunkt des *atriums*. Der Bildhauer Zenodoros hat der Sonne das Haupt Neros gegeben. Die vollständig nackte Statue hält eine Weltkugel in der Hand und trägt eine Krone auf dem Kopf, deren sieben Strahlen je 6 m lang sind.

Der Besucher gelangt über *vestibulum* und *atrium* zum *stagnum*, dem durch einen Aquädukt versorgten künstlichen See, der die sumpfige Niederung zwischen Palatin und Esquilin ausfüllt. Ringsherum tragen Terrassen dicht gedrängt stehende Häuser, die eine Stadt darstellen. Um zur anderen Seite des Beckens zu gelangen, muss man es mit einem Boot überqueren oder einem Weg folgen, der an ihm entlangführt. Ein unvollendeter, von Agrippina der Jüngeren zur Erinnerung an ihren Gemahl Claudius begonnener Tempel im Südosten des *stagnum* wurde zu einem großen Nyphäum mit sieben Nischen umgebaut. Nero hatte wahrscheinlich auf der anderen Seite des *stagnum* mit der Errichtung von Thermen begonnen, sodass eine Symmetrie zum Nymphäum hergestellt worden wäre. Diese gewaltigen Bauten sind in ihrer Gesamtheit wie eine Theaterbühne angeordnet.

Wahrscheinlich waren mehrere Wohnpavillons inmitten der Gärten der *Domus Aurea* erbaut worden. Der Gesamtplan dürfte nämlich den Grundsätzen gefolgt sein, die auch den Bau der *Domus Transitoria* beherrschten: nicht eine einzige althergebrachte *domus*, sondern kleine, auf die Landschaft verteilte und durch große Portiken miteinander verbundene Pavillons.

Sueton hat leider nur in lückenhafter Weise auf die beim Bau der *Domus Aurea* verwendeten technischen Wunderwerke hingewiesen: „Die Decke der Speisesäle war mit abnehmbaren Elfenbeinplatten geschmückt, die Löcher hatten, durch die sich von oben der Duft von Blumen und Parfüms auf die Tischgesellschaft ergießen konnte. Die Kuppel des Hauptraumes drehte sich beständig, Tag und Nacht, wie die Erde selbst. Die Thermen waren gespeist von Meerwasser und von den Thermalquellen Albulas." Nero war von Natur aus neugierig auf alle Neuerungen und vom Maschinenbau begeistert. In dem Augenblick, als die Meldung über die Erhebung des Vindex Rom erreicht, weigert sich der Kaiser, diesem Ereignis, das seinen Fall beschleunigen wird, Aufmerksamkeit zu schenken. Er ist viel zu sehr damit beschäftigt, seinen Freunden den Betrieb einer hydraulischen Orgel mit einem bis dahin unbekannten Mechanismus zu erklären.

Nero hat aufgrund seines Interesses an technischen Neuerungen Severus und Celer freie Hand gegeben, um aus dem Goldenen Haus eine Art Pilotprojekt zu machen, das an der Spitze der Modernität steht. Beim Bau wurden nämlich viele neuartige Verfahren erprobt. Für die Sichtfläche der Ziegel und Steine verwenden die Maurer einen neuen, durch einen unzerstörbaren Mörtel gebundenen Beton. Zur Herstellung von Domkuppeln wird die Gewölbetechnik eingesetzt. Bei der Ausführung beweglicher Decken und bei der fortwährenden Drehung der Kuppel geben mechanische Leistungen den Ausschlag. Für die großen Fenster, durch die das Tageslicht eintreten kann, wird ein während der Herrschaft Neros entdeckter durchscheinender Stein genutzt, der Muskovit. Zum ersten Mal ist es den Künstlern gelungen, die Mosaiken der gewölbten Form der Kuppeln anzupassen. Sehr lange Leitungsnetze erlauben es, sowohl Meerwasser (zwischen Ostia und Rom liegen etwa 20 km) als auch Wasser aus den etwa 30 km von Rom entfernten Thermalquellen des Albula-Baches bei Tibur bis zu den Thermen zu leiten.

Das einzige noch sichtbare Gebäude des Goldenen Hauses ist die auf dem Hang des Oppius erbaute und nach Süden ausgerichtete *domus*. Ihre Erhaltung ist der Tatsache zu verdanken, dass sie in die Fundamente der Trajans-Thermen eingefügt wurde. Es kann sich jedoch nicht um den einzigen Bau der *Domus Aurea* handeln. Der berühmte, von Sueton erwähnte drehbare runde Raum ist nämlich in diesem Gebäude nicht zu erkennen. Man hat im Innern keine Spur einer Wohnausstattung gefunden, denn es gibt weder Küche noch Latrine, noch Überreste einer Heizungsanlage. Der Pavillon auf dem Oppius-Hügel dürfte der Freizeit des Kaisers und seiner Gäste vorbehalten gewesen sein, die dort Kunstwerke bewundern und gleichzeitig durch große Fenster den zum *stagnum* hin abfallenden Garten betrachten konnten. Der lange, schmale Komplex (etwa 240 m × 90 m) ist sehr eindrucksvoll. Portiken und Terrassen säumen ihn. Im hinteren Teil sorgen Kryptoportiken für den Bestand des Oppius-Hanges und schützen die Gemächer vor Feuchtigkeit aus dem Boden. Die Lage des Pavillons ist bemerkenswert. Er befindet sich nämlich nicht in der Verlängerung der Perspektive von *vestibulum*, *atrium* und *stagnum* – wie es dem Grundriss eines althergebrachten Hauses entsprochen hätte –, sondern wurde parallel zu

dieser Perspektive errichtet. Diese ungewöhnliche Anordnung ist durch die Tatsache zu erklären, dass in der *Domus Aurea* die Ausgestaltung einer idealisierten Natur stärker betont wird als die Gebäude. Auch die folgende Äußerung des Tacitus bestätigt dies: „Die Edelsteine und das Gold (an diesen Luxus war man seit langem gewöhnt) riefen weniger Erstaunen hervor als die gepflegten Felder, die künstlichen Wüsten, die Wälder, die Vorplätze und die Alleen."

Der Pavillon auf dem Oppius, der einst zwei Stockwerke hoch aufragte, umfasst – so wie wir ihn heute sehen – zwei Flügel, die sich zu beiden Seiten eines trapezförmigen Hofes erstrecken, in dessen hinterem Bereich ein großer Raum mit einem durch Gold dublierten Gewölbe erbaut ist. Der Westflügel hat einen rechteckigen Grundriss und erstreckt sich über drei Seiten eines großen Garten-Hofes mit Peristyl, der in seiner Mitte ein Becken einschließt. Diese Anordnung entspricht der klassischen Grundform einer römischen *domus*. Die Gemächer verteilen sich spiegelgleich zu

ROM

Die Domus Aurea: Das „Vestibül"

↑ Es handelt es sich um einen großen, von Portiken gesäumten Hof, in dessen Mitte ein etwa 30 m hoher Koloss aus vergoldeter Bronze stand, der Nero und Phoebus-Apollo darstellte, eine Strahlenkrone trug und eine Weltkugel in der Hand hielt. Dieser eindrucksvolle Hof diente als Verbindung zwischen verschiedenen Teilen der Wohnstätte.

beiden Seiten des Korridors, der vom Peristyl zum Eingang führt. Sie enthalten zur Aufnahme von Ruhebetten bestimmte Bettnischen und für Statuen vorgesehene Apsiden. Ein vom Peristyl ausgehend quer nach Osten verlaufender Flügel führt zu einem großen Nymphäum. Ein achteckiges, von runden Medaillons umgebenes Mosaik ziert dessen Gewölbe, und zeigt Odysseus, wie er Polyphem trunken macht. Dies ist das erste bekannte Beispiel für ein mit Mosaiken verziertes Gewölbe.

Der Ostflügel ist gänzlich anders gestaltet. Ein überwölbter, achteckiger Raum bildet den versetzten Mittelpunkt. Auch dies ist eine architektonische Neuerung, die die Kühnheiten der Villa Hadriana ankündigt. Der achteckige Raum, der auf drei Seiten auf den südlichen Portikus hinausgeht, ist auf den übrigen Seiten von fünf, ebenfalls durch Gewölbe überdachten Räumen umgeben. Es handelt sich vielleicht um Speisezimmer, von denen aus sich die Gäste über das große Achteck hinweg sehen konnten. Für genügend Licht sorgt ein Rundfenster in der Mitte der Kuppel. Ringsherum erstrecken sich fächerartig seltsam geformte, dreieckige und trapezförmige Räume, deren Funktion schwer zu bestimmen ist.

In diesem Pavillon steht man folglich zwei unterschiedlichen architektonischen Auffassungen gegenüber: Auf der Westseite der Wiederaufnahme eines klassischen römischen Bauplans mit rechtwinklig angeordneten Gemächern, auf der Ostseite einem „zersplitterten" Grundriss, bei dem die Räume in ungewöhnlichen Winkeln ineinander verschachtelt sind. Der Komplex erinnert in seiner Gesamtanordnung an die auf mehreren pompejanischen Fresken dargestellten maritimen Villen: das gleiche, von zwei Flügeln umrahmte Mittelgebäude sowie die gleichen Portiken und Terrassen, auf denen man spazieren gehen und die Landschaft bewundern kann. Severus und Celer haben in überzogenem Maßstab mitten in der Stadt eine „ans Meer gehörende Villa" im kampanischen Stil errichtet. Die heutigen Besucher dieses Pavillons der *Domus Aurea* können sich nur schwer eine Vorstellung vom Reiz dieser Wohnstätte machen, da die Fenster beim Bau der Trajans-Thermen vollständig verdunkelt wurden. Nero erging sich dagegen in sonnendurchfluteten Räumen, in denen überall Tageslicht vorhanden war, um die Innenausstattung zu beleuchten. Überall hörte er das sanfte Rauschen des Wassers der Brunnen und Nymphäen. Überall konnte er durch die Fenster die vollkommene, aber künstliche Außenwelt bewundern.

Die jüngsten Forschungsergebnisse lassen erkennen, dass sich der Komplex der *domus* noch weiter westlich von dem heute erhaltenen Teil erstreckte. Im Osten des Ostflügels mit dem achteckigen Raum ist nämlich ein Teil eines trapezförmigen Hofes zu erkennen. Der achteckige Raum scheint folglich den Mittelteil des Komplexes gebildet zu haben. Hinter dem zweiten trapezförmigen Hof ist ein zweiter Pavillon zu vermuten, der einen symmetrisch zu dem des Westpavillons angelegten Hof mit Portikus enthält. In diesem Fall würde sich die Gesamtheit der *domus* über annähernd 370 m erstrecken, während gegenwärtig nur 240 m sichtbar sind.

„In allen Räumen war alles mit Gold überzogen", schreibt Sueton weiter, „mit Edelsteinen, großen Perlen und Perlmutt besetzt." Anhand der vorhandenen Überreste ist es nicht möglich, sich die Pracht der Innenausstattung vorzustellen, denn die am reichsten geschmückten Räume dürften sich in Höhe des ersten Stockwerks befunden haben. Die von Sueton erwähnten Einlegearbeiten aus Gold und Edelsteinen waren sicher in diesem Obergeschoss zu finden. Die aus dem Erdgeschoss erhaltenen, womöglich weniger prachtvoll verzierten Stücke zeugen jedoch von der Apotheose der neronischen Kunst. Die Wände, Böden, Gewölbe, Nymphäen und Brunnen sind mit buntem Marmor in leuchtenden Farben ausgekleidet. An einigen Stellen sind Goldblätter auf die Innenwände aufgebracht. Muscheln umschließen die Gemälde und Mosaiken. Mit Fabulus hat Nero einen der größten Maler seiner Zeit für die malerische Ausgestaltung in Anspruch genommen. Dieser große Künstler, der sich seiner Bedeutung sehr bewusst ist, malt, selbst wenn er sich auf dem höchsten Punkt eines Gerüstes befindet, nur mit seiner Toga bekleidet. In Anbetracht der Tatsache, dass einige bemalte Gewölbe sich in zehn Metern Höhe befinden, dürfte dies nicht sehr zweckmäßig gewesen sein! Plinius der Ältere beschreibt den Stil des Fabulus als „würdig und streng, obwohl er strahlend und flüssig ist". Diese Ausdrücke gehören in das Vokabular des Kunstkritikers. Die beiden ersten Adjektive verweisen sicher auf die Wahl des Themas, zumeist eine mythologische Szene. Die beiden anderen Adjektive beziehen sich auf Farbe und Technik. Die „leuchtenden" Farben sind für Plinius den Älteren unter anderem Mennige (Bleirot), Bergblau (Blau-Grün), Azurit (Rot), Zinnober (Zinnrot), Indigo (Blau-Violett), Berggrün (Grün) und als teuerste von allen Purpurissimum (blaurote Purpurfarbe). Der Ausdruck „flüssig" beschreibt vielleicht eine durchscheinende Lasur, die

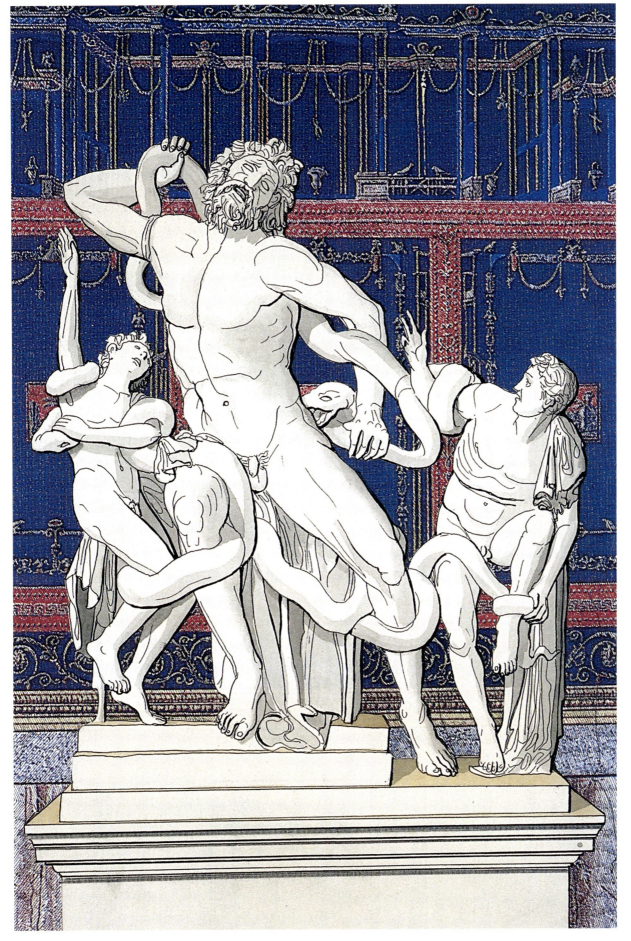

← Die Laokoon und seine Söhne darstellende (aus Rhodos stammende) Skulpturengruppe schmückte die Domus Aurea. Die Wohnstätte war mit Meisterwerken der griechischen und hellenistischen Bildhauerkunst, die der Kaiser aus verschiedenen Teilen des Reiches hatte zusammentragen lassen, bestückt und bildete somit ein echtes Museum. Heutzutage ist die berühmte Laokoon-Gruppe in den Vatikanischen Museen in Rom ausgestellt.

→ Der von Hadrian beim Bau des Tempels der Venus und der Roma versetzte Koloss des Nero (Colossus) wurde vor dem flavischen Amphitheater, dem er seinen Namen gab (Kolosseum) wieder aufgestellt.

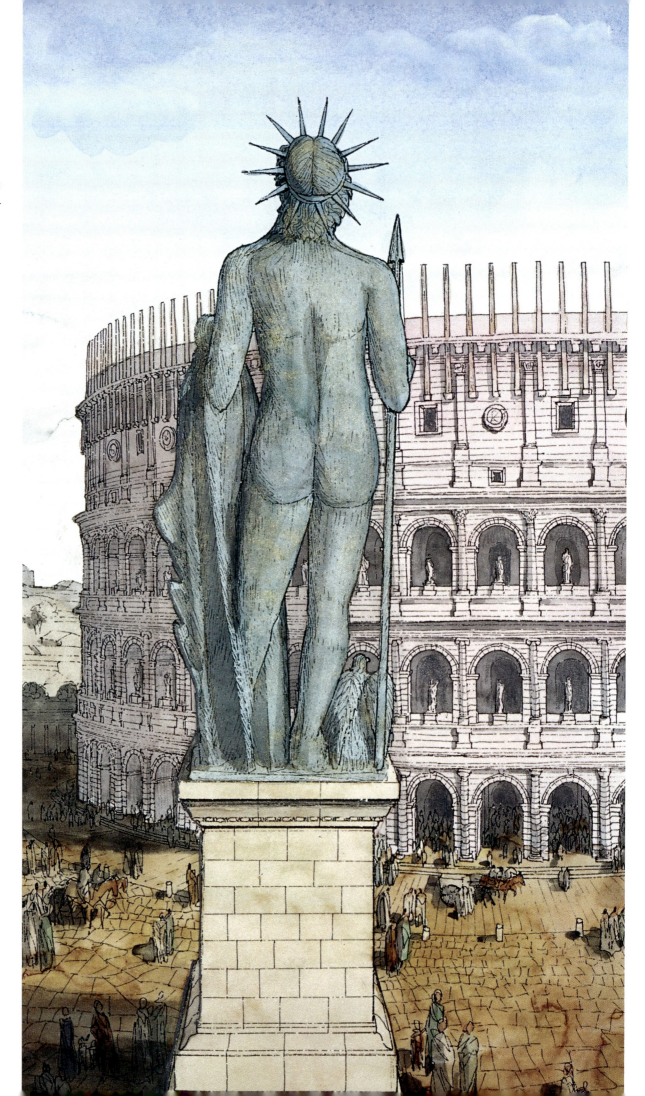

auf die bereits getrocknete Farbe aufgetragen wurde. Sicher ist Fabulus der Schöpfer der schönsten Fresken des Goldenen Hauses. Allerdings haben auch andere Malerwerkstätten nach anderen Verfahren und manchmal sehr schnell in diesem Gebäude gearbeitet.

Mit dem Fortschritt der Ausgrabungen auf dem Oppius-Hügel zeigt sich, dass der Komplex der beiden Pavillons, die den trapezförmigen Hof umgeben, nur einen Teil des Palastes darstellt. Im Osten findet man hinter dem zweiten Pavillon die Überreste eines zweiten, zum ersten symmetrischen, trapezförmigen Hofes und dann eine Reihe weiterer Gebäude. Daraus lässt sich folgern, dass sich das Ganze in Wirklichkeit über etwa 370 m erstreckte. Der Pavillon mit dem achteckigen Raum hätte in diesem Fall den Mittelteil des Palastes eingenommen und wäre symmetrisch von zwei Höfen und zwei Pavillons eingerahmt gewesen.

Als die *Domus Aurea* für Neros Einzug hinreichend fortgeschritten ist, schreibt er mit Genugtuung: „Endlich werde ich allmählich wie ein Mensch untergebracht sein!" Dieser rätselhafte Satz ist sicher zur tieferen Bedeutung in Beziehung zu setzen, die der Kaiser seinem Werk gab. Wir wissen durch Tacitus, dass Nero ab 64 n. Chr. allmählich wie eine Wiedergeburt der Sonne auftritt, die ein neues goldenes Zeitalter einleitet. Der Name der *Domus Aurea* ist mehr ein Verweis auf die Helligkeit der durch den Koloss mit dem Haupt Neros verkörperten Sonne, als eine Anspielung auf die im Palast enthaltenen sagenhaften Reichtümer. In diesem Sinne konnte man das Goldene Haus als „Palast der Sonne" bezeichnen. Seneca lässt bereits zum Zeitpunkt des Regierungsantritts Neros im Jahre 54 n. Chr. den Phoebus-Apollo in seiner *Apokolokyntosis* sagen: „Dieser Herrscher (= Nero) gleicht mir von seinem Gesicht her. Weder seine Schönheit noch seine Stimme noch seine Gesänge sind schlechter als die meinen. Erschöpften Männern gibt er wieder Mut ... Wie der Sonnengott strahlend die Welt betrachtet und sein Wagen aus seinen Ställen hervorbricht, so erscheint Nero. Rom wird sein strahlendes Gesicht betrachten, das von einem friedlichen Glanz erleuchtet ist." Als Sonnenkönig und „Kosmokrator" (Herr der Welt) wollte der Kaiser mit seinem Palast die ästhetische Vorstellung von einer neuen Welt zum Ausdruck bringen, die er den Römern zu schenken träumte.

Nero hat in Wirklichkeit nur sehr selten in der *Domus Aurea* gewohnt. Denn trotz der Schnelligkeit der Bauausführung kann der Palast kaum vor dem Jahre 66 n. Chr. bewohnbar gewesen sein. Nero hat aber zwischen September 66 n. Chr. und März 68 n. Chr. Rom verlassen, um eine große Künstlerreise durch Griechenland zu unternehmen. Zum Zeitpunkt seiner Rückkehr bleiben nur noch zweieinhalb Monate bis zu seinem Selbstmord im Juni 68 n. Chr. Die *Domus Aurea* ist während ihres kurzen Daseins ein leeres Gehäuse geblieben. Von den drei Kaisern des Jahres 68–69 n. Chr. stellt lediglich Otho gleich bei seiner Machtübernahme eine Summe von 50 Millionen Sesterzen für die Vollendung des Palastbaus bereit. Sicher ist dies als Würdigung seines früheren Freundes zu verstehen. Vitellius bewohnt das Goldene Haus nur sehr kurze Zeit. Dieser dumme, an Bulimie erkrankte Mann hält den Palast des Nero für eng und ziemlich schlecht eingerichtet. Seine Gemahlin Galeria Fundana geht sogar soweit, die Innenausstattung erbarmungswürdig zu finden.

Die Machtübernahme der Flavier bedeutet im Jahre 70 n. Chr. das Todesurteil für die *Domus Aurea*, die fatal an einen mittlerweile verhassten Kaiser erinnert. Vespasian überführt die Grünanlagen wieder in eine öffentliche Nutzung. An der Stelle des *stagnum* erhebt sich das große flavische Amphitheater. Titus errichtet Thermen, die sich östlich des Pavillons auf dem Oppius und damit vielleicht an dem Platz befinden, wo die Thermen des neronischen Palastes standen. Der Pavillon wird im Jahre 104 n. Chr. durch einen Brand zerstört, und Trajan erbaut dort stattdessen seine großen Thermen. Was den Koloss anbelangt, so ersetzt Vespasian das Haupt des Nero durch den namenlosen Kopf der Sonne. Als Hadrian auf dem *vestibulum* den Tempel der Venus und der Roma errichtet, lässt er den Koloss in die Nähe des flavischen Amphitheaters bringen. 24 Elefanten sind erforderlich, um die Statue in aufrechter Stellung zu ihrem endgültigen Standort zu ziehen. Sie wird dem Amphitheater seinen Namen geben: das Kolosseum. Hadrian hatte die Absicht, als Gegenstück zum Koloss eine Statue des Mondes aufzustellen.

Nero wollte seine Monarchie durch seine prachtvollen Feste und seine Freude an „barocken" Bauten auf ein neues, zugleich künstlerisches und theokratisches Ideal gründen. Die neronische „Kulturrevolution" war jedoch den wesentlichen Grundsätzen der römischen Ethik zu sehr entgegengesetzt. Dies erklärt seinen schlechten Ruf in der Überlieferung. Das Goldene Haus, das überall die Strahlen der Sonne aufnimmt, ist ein vollendetes Manifest des Ästhetizismus desjenigen, dessen letzte Worte vor seinem Tod lauteten: „Qualis artifex pereo!" („Welch großer Künstler findet mit mir den Tod!")

Domitian

(51–96 n. Chr.)

Der Flavische Palast

→ Bildnis des Domitian nach einer Statue.

Der Palatin bekommt am Ende des 1. Jahrhunderts n. Chr. das Gepräge, das bis zum Ende der Kaiserzeit erhalten bleibt. Er wird endgültig kaiserliches Machtzentrum. Der von Domitian erbaute Palast ersetzt das Haus des Augustus, die *Domus Tiberiana*, die *Domus Transitoria* sowie die *Domus Aurea* und bietet ein strahlendes Bild von der Allmacht des Herrschers.

Die drei Flavier waren große Baumeister. Im Jahre 70 n. Chr. bietet Rom den traurigen Anblick einer von Katastrophen heimgesuchten Stadt, die während des Bürgerkrieges der Jahre 68–70 n. Chr. geplündert, durch Brände verwüstet und im Übrigen durch den Bau der *Domus Aurea* tief greifend verändert wurde. Die Flavier machen es sich deshalb zur Aufgabe, Rom seinen früheren Glanz zurückzugeben, indem sie die zerstörten Gebäude wieder aufbauen oder wiederherstellen (Tempel des Jupiter Tonans, der durch Nero in ein Nymphäum umgewandelte Tempel des vergöttlichten Claudius). Darüber hinaus errichten sie neue Bauten: Kolosseum, Titusbogen, Friedensforum, Stadion und Odeon auf dem Marsfeld. Während ihrer 30-jährigen Herrschaft haben Vespasian sowie seine beiden Söhne Titus und Domitian die Stadt in eine riesige Baustelle verwandelt. Die Römer beschweren sich im Übrigen über die vielfältigen Beeinträchtigungen der Lebensqualität, die die ab 71 n. Chr. begonnenen Bauarbeiten nach sich ziehen: Lärm, Staub, Schmutz sowie Überfüllung der Straßen durch die Wagen, die Steinblöcke und Säulen transportieren.

Vespasian hatte möglicherweise vor, Rom mit einem für den Kaiser und seine Behörden bestimmten Gebäude auszustatten. Die *Domus Tiberiana*, die er und seine Söhne bis zum Jahre 92 n. Chr. bewohnt haben, erweist sich als wenig geeignet zur Ausübung der absoluten Macht. Domitian, der „kahle Nero", hätte sich vielleicht gerne in der *Domus Aurea* eingerichtet, deren Pracht seinem Größenwahn geschmeichelt hätte. Zum Zeitpunkt seiner Machtübernahme im Jahre 81 n. Chr. ist von dem berühmten Haus Neros aber nicht mehr viel übrig. Die Titus-Thermen bedecken einen Teil der Gebäude, und an der Stelle des *stagnum* steht das Kolosseum. Domitian beschließt – anstatt die *Domus Tiberiana* zu modernisieren und zu vergrößern, was wie eine anspruchslose Flickarbeit erscheinen würde – auf dem Ostteil des Palatins eine Wohnstätte zu bauen, die der Größe desjenigen angemessen ist, der sich seinen Untertanen gegenüber gerne als *dominus et deus* („Herr und Gott") geriert.

Als Architekten wählt der Kaiser Rabirius aus, dem er bereits den Wiederaufbau des bei einer großen Feuersbrunst im Jahre 80 n. Chr. zerstörten Jupiter-Capitolinus-Tempels anvertraut hat. Die Bauarbeiten beginnen gleich bei der Machtübernahme Domitians im Jahre 81 n. Chr. Der Komplex ist im Jahre 92 n. Chr. so gut wie fertig, und der Kaiser lässt sich offiziell dort nieder. Lediglich der Bau des „Stadions" wird erst nach seinem Tod, im Jahre 96 n. Chr., abgeschlossen. Das Unternehmen ist gigantisch: Um den Palast errichten zu können, müssen die bestehenden Bauten abgerissen oder vergraben werden. Dies gilt für einen Teil der *Domus Tiberiana* und der *Domus Transitoria*. Im Rahmen der im Bereich des Flavischen Palastes durchgeführten Ausgrabungen wurden unter dem „Lararium" das „Haus des Greifen" (eine Wohnung aus republikanischer Zeit) und unter der so genannten „Basilika" die *Aula Isiaca* (ein weiteres Haus, das vielleicht dem Triumvir Marcus Antonius und dann

Der Palast des Domitian

Spotte des prächtigen Baus der Pyramiden nur, Caesar!
Memphis mit seinem Werk dort in dem Osten verstummt,
Vorm palatinischen Schloss wie klein, was Ägypten geschaffen!
Prächtigeres sieht der Tag rings auf der Erde ja nicht.
Glauben möchte man, die Hügel, die sieben, erheben zugleich sich.
Niedriger waren vereint Ossa und Pelion noch.
Also ragt's in den Äther, dass zwischen den leuchtenden Sternen
Heiter die Spitze noch ist, donnert es tief im Gewölk.
Früher noch freut sich's am Wirken des Phoebus, der sonst noch
    verborgen,
als des Vaters Gesicht Kirke erblickt, wenn er kommt.
Dieser Palast, der die Sterne berührt mit dem Scheitel, Augustus,
kommt dem Himmel zwar gleich, größer jedoch ist sein Herr.

Martial, *Epigramme*, VIII, 36

Marcus Vipsanius Agrippa, einem Freund des Augustus gehört hat) entdeckt.

Auf dem steilen Hang des Palatins bildet die Anlage der neuen Gebäude einen wohlausgewogenen Komplex. Die Senke, die die beiden Gipfel des Palatins Germal und Palatium voneinander trennt, wurde durch eine künstliche Hochfläche ausgefüllt, auf der der Palast steht. Der Komplex auf dem Palatin umfasst drei Hauptbezirke: die für die Öffentlichkeit zugängliche *Domus Flavia*, die auf zwei Ebenen als Privatresidenz des Kaisers errichtete *Domus Augustana* (oder *Augustiana*) und der dem Privatvergnügen des Herrschers vorbehaltene dritte Abschnitt, der das „Stadion" einschließt. In Rom sind erstmals die privaten und öffentlichen Bereiche der Macht in einem Gebäudekomplex vereint. Die herkömmlichen Bezeichnungen der beiden Teile des Flavischen Palastes müssten allerdings vertauscht werden. Während *Domus Augustana* zutreffender den öffentlichen Raum bezeichnete, in dem der Kaiser unter dem Namen „Augustus" seine Mitarbeiter und seine Besucher empfängt, entspricht *Domus Flavia* eher dem von einem flavischen Herrscher bewohnten Gebäudeteil. Domitian steckt ungeheure Summen in den Bau seines Palastes, der eine bis dahin in Rom unerreichte Prachtentfaltung offenbart. Der zeitgenössische Philosoph Plutarch empört sich so sehr darüber, dass schon ein einziger Raum dieser Wohnstätte – ein Badezimmer, das Zimmer einer Konkubine, ein einziger Portikus – von einem derartigen Prunk zeugt, dass er einen Vers des griechischen Dichters Epicharmos nachahmt und zu Domitian sagt: „Nein, es ist kein Zeichen von Großmut oder Frömmigkeit, sondern eine Krankheit! Du baust nur zu deinem eigenen Vergnügen und willst, dass sich wie bei dem legendären Midas alles in Gold und Marmor verwandelt." Der Flavische Palast bricht mit den für die römische *domus* typischen Traditionen. In erster Linie gibt es sowohl im öffentlichen wie im privaten Bereich weder *atrium* noch *tablinum*. Der Grundriss ist so angelegt, dass die Dienstgebäude (*Aula Regia*, „Basilika" und *Triclinium*) einen wohlausgewogenen Komplex bilden und in den Peristylen alles für einen mühelosen Publikumsverkehr vorgesehen ist. Diesbezüglich hat sich Rabirius mehr von den Lusthäusern als von den Wohnstätten Roms anregen lassen.

Die Besucher gelangen über den *clivus Palatinus* in den Palast. Dieser beginnt auf dem Forum, und zwar auf der Höhe des Bogens, den Domitian für seinen vergöttlichten Bruder Titus errichten ließ. Sie klettern den Hang des *clivus* bis zu seinem höchsten Punkt hinauf und gehen unterwegs unter dem Domitian-Bogen hindurch. Der Kaiser besitzt eine Vorliebe für von Quadrigen überragte Triumphbögen und hat sie in der ganzen Stadt aufstellen lassen. Ein Unbekannter macht sich über diese Schrulle lustig und kritzelt auf einen dieser Bögen das Wort *arki*, das auf Latein „Triumphbogen" (*arci*) und zugleich auf Griechisch „Es reicht!" (*arkei*) bedeutet.

Am oberen Ende des *clivus Palatinus* steht der Besucher vor der Fassade der *Domus Flavia*. Das von

ROM

Gesamtansicht des Palatins und seiner Umgebung

→→ Im Vordergrund ist rechts das äußerste Ende des Forum Romanum mit der Basilika Iulia und auf ihrer linken Seite der Dioskuren-Tempel in Vorderansicht zu erkennen. Man sieht das Dach des Divus-Iulius-Tempels und den runden Vesta-Tempel, bei dem die mit Stufen versehene Rampe beginnt, die auf den Palatin führt. Das Haus der Vestalinnen mit seinem großen, lang gestreckten Hof befindet sich neben diesem Tempel. Links steht unweit der Ruinen der *Domus Aurea* der Titus-Bogen. Hinter Letzterem befindet sich der Jupiter-Stator-Tempel und der Zugang zum *clivus Palatinus*, einem gepflasterten Weg, der zum Domitian-Bogen sowie zum Palast hinaufführt und vor der Fassade seines Mittelteils endet.

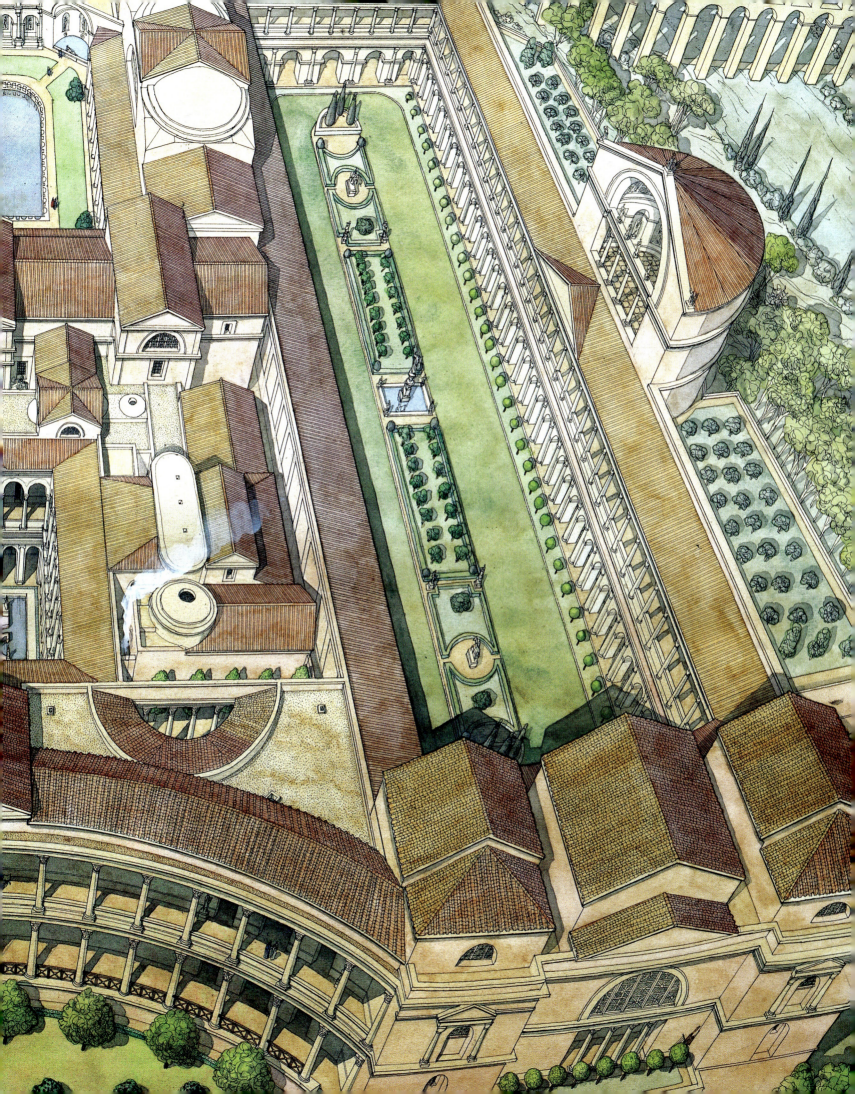

ROM

Domitianspalast auf dem Palatin, Mittelteil

←← Die kaiserliche Residenz setzt sich aus drei verschiedenen Bezirken zusammen. Das linke Drittel entspricht dem offiziellen Teil des Palastes oder der Domus Flavia, wo sich die höchsten Gebäude befanden. Das Triclinium überragt den mit einem labyrinthförmigen Becken geschmückten Hof, hinter dem die mit einem Satteldach gedeckte Aula Regia (Thronsaal) steht. Das mittlere Drittel entspricht der in zwei Ebenen unterteilten Privatresidenz (Domus Augustana). Die bogenförmige Fassade im Vordergrund geht in Richtung auf den Circus Maximus hinaus. Hinten sind um einen tiefen Hof herum angeordnete Gemächer und Thermen sichtbar. Dieser Hof ist mit einem Becken mit peltaförmigen Beeten ausgeschmückt. Der Achse der Komposition folgend trifft man auf große Prachtzimmer und dann auf einen zweiten Hof. Diesen nimmt ein Becken ein, das in seiner Mitte einen kleinen Tempel umschließt. Der Tempel ist über einen brückenförmigen Damm erreichbar. Empfangsräume und prunkvolle Gemächer säumten diesen Hof. Der dritte Bildteil auf der rechten Seite entspricht dem fälschlicherweise als „Stadion" bezeichneten Bereich. Es handelt sich in Wirklichkeit um einen Garten mit Scheinmarkierungen, ähnlich wie in einem Hippodrom, die so nahe an den Portiken aufgestellt sind, dass kein Wagen um sie herumfahren könnte. An der Seite steht ein sehr hoher Lustpavillon, der als „Loge" bezeichnet wird. Im Hintergrund kommt der Aquädukt (Aqua Claudia) an, der den gesamten Palatin mit Wasser versorgte.

einer Kolonnade umgebene Podium ist über drei Treppen zugänglich. Es wird von zwei Stockwerken überragt, von denen das letzte ein mit einem Satteldach (und nicht mit einem Gewölbe, das zu schwer gewesen wäre, um den Mitteltrakt zu tragen) bedeckter Peristyl-Bau ist. Die beiden übereinander gesetzten Terrassen und die Tempelnachahmung, die an die göttliche Wesensart des Kaisers erinnert, erreichen eine eindrucksvolle Höhe (fast 30 m). Die monumentale Fassade bietet dem vom *clivus Palatinus* her ankommenden Besucher zunächst den Anblick einer uneinnehmbaren Festung. Auf diese Weise wird es für diejenigen, die den Kaiser grüßen wollen oder sogar mit ihm speisen sollen, zu einem unschätzbaren Vorrecht, in den Palast hineinzugelangen. Dies gilt auch für die beiden Hofdichter Statius und Martial, denen kein Wort zu übertrieben ist, um ihre Verblüffung beim ersten Empfang durch Domitian zu beschreiben: „Man könnte glauben, die sieben Hügel Roms einen auf dem andern aufgehäuft zu sehen", ruft Martial aus, woraufhin Statius bekräftigend hinzufügt: „Die Augen werden müde, bis sie den First des Gebäudes erreichen, den man für die Decke des Himmels hält."

Die eindrucksvolle Fassade ermöglicht den Zugang zu den drei gewaltigen Hallen, die den Amtsgeschäften Domitians vorbehalten sind. Die Erste, mit dem Beinamen *Aula Regia* („Königshof" oder „Thronsaal"), ist 30,50 m lang und 20,19 m breit. Unter der Kassettendecke beträgt ihre Höhe annähernd 30 m. Ihre Innenausstattung ist mindestens ebenso bemerkenswert wie ihre Größe. Die Langseiten sind durch Vorsprünge skandiert, die mehrfarbige Marmorsäulen tragen und Nischen bilden. Zur Dekoration der Nischen gehören zwei im 18. Jahrhundert entdeckte Kolossalstatuen: Herkules und Dionysos, der einen Faun aus farbigem ägyptischen Basalt unter seinem Arm trägt. Insgesamt waren acht Götterstatuen in den Wandnischen der *Aula Regia* aufgestellt. Der muskulöse Herkules war möglicherweise ein Bildnis des Domitian selbst, der sich gerne mit diesem Gott vergleichen ließ. An einer der Schmalseiten des Raumes befindet sich eine Apsis, in der der Herrscher thronte.

Die *Aula Regia* ist für die kaiserlichen Audienzen bestimmt. Die Existenz eines Palastbereiches, der den offiziellen Veranstaltungen gewidmet ist, festigt das Ritual der *salutatio*, für das ein besonderer Raum entworfen wurde. Unter der Herrschaft Domitians und seiner Nachfolger hat die morgendliche Begrüßung, bei der es sich in augusteischer Zeit lediglich um eine aristokratische Gepflogenheit handelte, nicht mehr viel mit der Audienz einer einfachen Privatperson zu tun.

Ein gezähmter Löwe

Wie viele seiner Zeitgenossen hat Domitian gerne gezähmte Tiere an seiner Seite. Ein Löwe aus der kaiserlichen Menagerie zählt zu seinen Lieblingsgefährten. Das Tier ist so abgerichtet, dass es seinem Herrn wie ein Hund folgt. Der Löwe wurde darauf trainiert, mit seinem Maul einen lebenden Hasen zu packen, ohne zuzubeißen oder ihm wehzutun. Dieser vollkommen harmlose Löwe wird bei einer Vorstellung im Amphitheater gezeigt. Da er jegliche Aggressivität eingebüßt hat, wird er durch ein anderes Raubtier getötet. Dieser Tod löst in Rom tiefe Erschütterung aus. Der Dichter Statius verfasst ein Gedicht, in dem er den Tod des Löwen beklagt, um den vom Hinscheiden seines Gefährten sehr mitgenommenen Domitian zu trösten.

Sie wird zu einem eindrucksvollen, durch strenge Etikette geregelten Zeremoniell, in dessen Verlauf eine perfekt organisierte Inszenierung ein in den Augen der Römer übermäßig aufgewertetes Bild des Kaisers bietet. Es handelt sich nicht mehr um die Klientel eines Senators, die täglich herbeikommt, um ihrem „Boss" die Ehre zu erweisen. Der Kaiser empfängt Römer aller sozialer Klassen, die – vom Senator bis zum Plebejer – ordnungsgemäß in eine weiße Toga gekleidet sind.

Von der Regierungszeit des Claudius an unterscheidet man zwei Besucherkategorien, um den Ablauf der *salutatio* zu verbessern: Die zu den Ersten der Stadt zählenden Ritter und Senatoren haben Anspruch auf die „erste Audienz" und tragen als Zeichen für dieses Vorrecht einen Fingerring mit dem Bildnis des Kaisers. Die übrigen Römer haben Zutritt zur „zweiten Audienz". Zahlreiche Berichte beschreiben das tägliche Gedränge vor dem Palast. Sicher gab es vor der eigentlichen *Aula* eine große Vorhalle, in der die *admissionales* oder Türsteher in einer weißen kaiserlichen Livree die Besucher nach ihrer Stellung einteilen und sortieren. Sie sind selbstverständlich vielen drängenden Bitten seitens derjenigen ausgesetzt, die sich das Zu-

ROM

Mittelteil des Domitianspalastes in Gesamtansicht, vom Inneren des Palatins aus gesehen.

↑ Auf der rechten Seite ist der Apollo-Tempel (in Rückansicht) zu erkennen, der das Haus des Augustus überragt. An seinem Fuß ist (im Vordergrund) eine Ecke der Domus Tiberiana sichtbar. Die Säulenhalle, die in der Bildmitte zu erkennen ist, führte zur Domus Flavia und zur Aula Regia. Der obere Teil dieser riesenhaften Halle ähnelte einem mit Pfeilern ausgeschmückten Tempel. Seine Mauern waren von kleinen, rechteckigen Fenstern durchbrochen. Gegenüber erhebt sich auf der anderen Seite des Hofes das große Triclinium, im Hintergrund die Domus Augustana und dann das „Stadion".

ROM

Gesamtansicht des Domitianspalastes

↑ Der Palast nimmt den gesamten Gipfel des Palatins ein und ist in mehrere Komplexe untergliedert. Auf der rechten Seite des Palatins ist die ebenmäßige Form der Domus Tiberiana zu erkennen, die eine erste Einheit bildet. Auf der linken Seite entspricht der zweite zusammenhängende Komplex einem großen, zweigeschossigen Palast mit einer gekrümmten kurzen Seite. (Dieses Gebäude wird zerstört. Im 3. Jahrhundert n. Chr. steht an seiner Stelle der große Elagabal-Tempel.) Das dritte Ensemble entspricht einem großen Viereck, das die Domus Flavia, die Domus Augustana und das Stadion umfasste. Oben rechts ist ein Teilstück des Circus Maximus zu erkennen, dessen Randbereich zu jener Zeit aus Gerüsten bestand.

gangsrecht gegen klingende Münze zu erkaufen versuchen. Denn die Audienz erlaubt den Besuchern, dem Kaiser Bittschriften vorzulegen: für die Zuweisung des Amtes als Statthalter einer Provinz, für einen Zuschuss oder für einen günstigen Schiedsspruch in einem Prozess.

Die sehr misstrauischen julisch-claudischen Kaiser lassen die Besucher durchsuchen, Frauen und Kinder eingeschlossen. Dies ist im Übrigen keine nutzlose Vorsichtsmaßnahme. Eines Nachts entdeckt man nahe des Bettes des Augustus einen Soldaten, der ein Jagdmesser bei sich trägt: Er hatte die Türsteher während der *salutatio* überlistet. Kaiser Claudius ist ein ähnliches Missgeschick passiert. Claudius ist derartig argwöhnisch, dass die Sklaven, die ihre Herren zur *salutatio* begleiten, vor dem Eintreten ihre Schachteln mit Schreibgriffeln und Federn in Verwahrung geben müssen, weil diese unter Umständen als Waffen genutzt werden könnten. Vespasian schafft die Durchsuchung der Besucher ab. In Anbetracht seiner durch die

Entzug der *salutatio*

Der zukünftige Kaiser Vespasian fällt während der Regierungszeit Neros in Ungnade. Als er Nero auf dessen Künstlerreise durch Griechenland begleitet, hat er das Pech, in der Öffentlichkeit einzuschlafen, während der Kaiser singt. Zur Strafe für dieses unerhörte Verbrechen wird Vespasian von der offiziellen *salutatio* ausgeschlossen. Zitternd fragt er den Hausmeister, wohin er nun gehen soll. Dieser antwortet: „Geh zum Teufel!" und wirft ihn hinaus. Derselbe Hausmeister fleht Vespasian um Gnade an, als dieser Kaiser geworden ist. Der Herrscher antwortet ihm nur: „Geh zum Teufel!"

Größe der *Aula Regia* begünstigten, ständigen Angst vor einem Attentat ist es aber wahrscheinlich, dass Domitian sie wieder eingeführt hat. Während die Besucher darauf warten, in den Audienzsaal vorgelassen zu werden, haben sie Zeit, Neuigkeiten auszutauschen. Aulus-Gellius inszeniert mehrfach Philosophen und Schriftsteller, die in der Vorhalle des Palatins über „den Laden" sprechen.

Nach langer Wartezeit können die von den Türstehern ausgewählten Besucher in die *Aula Regia* eintreten. Die Pracht des Raumes und die bewaffneten Wachen beeindrucken sie dann weniger als der Kaiser, der gleichsam wie ein Gott auf einem durch zahlreiche Fackeln beleuchteten Podium thront. Die eigentliche

ROM

Die Umbauten an der Domus Tiberiana

↓ Der architektonisch ausgewogene, unter Nero errichtete Gebäudekomplex beginnt in domitianischer Zeit, sich zu verändern. Domitian baut eine innere Zugangsrampe, die von der Höhe des Forum Romanum zu einem Eingangs-Vestibül führt (kleines, hohes Gebäude, das unten und in der Mitte der Abbildung sichtbar ist). Es ging auf einen Portikus und einen Belvedere-Hof hinaus. Dieser ist in der Mitte der Ansicht auf einem mächtigen Sockel mit Strebepfeilern erkennbar. Auf der linken Seite sind neue, schräg angeordnete Gebäude hinzugekommen.

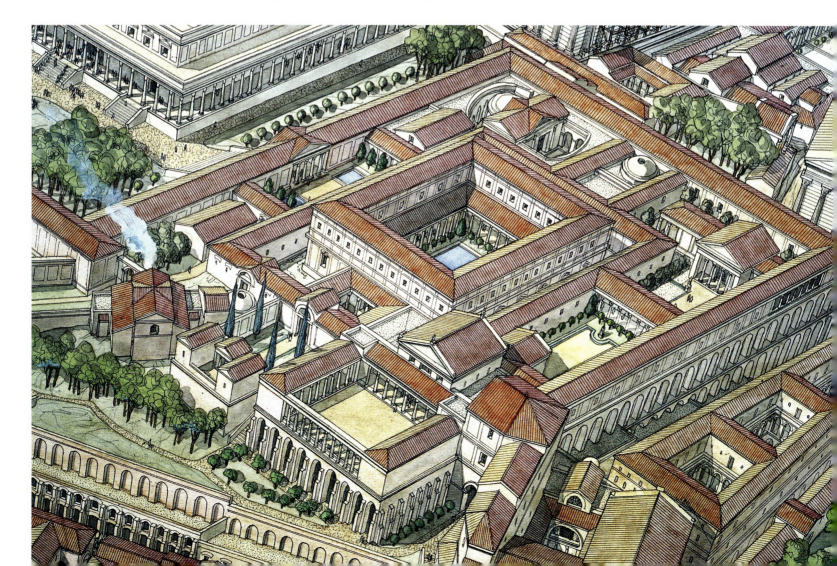

ROM

Domitianspalast: Die Aula Regia, auch „Thronsaal" genannt

←← Dies war die große, für die *salutatio* des Kaisers bestimmte Halle, in der der Kaiser die Mitglieder der Aristokratie und die Plebejer empfing. Sie war mit Statuen und buntem Marmor ausgeschmückt und mit einer Kassettendecke überdacht. Die Halle wurde durch eine Reihe kleiner Fenster in ihrem oberen Teil beleuchtet.

salutatio läuft nach einem hierarchischen Zeremoniell ab, das Plinius der Jüngere in den *Lobreden an den Kaiser Trajan* im Einzelnen beschrieben hat. Der Kaiser gibt den Senatoren einen Kuss, begrüßt die Ritter namentlich und richtet ungezwungene Worte an die Plebejer. Nero ist dank seines guten Gedächtnisses ohne Unterstützung durch einen „Nomenklator" (ein Sklave, der die Aufgabe hat, seinem Herren den Namen seines Gesprächspartners ins Ohr zu flüstern) in der Lage, jeden namentlich zu begrüßen. Zu einer Zeit, als in Rom eine Hautkrankheit wie eine Epidemie wütet, verbietet Tiberius die zur *salutatio* gehörigen Umarmungen, um die Ausbreitung des Übels zu verhindern. Die in ihrer Selbstachtung gekränkten Senatoren weigern sich jedoch, darauf zu verzichten. Der Kaiser kann auch die bestehende Ordnung erschüttern, indem er zuerst ihm teuren Menschen eine Umarmung gewährt. Marcus Aurelius stellt auf diese Weise seinen Philosophielehrer, den Stoiker Junius Rusticus, über die Prätorianerpräfekten. Severus Alexander versucht seltsamerweise, der *salutatio* einen „sakralen Charakter zu verleihen", indem er durch einen Ausrufer die Formel der Mysterien von Eleusis verkünden lässt: „Niemand soll vor den Herrscher treten, wenn er weiß, dass er eines Verbrechens schuldig ist, damit er nicht, wird er entdeckt, der Todesstrafe verfällt."

Für die Kaiser hat die *salutatio* sicher eine zugleich lästige und nicht enden wollende Bürde bedeutet. Indessen kann nur eine Krankheit sie davon entbinden, jeden Morgen die Huldigung ihrer Untertanen entgegenzunehmen. Augustus gibt sich bereitwillig für die Bitten der Plebejer her und weiß ihr Vertrauen zu gewinnen. Zu einem Mann, der ihm zitternd ein Bittgesuch überreicht, sagt er lachend: „Du bebst, als ob Du einem Elefanten eine Münze geben wolltest!" Lediglich Caracalla ist so unanständig, dass er die Besucher bis zum Mittag und manchmal bis zum Abend in der Vorhalle warten lässt. In den letzten Jahren seiner Herrschaft hält er es für richtig, sich nicht mehr dem Ritual der *salutatio* zu unterwerfen.

Der Vater des Kaisers Vitellius ist während der Regierungszeit Caligulas der Erste, der den orientalischen Ritus der *proskynesis* ausübt: den Fußfall vor dem Kaiser, dem man die Füße küsst. Caligula schätzt diese Gepflogenheit sehr und hat viel Spaß daran, dem Vater des Vitellius seine goldene und mit Perlen bestickte Sandale in den Mund zu stopfen. In den beiden ersten Jahrhunderten verurteilt die Mehrzahl der Kaiser diese exotische und erniedrigende Form der Begrüßung.

Die privaten Bäder in einem wohlhabenden römischen Haus

Der sehr begüterte Claudius Etruscus, Sohn eines vermögenden Freigelassenen des Tiberius, hat seine römische Wohnung soeben mit prächtigen Bädern ausgestattet.

Nicht Marmor aus Thasos hat man hierher gebracht oder den aus Karysthos mit seinem Wellenmuster; lange schon trauert der Onyx, es beklagt sich, weil er ausgeschlossen wurde, der Ophites, nur der purpurne Marmor, abgebaut in den gelben Steinbrüchen von Numidien, glänzt hier, nur der, den Attis selbst in der phrygischen Höhle von Synnas mit leuchtenden Flecken blutig färbte. Kaum ist hier Platz für den Eurotas. Grünliche Leisten ergeben einen deutlichen Farbkontrast zu dem synnadischen Marmor. Der Eingang ist nicht weniger prächtig. Die Gewölbe glänzen, die Decken strahlen mit ihrem bunten Glasmosaik in lebhaften Bildern. Selbst das Feuer staunt beim Erfassen der reichen Schätze und mindert ein wenig die Hitze. Überall ist es taghell. Die Sonne durchdringt mit vollen Strahlen das Deckengewölbe, hier wird die (oft) lästige mit anderer Hitze gebrannt. Nichts ist dort plebejisch, nirgends siehst du temesisches Erz, sondern aus Silber sprudelt das glückliche Nass und fällt in Silber, steht im glänzenden Becken, bewundert seinen Reiz und weigert sich abzufließen. Außerhalb aber fließt der blaue Strom, eingefasst von weißem Marmor, mit klarer Sicht vom untersten Grund bis zur Oberfläche. Wem riete er nicht, den bequemen Mantel abzulegen und ins Wasser zu gehen? In diesen Tiefen geboren zu sein, wäre Kytherea lieber. Hier würdest du, Narzissus, dich klarer sehen. Hier möchte die schnelle Hekate baden, auch wenn sie ertappt würde. Was soll ich jetzt den Parkettfußboden erwähnen, der die laut geschmetterten Bälle hören wird, wo sich die Wärme langsam in den Räumen verbreitet und die Hypokausten den dünnen Rauch weiterleiten?

Statius, *Silvae*, I, 5

← Illustration der Atmosphäre in den großen Räumen des Kaiserpalastes. Das Beispiel orientiert sich an der Marmorverkleidung und an der Ausschmückung des Pantheons in Rom. Dieses gut erhaltene Gebäude veranschaulicht bis heute am besten die Pracht derartiger Wandverzierungen.

107

ROM

Domitianspalast: Das Triclinium

←← Das große Triclinium, der Bankettsaal des Palastes, war reich mit Säulen aus buntem Marmor ausgeschmückt. Der Boden war mit *opus sectile* (geometrische Anordnung von Marmorplatten) ausgelegt. Das Triclinium ging auf jeder Seite auf mit Becken ausgestattete Höfe und an der Stirnseite auf den Hof der Domus Flavia hinaus. Die Darstellung gibt die Atmosphäre einer durch Musik und Chorgesang aufgelockerten Festtafel wieder. Die unermessliche Größe des Raumes vermittelt einen Eindruck vom Aufwand und von der feierlichen Würde der im Palast abgehaltenen Festessen.

Domitian verlangt jedoch mehrfach die *proskynesis* von den Senatoren, die ihn darüber hinaus als „Herr und Gott" grüßen müssen. Der Brauch wird unter Domitian üblich, und er macht ihn endgültig zum offiziellen Ritual.

Zu beiden Seiten der *Aula Regia* befinden sich zwei weitere Gebäude, deren Bestimmung nicht mit Sicherheit feststeht. Ein kleiner Raum im Osten wurde als „Lararium" bezeichnet, weil man glaubte, dass er den Familienaltar des Kaisers beherbergte. In Wirklichkeit handelt es sich um den Wachsaal der mit dem Schutz des Kaisers betrauten Prätorianer. Ein langer, rechteckiger und in eine große halbkreisförmige Apsis mündender Raum im Westen der *Aula Regia* ist durch zwei übereinander gesetzte Säulenreihen in drei Schiffe untergliedert. Er trägt den Namen „Basilika". Wahrscheinlich handelt es sich um das kaiserliche *Auditorium*, das den kaiserlichen Rat aufnimmt.

Die *Aula Regia* geht auf einen großen Hof mit Peristyl hinaus, in dessen Mitte ein Labyrinth aus niedrigen Mauern ein achteckiges Becken umschließt. Die „Sicilia", in die Domitian sich gerne zurückzieht – unhabhängig davon, ob es sich um Gärten oder um eine *diaeta* (= Pavillon) handelt – befindet sich wahrscheinlich in der Nähe dieses Peristyls.

Auf der anderen Seite des Hofes steht der *Aula Regia* eine zweite überwältigende Halle gegenüber: das *Triclinium* oder die *Cenatio Iovis* („Speisezimmer des Jupiter"). Dieser Prachtspeisesaal, dessen Größe ungefähr mit der der *Aula* vergleichbar ist (31,60 m × 29 m), geht über eine Kolonnade auf das Peristyl hinaus. Drei übereinander gesetzte Säulenreihen tragen die Decke, die an ihrem höchsten Punkt 38 m hoch liegt. Das *Triclinium* ist im Unterschied zur *Aula* nach außen hin durch Fenster und Portiken offen, die das Tageslicht einlassen. Auf zwei Seiten dieses Raumes liegen äußere Höfe, die ovale Becken umschließen. Die *Cenatio Iovis* umfasst wie die *Aula Regia* eine erhöhte Apsis von geringer Tiefe, die den kaiserlichen Thron birgt. In diesem Raum können 20 *triclinia* (Liegebänke für neun Personen) 180 Gäste aufnehmen, die durch die Kolonnaden hindurch die Landschaft bewundern, während sie festlich speisen. Statius gehörte zu den 1000 Römern, die nach der Einweihung der *Domus Flavia* zu einem großen Bankett geladen waren. Trotz ihrer Größe konnte die *Cenatio Iovis* sicher nicht alle Gäste zu dieser außergewöhnlichen Mahlzeit aufnehmen. Sicher wurden die Gäste auf die drei großen Empfangshallen der *Domus* – die *Aula Regia*, die „Basilika" und das *Triclinium* – aufgeteilt, wobei die wichtigsten auf althergebrachte Weise auf den Liegebänken ausgestreckt das Abendessen einnahmen und die anderen an Tischen saßen. In Anbetracht der Tatsache, dass die drei Räume mit Podesten für den Kaiser ausgestattet sind, muss dieser seine Mahlzeit so aufgeteilt haben, dass er nacheinander in jedem Saal einen Teil der Zeit verbrachte. Auf

Die Mahlzeit des Statius in der *Cenatio Iovis*

Ein erhabener, gewaltiger Palast, nicht mit hundert Säulen ausgezeichnet, sondern mit so vielen, wie sie die Götter und den Himmel tragen könnten, wenn Atlas sich freimachte von seiner Last. Das lybische und ilische Gebirge glänzen dort (mit ihrem Marmor) um die Wette. Viele Steine von Syene und Chios gibt es hier und solche, die mit der grau-blauen Doris wetteifern, und Marmor aus Luna ist das, der nur die Basis bildet für die tragenden Säulen. Weit verliert sich der Blick in die Höhe. Die Augen ermüden beim Erfassen des Gewölbes, man könnte es für die vergoldete Decke des Himmels halten. Als hier der Kaiser den römischen Adel und die festlich gekleidete Ritterschar, tausend zugleich, sich an den Tischen lagern ließ …
Ich aber war nicht begierig, die Speisen zu betrachten oder die mauretanischen Tische, gestützt auf indische Füße oder die in Linie angetretenen Scharen von Dienern, nur ihn wollte ich sehen, ihn allein, sein ruhiges Antlitz, während er in heiterer Majestät das Blitzen in seinen Augen mäßigte und bescheiden „die Fahnen seines Glückes senkte"; und doch strahlte die verhüllte Würde aus seinem Gesicht.

Statius, *Silvae*, IV, 2

Ein unheimliches Gastmahl

Domitian bittet eines Tages die wichtigsten Mitglieder der römischen Aristokratie zu Tisch. Die Gäste müssen ihre Sklaven im Vorzimmer zurücklassen und werden in einen Raum gebeten, dessen Boden, Wände und Decken vollständig in Schwarz ausgekleidet sind. Domitian lässt sie auf schwarzen Liegebetten Platz nehmen und vor jedem Gast eine Tafel in Form eines Grabsteines aufstellen, die dessen Namen trägt. Zum Auftakt treten junge Knaben in das Zimmer, deren Körper vollständig schwarz bemalt ist. Gespenstern gleich umkreisen sie die Tische und setzen sich den Gästen zu Füßen. Anschließend werden in schwarzem Essgeschirr schwarze Lebensmittel aufgetragen, die gewöhnlich dem Totenkult vorbehalten sind. Während Domitian im Selbstgespräch Geschichten über blutige Massaker erzählt, befürchten die entsetzten Gäste, jeden Augenblick hingerichtet zu werden und bringen kein Wort über die Lippen. Schließlich neigt sich das Gastmahl dem Ende zu und die Gäste schicken sich an, nach Hause zu gehen. Die im Vorzimmer zurückgebliebenen Sklaven sind jedoch verschwunden. An ihrer Stelle sind unbekannte Diener den Gästen dabei behilflich, in Sänften mit geschlossenen Vorhängen zu steigen. Das Grauen der Unglücklichen wird dadurch noch gesteigert. Kaum sind sie nach Hause zurückgekehrt und haben begonnen, die Fassung wiederzuerlangen, trifft bei jedem ein kaiserlicher Bote ein. Während alle die Mitteilung ihres Todesurteils erwarten, überreicht ihnen der Bote die Trauertafel und das Geschirr, das während des Essgelages vor ihnen stand. Sie entdecken, dass diese Gegenstände unter der schwarzen Farbe in Wirklichkeit aus Gold und Silber sind. Zu diesen Geschenken kommt jeweils der kleine, nun von der schwarzen Farbe befreite Sklave hinzu, der jedem von ihnen als Mundschenk gedient hat. Als Rechtfertigung für diesen geschmacklosen Scherz gibt Domitian lediglich bekannt, dass das Bankett dem Gedenken an die während des Feldzuges gegen die Daker gefallenen Soldaten gewidmet war.

diese Weise konnten sich alle Gäste wie Statius rühmen, „die unerhörten Tafelfreuden des Herrn zu teilen" und „an der Tafel Jupiters gespeist" zu haben.

Während des Banketts bewundert Statius die Pracht der in gegeneinander abgehobenen Farben – grün, rot geädertes Gelb, strahlendes oder violett geflecktes Weiß – gehaltenen Marmorsäulen unterschiedlichen Ursprungs und der hohen, vergoldeten Decke, die er mit dem Himmelsgewölbe verglich. Auch über die Kostbarkeit der Einrichtung bricht der Dichter in Entzücken aus, besonders über die auf elfenbeinernen Füßen stehenden Tische aus wertvollem Thuja-Holz. Ebenso bewunderungswürdig erscheint ihm die perfekt geregelte Einteilung der Scharen von geräuschlos hantierenden Dienern, die mit sicheren Handgriffen die Tische decken und die Speisen auftragen. Der Geschmack der Speisen, die ihm vorgesetzt werden, ist Statius jedoch nicht so wichtig. Sein ganzes Glück besteht darin, die heiteren und erhabenen Züge des von ihm abgöttisch verehrten Kaisers bewundernd zu betrachten!

Südlich der *Cenatio Iovis* betritt man – übrigens ohne eine deutlich gekennzeichnete Grenze zu überschreiten – die *Domus Augustana*, in der sich das Privatleben Domitians abspielt. Dieser zweistöckige, unterhalb der *Domus Flavia* gelegene Gebäudekomplex ist auf dem zum Circus Maximus hin abfallenden Hang des Palatins erbaut. Der erste Abschnitt geht auf einen Hof mit Peristyl hinaus, in dessen Mitte ein großes Becken eine kleine Insel umschließt. Auf dieser steht eine wahrscheinlich Minerva, der Lieblingsgöttin Domitians, gewidmete Kapelle. Eine kleine Brücke mit sieben gemauerten Bögen verbindet Tempel und Hof miteinander. Diese Insel mag dem Herrscher als Zufluchtsstätte gedient haben, so wie später Kaiser Hadrian das „Maritime Theater" der *Villa Hadriana*. Vermutlich sind es die Mauern dieses Portikus, die Domitian mit Muskovit bedecken lässt, einem während der Regierungszeit Neros entdeckten, glänzenden und reflektierenden Gestein. Der fortwährend von dem Gedanken an einen Anschlag gegen seine Person gequälte Kaiser kann so beim Herumspazieren durch Spiegelung sehen, was hinter seinem Rücken geschieht.

Der unübersichtliche Grundriss der *Domus Augustana* bildet einen vollkommenen Gegensatz zum Gleichmaß und zur Größe der Empfangsräume der *Domus Flavia*. Ein Labyrinth von Zimmern geringer Größe dürfte im Obergeschoss die Privatgemächer Domitians bilden. Plinius der Jüngere beschreibt in den *Lobreden an den Kaiser Trajan* die engen Flure und die winzigen Zimmer, die dem „Ungeheuer" als „Schlupfwinkel" dienten. Abermals ist es die beständige Furcht Domitians vor einem Mordanschlag, die das regellose Zimmergewirr rechtfertigt. Dies bewahrt ihn im Übrigen nicht davor, als Opfer eines solchen in seinem eigenen Zimmer zu sterben.

Ein Hof im Untergeschoss der *Domus Augustana* ist durch einen zweistöckigen Portikus umgeben. Ein

Ein Palast am Meer in Sorrent

Statius wurde in die maritime Villa seines Gönners Pollius Felix eingeladen. Zum Dank schenkt er ihm ein Gedicht, das der auf den ganzen Golf von Neapel hinausgehenden Wohnstätte gewidmet ist.

Zwischen den Mauern, die durch den Namen der Sirenen bekannt sind, und dem Felsen, auf dem der Tempel der tyrrhenischen Minerva steht, gibt es hoch oben eine Villa mit Rundblick über das dicarcheische Meer. Dort ist ein von Bromius bevorzugtes Feld, auf den hohen Hügeln wird eine Traube (von der Sonne) gebrannt, die der Falernertraube nicht neidisch zu sein braucht. Die Bucht tritt sanft zurück, geformt wie eine Mondsichel, hier und da durchbricht das Meer die vorspringenden Felsen. Die Natur hat sich einen Platz geschaffen, den einzigen Strand zwischen den Bergen, der sich ins Land zwischen überhängenden Felsen fortsetzt. Die Bucht ist ausgesprochen lieblich. Aus den beiden Dächern raucht das Badefeuer, und vom Land her läuft eine süße Nymphe zum bitteren Meer ... Von dort kriecht ein Säulengang über den schrägen Berghang hinauf, einer Stadt vergleichbar, er überwindet auf langem Rücken die rauen Felsen. Wo früher die Sonne herrschte und schwarzer Staub und die Wildheit eines steinigen Weges, da ist jetzt das Gehen eine Lust ... Soll ich eher den Geist des Ortes oder den des Herrn bewundern? Dieses Gebäude schaut nach Osten, zum noch zarten Glanz des Phöbus; jenes hält das fallende, verbrauchte Licht (des Tages) fest und weigert sich, es zu entlassen dann, wenn der Tag schon müde ist und der Schatten des dunklen Berges ins Meer fällt und die Paläste auf der gläsernen Fläche schwimmen. Dieser Teil der Villenanlage ist erfüllt vom Rauschen des Meeres, jener kennt nicht die tönenden Fluten, er liebt die Stille des Landes. Diesem Ort ist die Natur gewogen, hier wich sie besiegt dem Bebauer und gewöhnte sich gelehrig an die unbekannte Nutzung. Ein Berg war hier, wo du die Ebene siehst, und das Haus, das du betrittst, war einmal ein Schlupfwinkel für das Wild. Wo du jetzt hohe Wälder siehst, da war nicht einmal Land. Der Besitzer „zähmte" den Platz, und als er die Felsen gesprengt und geformt hatte, trat an deren Stelle freudig fruchtbarer Boden.
Was soll ich aufzählen die tausend Gipfel und wechselvollen Aussichten? Jedes Zimmer hat seinen eigenen Reiz, hat sein eigenes Meer und jenseits der Meeresfläche hat jedes Zimmer eine andere Aussicht auf „sein" Land: Dieses sieht Inarime, von dort zeigt sich das felsige Prochyta; hier erscheint der Waffenträger des großen Hektor, von dort atmet seine schändlichen Dünste das meerumflossene Nesis; dort bedeutet das glückliche Euploea ein günstiges Omen für die schweifenden Schiffe, und dort steigt Megalia empor, an dem sich die gekrümmten Wogen brechen, und dort ängstigt sich dein Limon, wenn sein Herr sich ihm gegenüber zurücklehnt, und schaut von fern auf die Paläste von Sorrent. Ein Zimmer jedoch überragt alle anderen, das dir in gerader Linie übers Meer Parthenope zeigt.

Statius, *Silvae*, II, 2

Motiv aus vier großen Peltae oder Amazonen-Schilden ziert ein Becken in der Mitte. Mehrere in den nackten Fels gehauene und mit Exedren ausgestattete Räume sollen als kühle Speisezimmer für sommerliche Mahlzeiten dienen.

Am niedrigsten Punkt der *Domus* schließt eine geräumige, halbkreisförmige Exedra an einen zweistöckigen Portikus an, der direkt zum Circus Maximus hin liegt. Die kaiserliche Loge, von der aus der Kaiser den Wagenrennen beiwohnt, befindet sich in der Mitte. Domitian braucht sich nicht unter die Zuschauermenge zu mischen und zeigt sich den Römern dennoch inmitten der Pracht seines Palastes, dessen Südfassade die Exedra bildet.

Das *Paedagogium* beziehungsweise die „Sklavenschule" ist ein kleines Gebäude westlich dieser Exedra. Eine Reihe kleiner Zimmer dient in dieser zweistöckigen Wohnstätte den jungen Pagen des kaiserlichen Hofes, die man die Rituale des kaiserlichen Zeremoniells lehrt, als Wohnung. In diesem *Paedagogium* hat man – unter den hinterlassenen Graffiti der jungen Sklaven – die berühmte Skizze (aus severischer Zeit) gefunden, die einen Mann in Anbetung eines gekreuzigten Esels zeigt. Die zugehörige Bildunterschrift lautet: „Alexamenos betet seinen Gott an." Dies ist die älteste Karikatur des Christentums und die erste Darstellung der Kreuzigung.

Der dritte und letzte auf dem Osthang des Palatins erbaute Teil des Palastes wird irrtümlich als „Stadion" bezeichnet. Es handelt sich in Wirklichkeit um ein kleines, der privaten Unterhaltung des Kaisers vorbehaltenes Hippodrom. Es hat die Form eines langen Rechtecks (160 m × 50 m), und eine seiner kurzen Seiten ist gerundet. In der Mitte befinden sich Blumenschmuck und eine Spina (mittlere Trennmauer des Circus), die in verkleinertem Maßstab der des Circus Maximus ähnelt. Um die Rennbahn herum stehen zwei Portiken-Stockwerke, deren Wände mit mehrfarbigem Marmor verkleidet sind. Eine große, halbkreisförmige Tribüne im Zentrum der Ostseite dieses Hippodroms ist dem Kaiser vorbehalten. In diesem Hippodrom können, trotz seiner im Vergleich zum Circus Maximus (612 m × 118 m) geringeren Größe, Pferde- und Wagenrennen veranstaltet werden. Das Hippodrom innerhalb der privaten Wohnstätte des Kaisers ist offenkundig eine neue Idee der Gartenkünstler domitianischer Zeit. Dieser den Flavischen Palast schmückende Bau macht bei den Villenbesitzern Schule. Das gilt für Plinius den Jüngeren, der sich hocherfreut darüber äußert, in seiner kaum zehn Jahre später hergerichteten Villa in der Toskana ein Hippodrom eingeplant zu haben, in dem er gerne spazieren geht.

Domitian hat im Ostbezirk des Palatins eine große künstliche Terrasse geplant, die man über den *clivus Palatinus* erreicht und die wohl mit Gärten und Spazierwegen bedeckt war. Philostratos beschreibt in seinem *Leben des Apollonios von Thyana* den „mit Adonis-Gärten geschmückten Hof", in dem Apollonios mit Domitian zusammentrifft. Es dürfte sich um die *Adonaea* handeln, die dem Kaiser als Spazierweg dienen.

Die Flavier haben beim umfangreichen Ausbau des Palatins eine wesentliche Rolle gespielt. Der Hügel wird von domitianischer Zeit an endgültig kaiserlicher Wohnsitz. Die Antonine haben – obgleich sie nicht vom Größenwahn in der Art Domitians besessen sind – als seine unmittelbaren Nachfolger nicht gezögert, den Flavischen Palast zu bewohnen, der den kaiserlichen Pflichten bestens entgegenkommt. Die Römer gewöhnen sich ab dem 2. Jahrhundert n. Chr. daran, die kaiserliche Wohnstätte mit dem Namen des Hügels, auf dem sie steht, gleichzusetzen. Auf diese Weise erhält *Palatia* die Bedeutung, die wir heute noch kennen: „Palast". Während der Regierungszeit des Commodus beschädigt eine Feuersbrunst im Jahre 191 n. Chr. einen Teil des Palastes. Septimius Severus lässt die Schäden in Ordnung bringen und nutzt die Gelegenheit, um neue Gebäude zu errichten und so die *Domus Augustana* im Südosten weiter auszubauen. Er lässt zu diesem Zweck eine neue künstliche Plattform über dem Abgrund errichten. Der auf dieser Terrasse befindliche Palastflügel trägt nach alter Tradition den Namen *Domus Severiana*. Die privaten Thermen Domitians werden vergrößert, und eine neue kaiserliche Tribüne überragt den Circus Maximus. Im Südosten bietet das *Septizonium*, ein monumentales, mehrstöckiges Nymphäum mit Theaterkulisse, eine prächtige Säulenfassade. Septimius Severus wollte, dass seine aus Afrika ankommenden Landsleute bereits von der *Via Appia* aus in der Ferne diesen monumentalen Flügel sehen können. Im Audienzsaal der *Domus Severiana* stellen Fresken den Sternenhimmel und das kaiserliche Horoskop dar. Südlich des *Paedagogiums* lässt Septimius Severus ein kleines Gebäude mit drei überwölbten Zimmern errichten, das den Namen *Domus Praeconum* („Haus der Herolde") erhält. Dort wohnen die „Zirkusboten", die die *pompa* (Prozession) anführen, die den Wettkämpfen im Circus Maximus vorausgeht. In diesem kleinen Haus befindet sich ein sehr schönes Wandgemälde, dass diese „Boten" in Lebensgröße abbildet.

Der Palatin bietet somit vom 2. Jahrhundert n. Chr. an eine Gesamtschau der römischen Geschichte: Sehr alte Überreste (Hütte des Romulus, Cacus-Treppe, Sacrarium der Argei) stehen neben Tempeln aus republikanischer Zeit (Kybele- und Victoria-Tempel) und den aufeinander folgenden kaiserlichen Wohnstätten (Haus des Augustus, *Domus Tiberiana*, Flavischer Palast und *Domus Severiana*). Der Hügel ist zu einer Kaiserstadt geworden, die die religiösen und politischen Obliegenheiten der Macht einschließt. Bis zur Regierungszeit Diokletians dient der Komplex auf dem Palatin den Herrschern als Residenz. In Anbetracht des Niedergangs der Stadt Rom ziehen es die Kaiser anschließend vor, sich in Grenznähe niederzulassen: in Trier, Mailand, Sirmium und in Nikomedia. Konstantin verlegt die Hauptstadt des Reiches nach Konstantinopel und besiegelt damit die Preisgabe des Palatins.

Die Villen Domitians

Domitian besaß zahlreiche Residenzen in Italien. Sein Zeitgenosse, der Dichter Martial, erinnert an die von Aricia (heute Riccia), „wo du (= Domitian) auf der einen Seite den Dianatempel, auf der andern das Mittelmeer siehst", an die von Anxur (heute Terracina),

ROM

Die Villa Albana

→→ Umfassender Überblick über die Villa Albana (die dem berühmten Standort des heutigen Castel Gandolfo, der päpstlichen Residenz, entspricht), der die Pracht der großen Residenz Domitians mit ihren Wohngebäuden, ihren Gärten und ihrem (immer noch erhaltenen) Theater wiedergibt. Die Fenster der abgebildeten langen Mauer (in Rosa) öffnen sich auf den großen (gut erhaltenen) Kryptoportikus. Dieser diente als Zugang zur Wohnstätte, die durch einen erhabenen Belvedere-Pavillon auf den Albaner See hinausging.

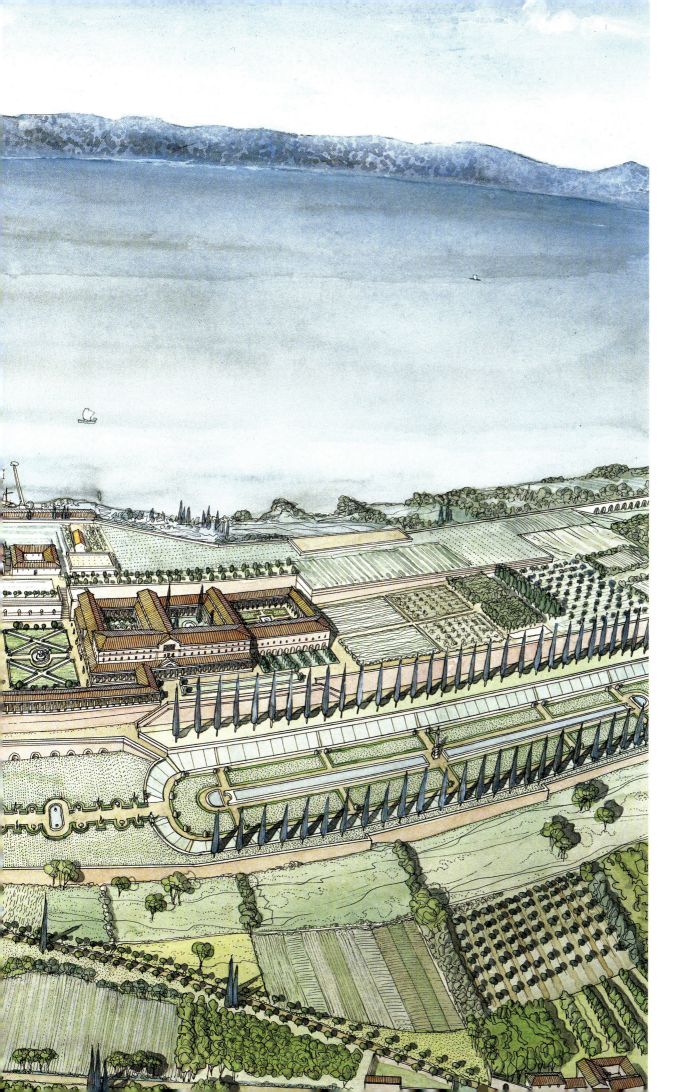

Die Villa des Manilius Vopiscus in Tibur

Manilius Vopiscus, selbst Dichter und ein Freund des Statius, hielt sich vom öffentlichen Leben fern und weilte häufig in seiner Villa in Tibur, am Ufer des Anio (Aniene).

Welche Schönheit an dem glücklichen Ort, bevor Hand und Kunstverstand tätig wurden! Nirgends hat die Natur sich mehr bewilligt. Hochwald säumt das eilende Wasser. Ein täuschendes Bild antwortet den belaubten Kronen. Immer huscht der gleiche Schatten über die langen Wellen hin. Selbst der Anio, der unter und über Felsen dahinfließt, sänftigt hier (man möchte es kaum glauben) die reißenden, sich türmenden Wogen und sein schäumendes Tosen, als scheue er sich, die pierischen (musischen) Tage und die Lieder spinnenden Träume des friedlichen Vopiscus zu stören. Zwei Ufer hat das Haus, nicht teilt dich der sanfte Strom, doch der Palast behält seine beiden Ufer. Die Häuser beklagen sich nicht darüber, dass der nicht zum Palast gehörende Fluss sie störe. Hier herrscht ewige Ruhe, und kein Recht haben hier Stürme, niemals wüten hier die Wassermassen. Hier kann man Blicke und Rufe wechseln und sich beinahe die Hände geben.

Was soll ich zuerst besingen und was später, wo soll ich enden? Soll ich die vergoldeten Balken bewundern oder die überall (verteilten) maurischen Säulen oder den leuchtenden Marmor mit seinen bunten Mustern oder die durch alle Räume geleiteten Nymphen? Hierhin zieht mich das Auge, dorthin der Sinn. Soll ich den ehrwürdigen Baumbestand nennen oder die Halle, die zum Fluss hinabblickt, oder die, die zum schweigenden Wald zurückblickt? Hier herrscht vollkommene Stille in der Nacht, keine Unruhe stört sie. Das (leise) Murmeln der Wellen gleitet hinüber zu einem tiefen Schlaf. Soll ich das Bad rühmen, das dampft, von Rasen eingefasst, oder das am kalten Ufer angelegte Feuer, wo der Strom neben dem rauchenden Ofen die Nymphen am benachbarten Fluss verlacht, weil sie schnauben und keuchen?

Kunstwerke sah ich, geschaffen von den Händen alter Meister und lebensvolle Metallarbeiten in mancherlei Formen. Mühevoll wäre es, (all) die Figuren aus Gold oder Elfenbein aufzuzählen oder die Gemmen, (wahrhaftig) würdig, Finger zu zieren. Alles mögliche sah ich, was die Hand des Künstlers zuerst aus Silber oder einem minderen Erz spielerisch verfertigte und dann erprobte an großen Statuen. Während ich im Schauen umherschweifte und meine Blicke über alles hinweggleiten ließ, trat ich unvermutet auf Schätze. Die von oben einfallende Helligkeit und die das blinkende Erz widerspiegelnden Fliesen ließen den Fußboden erkennen. Dort erfreute ein mit verschiedenen Kunstwerken bemalter Boden und übertrifft durch neue Figuren das Mosaik. Da stutzte mein Schritt. Warum soll ich da jetzt noch die Täfelung bewundern oder das offene Dach mit den dreifach geteilten Räumen? Warum dich, o Baum, der du inmitten des Hauses erhalten bliebst und durch das Dach und die Pfosten emporsteigst zu den reinen Lüften? Unter welchem anderen Herrn hättest du nicht die grausame Axt erdulden müssen?

Statius, *Silvae*, I, 3

„gebleicht von ihren schwefelhaltigen Heilquellen", an die von Baiae, „in deren See die von unserm Kaiser gezähmten heiligen Fische leben", an die von Antium „mit ihrer Küste, an der die befriedeten Wogen des Meeres sich an den Toren der Stadt zur Ruhe legen", an die von Gaeta, „Heimat der Amme des Aeneas", an die in Circeii, „wo Circe, die Tochter des Sonnengottes, Asyl fand", und schließlich an die von Alba Longa, „wo du die Albaner Hügel genießen kannst". Dieser Auflistung ist eine Villa in Tusculum hinzuzufügen. Mit Ausnahme von Baiae befinden sich alle diese Wohnstätten verhältnismäßig nahe bei Rom. Die einen liegen in den Albaner Bergen (Tusculum, Aricia, Alba Longa), die anderen im Süden Latiums (Antium, Anxur/Tarracina, Circeii, Gaeta).

Nur von zwei dieser Villen sind noch Überreste sichtbar, in Alba Longa und in Circeii. Die eine große Villa steht am Ufer des Paola-Sees, auf halbem Wege zwischen der Tibermündung und dem Golf von Neapel, in der Nähe des Monte Circeo, wo nach der *Odyssee* die Episode mit der Zauberin Kirke spielt. Die im Westen gelegenen Wohngebäude haben Aussicht auf das Meer. In ihrer Nähe befinden sich die Thermen, ein großes Schwimmbecken und ein kleines, an den Hügel angeschmiegtes und zum See hin gelegenes Theater. Von Bäumen gesäumte Spazierwege erstrecken sich von diesen Gebäuden aus nach Osten. Sie sind von einem langen Portikus mit Kolonnaden umgeben, der direkt auf den See hinausgeht. Der Grundriss der Villa von Circeii ist weitgehend mit dem der *Villa Albana* vergleichbar. Deren Bedeutung im privaten und öffentlichen Leben Domitians ist uns durch zeitgenössische Berichte besser bekannt.

Aufgrund seiner Nähe zu Rom war das Gebiet der Albaner Berge, das eine kühle Oase in der römischen Landschaft bildet, zu allen Zeiten ein Lieblingsziel der Römer, die dem emsigen Treiben der Stadt entfliehen wollten. Die Berge vulkanischen Ursprungs beschreiben einen Kreis, der einem erloschenen Krater mit waldbedeckten Hängen entspricht. Der Albaner See und der Nemi-See befinden sich in kleinen Nebenkratern. Die älteste Geschichte Roms steht mit den Albaner Bergen in Zusammenhang: Romulus und Remus stammen aus Alba Longa, und der berühmte Kampf zwischen den Horatiern und den Curatiern hat sich in der Nähe dieser Stadt abgespielt. Die meisten römischen Politiker haben in dieser begünstigten Gegend Häuser besessen, darunter Sulla, Lucullus, Pompeius und Cicero. Auch traf sich die römische Jugend gerne in Tusculum (heute Frascati), um dort den berühmten goldfarbenen Wein zu verkosten, der in den Weinbergen der Gegend hergestellt wurde.

Domitian hat die Umgebung von Alba Longa von Jugend an geliebt. Da er durch seinen Vater Vespasian von den öffentlichen Angelegenheiten fern gehalten wird und neben seinem älteren Bruder Titus die Rolle des ewigen Zweiten innehat, fühlt er keine Bindung an Rom. Häufig verlässt er die Stadt und hält sich lange in der Nähe des Albaner Sees, in der Villa des Pompeius auf, die er gekauft hat. In diesem Haus kann er seine ehebrecherische Liebschaft mit Domitia Lon-

ROM

Das Stadion des Domitian

↓ Das Stadion Domitians ist eines der wenigen, im Westteil des Reiches errichteten Gebäude dieses Typs. Es entspricht der heutigen Piazza Navona. Bauwerke dieser Art waren für athletische Wettkämpfe bestimmt. Es zeugt vom Willen Domitians, einen Bau für Wettkämpfe zu errichten, wie sie im hellenisierten Teil des Reiches (östlicher Mittelmeerraum) großen Anklang fanden.

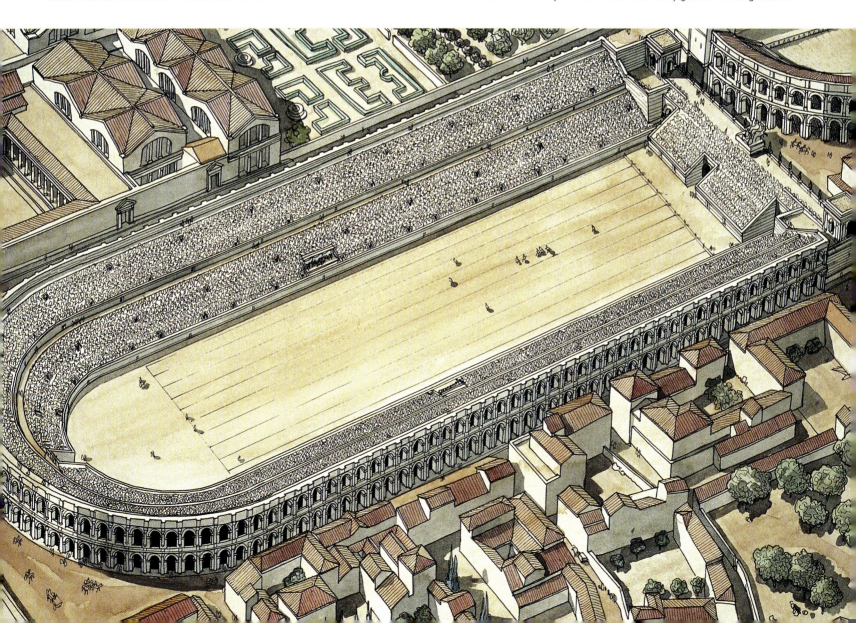

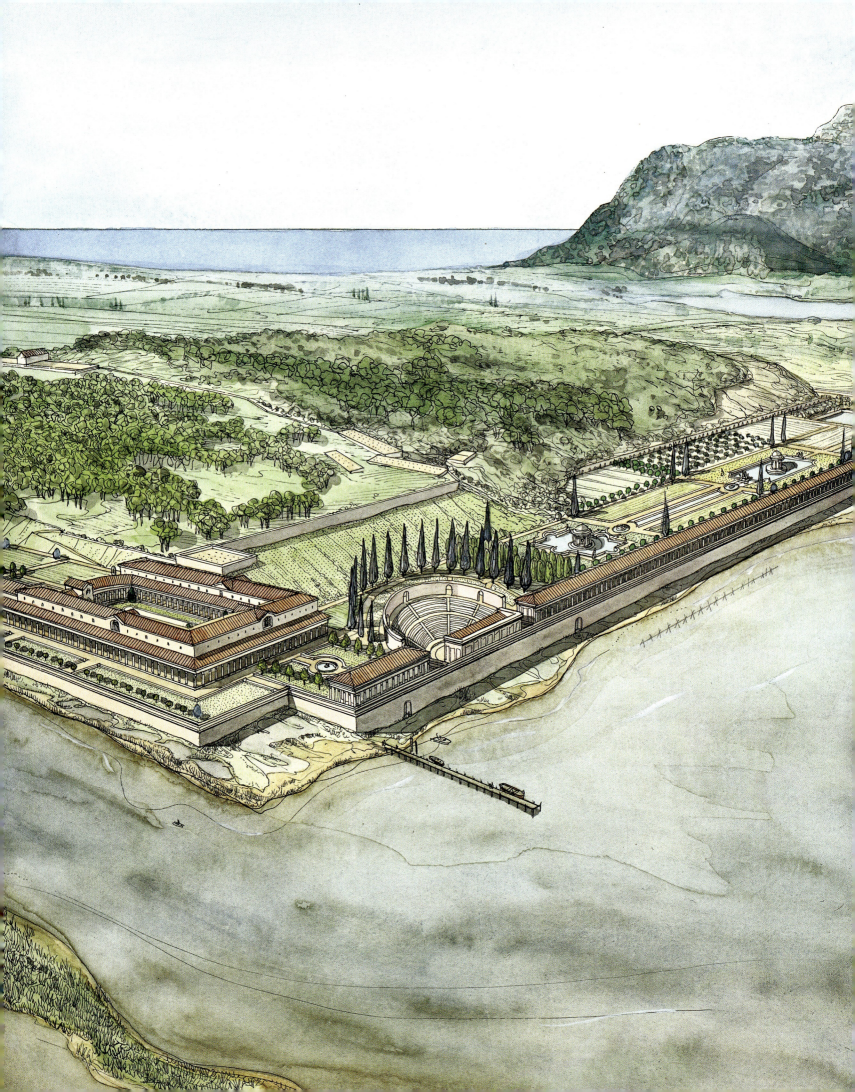

KAMPANIEN

Die Villa Domitians in Circeii

←← Im Vordergrund erstrecken sich der bewohnte Teil der Residenz, ein Freilicht-Theater und der lange Portikus, der zu den Thermen führt. Die Villa ging auf eine Lagune hinaus. Im Hintergrund erhebt sich majestätisch die charakteristische Form des Monte Circeo (der Felsen der Kirke aus der *Odyssee*).

gina – der Gemahlin des Konsuls Lucius Aelius Lamia, die er später heiraten wird – vor indiskreten Blicken verbergen.

Als Kaiser nimmt Domitian schließlich den Bau einer großen Wohnstätte am Ufer des Albaner Sees in Angriff, unweit der Villa des Pompeius. Die in der Nähe vorbeiführende Via Appia gewährleistet eine schnelle Verbindung nach Rom. Der Entwurf dieser *Albanum Domitiani* oder *Villa Albana* wird Rabirius, dem Architekten der *Domus Flavia* in Rom zugeschrieben. Die Anordnung der beiden Komplexe weist nämlich Übereinstimmungen auf. Gegenwärtig sind die Überreste des Albanums nur schwer zugänglich, denn sie liegen zum größten Teil unter der päpstlichen Residenz Castel Gandolfo.

Der Komplex des Albanums ruht auf drei gewaltigen Terrassen von je 500 m Länge, die sich auf den Hang des alten Vulkankraters stützen, der den Albaner See einfasst. Der dreigeschossige Wohnbezirk, dessen verschiedene Gebäude um drei Atrien herum angeordnet sind, steht auf der obersten Terrasse. Der Kaiser hat von seiner Villa herab einen herrlichen Ausblick auf den See im Vordergrund, auf die römische Landschaft sowie auf den Hafen von Ostia und das Meer in der Ferne. Die über Heißluftkanäle beheizte Wohnstätte ist mit ihren Thermen sehr behaglich eingerichtet. Wenn der Kaiser seinen Palast verlässt, kann er eine lange Allee benutzen, die nach Westen führt. Ein durch zwei Fundamentebenen erhöhter Belvedere bietet ihm eine schöne Aussicht auf den Albaner See. Sodann gelangt er zum bemerkenswertesten Teil des Albanums, der „Nymphäen-Allee". Die breite Prachtstraße wird durch vier abwechselnd rechteckige und halbkreisförmige Nymphäen skandiert, die jeweils eine Statue bergen. Dieser Boulevard führt zu einem in den Hügel eingefügten Theater, das mit verschiedenfarbigem Marmor reich geschmückt ist. Ein 350 m langer Kryptoportikus, der mit einer Breite von 7,45 m und einer Höhe von 10 m die größte bekannte Anlage dieser Art ist, läuft rings um diese oberste Terrasse herum. Die eindrucksvolle Größe und die gute Beleuchtung, die der Tunnel durch obere Wandöffnungen erhält, deuten darauf hin, dass dieser Kryptoportikus als Zugang zur Villa diente. Ein Weg, der von der nahe gelegenen Via Appia herkommt, führt nämlich zu seinem Eingang.

Ein Hippodrom auf einer etwas weiter unterhalb liegenden dritten Terrasse ist den Pferderennen vorbehalten. In einiger Entfernung steht auch ein Amphitheater. Das Albanum verfügt somit über die drei Veranstaltungsgebäude, die zur Unterhaltung der Römer unerlässlich sind. Ein Aquädukt fängt das Wasser der nahe gelegenen Quellen auf, das in großen Sammelbecken gespeichert wird, sodass für den Bedarf der Brunnen, Schwimmbecken und Thermen gesorgt ist. Am See können die Boote, mit denen Domitian auf dem Wasser spazieren fährt, an drei Landungsplätzen anlegen.

In etwa 2 km Entfernung von der Villa wurde eine natürliche Höhle am Seeufer nach dem Vorbild der geliebten Sperlonga-Grotte des Tiberius ausgebaut. Ein kleiner runder Teich, der eine kleine Insel umgibt und im Zentrum des mittleren, überwölbten und mit Marmor ausgekleideten Raumes liegt, ist mit vielfarbigen Mosaiken eingefasst, die auf das Meer bezogene Themen wie Fische, Tritonen und Meernymphen darstellen. An die Innenausstattung von Sperlonga erinnern eine 2,50 m hohe Statue des Zyklopen Polyphem und ein Standbild des Ungeheuers Skylla. Obgleich die Grotte am Albaner See (die unter dem Namen Ninfeo Bergantino bekannt ist) wesentlich kleiner als ihr Vorbild ist, stellt sie eine versteckte Huldigung an Tiberius dar, dessen Memoiren die bevorzugte Lektüre Domitians bilden.

Welchen Betätigungen geht Domitian in seinem Albanum nach? Nach Plinius dem Jüngeren denen eines einsamen, verschlossenen Mannes, eines „Menschenfeindes", der den anderen misstraut und ihre Gesellschaft nicht schätzt. Zumeist nimmt er seine Mahlzeiten alleine ein und geht ohne Gesellschaft auf den Alleen der *Villa Albana* spazieren. Stundenlang schließt er sich in seinem Zimmer ein, um Fliegen zu fangen, die er mit einer sehr spitzen Punze durchbohrt. Seine Leidenschaft gilt dem Würfelspiel, das ihn schon am Morgen beschäftigt. Er findet keinerlei Gefallen an körperlicher Bewegung oder am Umgang mit Waffen. Nur beim Bogen macht er eine Ausnahme: Allein jagt er wilde, durch die Gefangenschaft degenerierte Tiere,

Plinius der Jüngere und seine Villen

Der edle und wohlhabende Plinius der Jüngere besitzt in Italien zahlreiche Villen. Er hat von zweien Beschreibungen hinterlassen: von einer Villa bei Ostia (Villa in Laurentinum) und von einer in der Toskana. Wir haben von den erwähnten architektonischen Bestandteilen diejenigen ausgewählt, von denen auch in den Kaiservillen Spuren zu finden sind.

Die Lage der Villa (Villa in Laurentinum)
Das Landhaus ist für seine Zwecke geräumig, der Unterhalt nicht kostspielig. In seinem vordersten Teil befindet sich ein schlichtes, aber doch gemütliches Atrium; dann kommt ein Säulengang, der sich in Form des Buchstaben D herumzieht, welcher einen kleinen, aber hübschen Hofraum umschließt. Er bietet einen ausgezeichneten Zufluchtsort gegen ungünstige Witterung; denn er wird durch Fensterscheiben und mehr noch durch das vorspringende Dach geschützt. Ihm gegenüber in der Mitte liegt ein freundlicher Innenhof, dann ein recht schönes Speisezimmer, das ans Ufer vorspringt und, wenn einmal das Meer vom Südwestwind aufgewühlt ist, von den bereits gebrochenen und auslaufenden Wellen leicht bespült wird. Auf allen Seiten hat es Flügeltüren oder Fenster, die nicht kleiner sind als diese Flügeltüren, und gewährt so von den Seiten und von vorne gleichsam einen Ausblick auf drei Meere; von hinten schaut man auf den Innenhof, den Säulengang, dann auf das Atrium, die Wälder und die fernen Berge.

Ambulatio und *gestatio* (Prachtstraße für Spaziergänge zu Fuß und in der Sänfte) (Villa in der Toskana)
Vor der Säulenhalle befindet sich eine Terrasse, die in sehr viele Beete von verschiedener Gestalt unterteilt und mit Buchsbäumen eingefasst ist; dann kommt ein niedrig gelegenes und abschüssiges Rasenstück, in das der Buchsbaum abwechselnd einander gegenüberstehende Tierfiguren eingezeichnet hat; in der Ebene steht weicher, fast möchte ich sagen, wogender Akanthus. Um diesen führt ein Spazierweg, von niedrigen, mannigfach zugeschnittenen grünen Hecken eingeschlossen; daran schließt sich eine kreisförmige Allee an, die um vielgestaltige Bäumchen herumläuft. Alles wird durch eine Lehmmauer geschützt; diese verdeckt eine stufenartige Buchsbaumhecke und entzieht sie so den Blicken. Dann kommt eine Wiese, nicht weniger sehenswert wegen ihrer natürlichen Schönheit als die vorher genannten Dinge in ihrer Künstlichkeit; hierauf folgen weiter Felder, viele andere Wiesen und Baumpflanzungen.

Die *diaeta* (Pavillon) (Villa in Laurentinum)
Am oberen Ende der Terrasse und sodann der Wandelhalle und des Gartens befindet sich ein Gartenhaus, mein Lieblingsaufenthalt, ja wirklich mein Lieblingsaufenthalt! Ich selbst habe es angelegt. In ihm befindet sich ein Raum für Sonnenbäder, wo man auf der einen Seite die Terrasse, auf der anderen Seite das Meer, auf beiden Seiten die Sonne sieht; ferner hat man vom Wohnzimmer durch die Flügeltüren einen Ausblick auf die Wandelhalle, durch das Fenster auf das Meer. Gegenüber der Mitte der Wand springt sehr geschmackvoll ein Kabinett vor, das man durch Zu- oder Aufziehen von Glaswänden und Vorhängen bald mit dem Zimmer verbinden, bald abteilen kann. Es kann ein Bett und zwei Sessel aufnehmen; zu den Füßen hat man das Meer, im Rücken Landhäuser, vor sich Wälder: So viele Landschaftsansichten trennt und vereinigt es durch ebenso viele Fenster. Daran schließt sich ein Zimmer für die Nacht und den Schlaf an. Hier merkt man nicht die Stimmen der Sklaven, das Rauschen des Meeres, das Brausen der Stürme, das Leuchten der Blitze und nicht einmal das Tageslicht, außer wenn die Fenster geöffnet sind.

Die Landschaft (Villa in der Toskana)
Die Gegend ist sehr schön. Stelle Dir ein unermessliches Amphitheater vor, wie es nur die Natur schaffen kann. Eine weite und ausgedehnte Ebene wird von Bergen eingeschlossen, die Berge haben auf ihrem Gipfel hohe, alte Wälder. Der Wildbestand ist hier zahlreich und mannigfaltig. Von dort senken sich Wälder, die zum Fällen geeignet sind, den Hang hinab. Zwischen diesen liegen fette, erdreiche Hügel – denn nicht leicht trifft man irgendwo auf Felsen, auch wenn man danach sucht –, welche den Feldern unten in der Ebene an Fruchtbarkeit nicht nachstehen und eine ebenso reiche Ernte, nur erst ziemlich spät, reifen lassen. Unterhalb der Wälder dehnen sich auf der ganzen Seite Weinberge aus und geben der Gegend weit und breit ein einheitliches Aussehen; an ihrem Ende und gleichsam an ihrem untersten Rand beginnen Baumpflanzungen. Dann kommen Wiesen und Felder, Felder, die nur gewaltige Ochsen und sehr starke Pflüge umbrechen: Der sehr feste Boden wirft beim ersten Pflügen so große Erdschollen auf, dass er höchstens beim neunten Pflügen bezwungen wird. Die blumenreichen, wie mit Edelsteinen übersäten Wiesen lassen Klee und andere Kräuter wachsen, immer zart und weich und wie neu. Alles nämlich wird von nie versiegenden Bächen bewässert ...

Die Bäder (Villa in Laurentinum)
Dann folgt das geräumige und weite Zimmer für das Kaltwasserbad, an dessen gegenüberliegenden Wänden zwei Bassins gleichsam im Bogen herausspringen, groß genug, wenn man an das ganz nahe gelegene Meer denkt. Daneben liegt das Salbzimmer, die Heizungsanlage, der Heizraum für das Bad, dann zwei Räume, eher geschmackvoll als aufwendig; damit ist ein herrliches Warmwasserbecken verbunden, aus dem man beim Schwimmen auf das Meer blickt. Nicht weit davon ist eine Ballspielhalle, die auch im Hochsommer erst Sonne

bekommt, wenn sich der Tag schon neigt. Hier erhebt sich ein Turm mit zwei Zimmern unten und oben; außerdem hat er einen Speisesaal mit Blick auf das weite Meer, das ausgedehnte Ufer und die herrlichen Landhäuser.

Das Hippodrom (für Spaziergänge) (Villa in der Toskana)
Aber bei weitem übertrifft die Reitbahn diese Anordnung und Annehmlichkeit der Gebäude. Sie ist in der Mitte offen und bietet sich sofort beim Eintritt den Blicken ganz dar; sie ist von Platanen umgeben. Diese sind mit Efeu bewachsen, und wie sie oben mit eigenem, so grünen sie unten mit fremdem Laub. Der Efeu windet sich um Stamm und Äste und vermählt durch seine Ranken die benachbarten Platanen miteinander. Zwischen ihnen wächst Buchsbaum; Lorbeer umgibt die äußeren Buchsbäume und vermischt seinen Schatten mit dem der Platanen. Der gerade Kurs der Reitbahn biegt am Ende in einen Halbkreis ein und verändert sein Aussehen. Sie wird von Zypressen umgeben und bedeckt und ist infolge ihres dichteren Schattens dunkler und schwärzer; in den inneren Kreisen – es gibt nämlich mehrere – empfängt sie das reinste Tageslicht. Daher wachsen dort auch Rosen, und die Kühle des Schattens wechselt mit dem recht angenehmen Sonnenschein ab. Ist diese mannigfache und vielfache Krümmung zu Ende, kommt man wider in einen geraden Weg, aber nicht nur in einen einzigen: denn mehrere Wege teilen sich durch den dazwischen stehenden Buchsbaum. Dort stößt man auf eine kleine Wiese, hier auf den Buchsbaum selbst, der in 1000 Formen geschnitten ist, bisweilen in Buchstaben, die bald den Namen des Herrn, bald den Namens des Künstlers angeben: Abwechselnd erheben sich kleine Pyramiden, abwechselnd sind Obstbäume eingefügt, und in dieser großstädtischen Anlage findet sich plötzlich eine Nachbildung; eines gleichsam hierhin verpflanzten ländlichen Bildes. Der Raum in der Mitte wird auf beiden Seiten durch ziemlich niedrig gehaltene Platanen verschönert. Hinter diesen wächst hier und da weicher und biegsamer Akanthus, dann kommen mehrere Figuren und mehrere Namen. Am oberen wird eine halbkreisförmige Bank aus weißem Marmor von Weinreben bedeckt; vier kleine karystische Säulen stützen die Reben. Aus der Bank fließt Wasser aus kleinen Röhren hervor, als würde es durch das Gewicht der darauf Liegenden herausgepresst; es wird in einem gehöhlten Stein aufgefangen, in einem zierlichen Marmorbecken festgehalten und auf verborgene Weise so reguliert, dass es das Becken füllt, aber nicht überlaufen lässt. Das Geschirr mit den Vorspeisen und die schweren Gerichte werden auf den Rand gestellt, leichtere schwimmen in Gefäßen in Gestalt kleiner Schiffe und Vögel umher.

Plinius der Jüngere, *Sämtliche Briefe*, II, 17 und V, 6

die seine Diener innerhalb der Einfriedung des Albanums frei laufen lassen. Im Übrigen ist er ein sehr geschickter Bogenschütze: Er ist in der Lage, zwei Pfeile zu beiden Seiten eines Tierkopfes zu platzieren, um ihnen das Aussehen von Hörnern zu geben. Manchmal lässt er weit von sich entfernt einen jungen Sklaven aufstellen, der seine offene Hand darbietet. Er schießt dann alle seine Pfeile zwischen den Fingern des Kindes hindurch, ohne sie zu treffen. Zuweilen beschäftigt er sich auch mit Bootsfahrten und dem Angeln. Im Wasser des Sees leben wie im Lukriner See bei Baiae zahme Fische, die seiner Stimme folgen und die er füttert. Domitians krankhafte Angst vor einem Anschlag gegen seine Person ist in den letzten Jahren seiner Herrschaft so zwanghaft geworden, dass er fürchtet, von seinen Matrosen angegriffen zu werden. Er geht deshalb allein an Bord seines Bootes, dass er von einem Kahn ziehen lässt.

Domitian verbringt lange Zeitspannen in seinem Albanum. Dies führt dazu, dass er die Senatoren und die römische Obrigkeit in seine Villa kommen lässt, um die Staatsgeschäfte zu besprechen. Die private Wohnstätte wurde damals zu einem zweiten Kaiserpalast. Als der Skandal um die oberste Vestalin Cornelia bekannt wird, die ihr Keuschheitsgelübde gebrochen haben soll, indem sie den Senator Valerius Licinianus zum Liebhaber nahm, muss Domitian als Pontifex Maximus über den Fall der jungen Frau befinden. Er zitiert die anderen Pontifices nach Alba Longa und schickt sie mit dem Auftrag zurück, Cornelia zu töten. Tacitus deutet mit einer Anspielung auf die Betätigung dreier Denunzianten von trauriger Berühmtheit an, dass Domitian seine Gefolgsleute in der *Villa Albana* versammelte, um Anklageschriften gegen Senatoren zu ersinnen, die er loswerden wollte.

Die Besonderheit der *Villa Albana* besteht im Vergleich zu anderen kaiserlichen Residenzen darin, dass sie den Rahmen für die von Domitian ins Leben gerufenen literarischen Veranstaltungen gebildet hat. Die Albaner Spiele oder Quinquatria der Minerva, die alljährlich zu Ehren der Lieblingsgöttin des Kaisers abgehalten werden, finden im privaten Rahmen der Villa, wahrscheinlich im Theater statt. Vermutlich war Publikum zugelassen, um diesen literarischen Duellen beizuwohnen. Die Albaner Spiele bestehen in einem Wettstreit auf den Gebieten der Dichtkunst und der Beredsamkeit über ein vorgeschriebenes Thema, das stets mit der Tüchtigkeit des Kaisers zusammenhängt.

Der Hofdichter Statius, der in seinen Versen die von Domitian über Daker und Germanen errungenen Siege feierte, gehörte zu den Gewinnern der Quinquatria. Die Albaner Spiele werden von Gladiatorenkämpfen und Theateraufführungen begleitet. Bei einer dieser Veranstaltungen soll Manius Acilius Glabrio, der im Jahre 91 n. Chr. Konsul war, „Mann gegen Mann" gegen Bären gekämpft und sie niedergestreckt haben. Domitian lässt ihn wenig später aus Eifersucht auf diese Großtat töten.

Bei den Schriftstellern, die unter der Herrschaft Domitians gelebt haben, hat die Villa Albana keine gute Presse. Sie sehen in dieser Wohnstätte einen Schlupfwinkel, in dem sich das von verleumderischen Höflingen umgebene kaiserliche Ungeheuer den schlimmsten Ausschweifungen hingibt. Juvenal und Plinius der Jüngere geben dem Albanum den Beinamen *Arx Albana*, das heißt die Albaner Festung. Mehr noch als eine Anspielung auf das Aussehen des stufenförmig wie eine Hochburg im Kraterhang liegenden Komplexes ist dieser Ausdruck mit einer verächtlichen Konnotation zu verstehen, die darauf hindeutet, dass es sich hier um eine Räuberhöhle handelt. Eine berühmte Satire Juvenals hat dazu beigetragen, das Albanum in schlechten Ruf zu bringen. Der Dichter erzählt mit burlesker Grausamkeit eine belanglose Anekdote. Ein Fischer bringt in der Morgendämmerung einen riesigen Steinbutt von der Adria zur Villa Albana. Es ist jedoch unmöglich, in den kaiserlichen Küchen ein der Größe dieses Seeungeheuers entsprechendes Kochgeschirr zu finden. Domitian schickt alsbald nach Rom, um die Mitglieder des kaiserlichen Rates zu wecken, damit sie herbeikommen und über das schwerwiegende Problem beraten. „Dieser große Feldherr (= Domitian) holt die bestürzten Adligen in seine Festung, wobei sie sich beeilen müssen, als ginge es um eine wichtige Information über die Chatten und die wilden Sicambren (= germanische Stämme), als sei eine beängstigende Nachricht vom äußersten Ende der Erde pfeilschnell eingetroffen!" Im Albanum sieht man hastig die bedeutendsten Persönlichkeiten Roms mit blassem Gesicht und schweißbedeckter Stirn eintreffen, denen kein Wort des Entzückens über den der Erhabenheit des Kaisers würdigen Steinbutt zu schmeichelhaft ist. Einer unter ihnen schlägt vor, den Fisch in Stücke zu schneiden. Ein anderer ist geschickter und rät, an Ort und Stelle einen für den Fisch hinreichend großen irdenen Teller herzustellen. Darüber hinaus verlangt er ein Gesetz, damit fortan stets eine Töpfergruppe den Kaiser und sein Gefolge begleite. Dieser Vorschlag wird angenommen, und die Senatoren können erleichtert die Villa Albana verlassen.

Ob wahrheitsgemäß oder nicht, die Erzählung vom „Steinbutt Domitians" lässt auf vollkommen schonungslose Weise die Atmosphäre der Angst aufleben, die im Albanum herrschte. Die Geschichte ist im Übrigen keineswegs unwahrscheinlich. Ein Abschnitt aus einem Brief Plinius des Jüngeren bestätigt, dass Domitian den Senat häufig wegen lächerlicher Kleinigkeiten einbestellte, „um oft erschreckende Erlasse mitzuteilen, die aber nie wichtig sind". Der schlechte Ruf der Villa Albana erklärt sicher, dass in der Folge sich kein Kaiser mehr in diesem prachtvollen Komplex gerne aufhalten wollte.

Hadrian

(76–138 n. Chr.)

Die Villa Hadriana

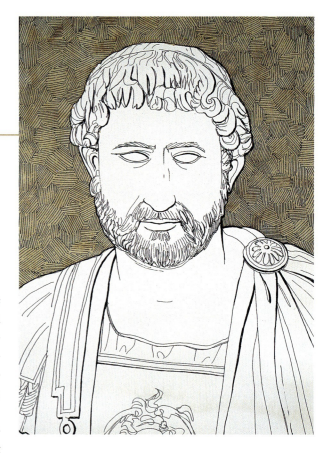

→ Bildnis des Hadrian, nach einer Statue.

Ich will nicht Kaiser sein,
bei den Briten umherstreifen,
mir bei den Germanen die Füße vertreten,
den Raureif der Skythen ertragen.

Diese kurzen, freundschaftlich gemeinten Spottverse richtet der Dichter Florus an Kaiser Hadrian, um ihm seine Leidenschaft für das Reisen vorzuhalten – woraufhin Hadrian seinem Freund in gleicher Weise erwidert: „Ich will nicht Florus sein, in den Tavernen umherstreifen, mir in den Nachtlokalen die Füße vertreten, die fetten Schnaken ertragen."

Es trifft zu, dass Hadrian während seiner Regierungszeit (117–138 n. Chr.) intensiv damit beschäftigt war, das Reich zwischen Norden und Süden sowie zwischen Osten und Westen zu bereisen. Mehr als zwei Drittel dieser 20 Jahre verbringt er unterwegs, und er hat länger im Ausland als in Rom gelebt. Diese Reisen sind jedoch nicht unbegründet, denn so lernt er die einzelnen Provinzen des Reiches mit ihren besonderen Bedürfnissen gut kennen. Darüber hinaus inspiziert er die Streitkräfte und überprüft die Wirksamkeit der Verteidigungsanlagen an den Reichsgrenzen. Hadrians neugieriger Geist ermuntert ihn dazu, das Nützliche mit dem Angenehmen zu verbinden und Zeit für ein Besichtigungsprogramm aufzuwenden, um von Menschen erbaute oder durch die Natur geschaffene Wunderwerke zu sehen.

Nach der *Historia Augusta* sollen ihn diese Reisen zum Bau der *Villa Hadriana* angeregt haben: „Er baute in Tibur eine außergewöhnliche Villa: An den verschiedenen Teilen des Gebäudes waren die Namen von Provinzen und berühmten Stätten angebracht wie Lyzeum, Academia, Prytaneum, Kanope, Poikile, Tempe-Tal, und, um nichts zu vergessen, fand sich da auch die Darstellung der Unterwelt."

Die Villa Hadrians, die südlich von Tibur (Tivoli) in den Ausläufern der Sabiner Berge liegt, ist die größte und außergewöhnlichste der italienischen Villen der Antike. Deshalb verwundert die Feststellung, dass die antiken Schriftsteller über diese hervorragende Residenz schweigen. Lediglich einige Zeilen aus der *Historia Augusta* sowie ein Ausspruch des Sextus Aurelius Victor geben knappe Auskunft, die mit Vorsicht zu bewerten ist. Aurelius Victor gibt nämlich an, dass die Villa am Lebensende Hadrians erbaut wurde. Die *Villa Hadriana* ist aber kein Alterswerk, da die Bauarbeiten im Jahre 118 n. Chr. begonnen haben, also zu Beginn der Herrschaft Hadrians. Die *Historia Augusta* untermauert außerdem die Auffassung, nach der der Kaiser in Tibur die schönsten Stätten nachbilden ließ, die er während seiner Reisen besichtigt hat. Der Canopus, der große Kanal der Villa, wurde aber bereits vor der Reise Hadrians nach Ägypten begonnen, wo er in der Tat die Stadt Kanopus und ihren Kanal bewundern konnte. Schließlich gibt es in der *Villa Hadriana* keine „Unterwelt" (außer ein unterirdisches Tunnelnetz, das unter der Villa als Verkehrsweg diente und so zu nennen wäre.

Es trifft zu, dass sich in der Villa zahlreiche Bezüge auf die berühmtesten Stätten der griechischen Welt finden lassen: das für seine Kühle und Ruhe geschätzte thessalische Tempe-Tal, der zum Serapeum der ägyptischen Stadt Kanopus führende Canopus, der Poikile oder Portikus von Athen, der als Akademie bezeichnete Athener Hain, in der Platon seine Philosophenschule gründete, der Lyzeum (Lykeion) genannte athenische Hain, in dem Aristoteles seinen Unterricht erteilte, sowie das als Prytaneion bekannte Gebäude, in dem man in Athen die außergewöhnlichen Männer speiste, die man ehren wollte.

Diese verschiedenen, sogar mit anspruchsvollen Bezeichnungen geschmückten Bestandteile der *Villa Hadriana* gehören in Wirklichkeit zu der bereits seit dem Ende der republikanischen Zeit überlieferten Gartenkunst. Schon Cicero gab einem Teil der Gärten seiner Villa in Tusculum, in denen er gerne mit seinen Freunden philosophierte, die Namen „Lyzeum" und „Akademie". Die Poikile ist eine *ambulatio* oder eine *gestatio*, eine für einen Spaziergang oder eine Spazierfahrt bestimmte Prachtstraße, wie Plinius der Jüngere sie in seiner toskanischen Villa besaß. Eine Inschrift in der Poikile gibt dem Spaziergänger nämlich die Strecke des Portikus hin und zurück an. Gleichartige, in Wohnstätten in Baiae und in Rom gefundene Notizen verweisen zweifellos auf die in diesen für den Spaziergang bestimmten Portiken zurückgelegte Distanz. Die Bezeichnung des Canopus ist der in allen großen römischen Villen sichtbaren Freude am Exotischen zuzuschreiben, in der die Kanäle die bombastischen Namen Nil, Euripos-Kanal oder Canopus tragen. Das „Maritime Theater" der Villa Hadriana ist schließlich nichts als eine *diaeta*, also ein zum Ausruhen bestimmter Gartenpavillon. Hadrian hat sich sehr eng an die Regeln der Gartenkunst angelehnt. Der einzige Unterschied besteht darin, dass diese Bauten, die sich gewöhnlich in eine Gartenszenerie einfügen sollen, in Tibur in einen Gebäudekomplex eingegliedert sind. Es geht im Übrigen eher um kulturelle als um geografische Bezüge, und Hadrian hat nicht versucht, bestimmte Orte genau nachzubilden. Der Kaiser, ein Mann mit umfassender Bildung, wird in der Umgebung dieser Stätten in die Welt der Literatur und der Philosophie versetzt. Die Wirklichkeit der *Villa Hadriana* entspricht einem geistigen und gedanklichen Raum, den Hadrian sich mit seinem Verstand geschaffen hat.

Bei genauer Betrachtung der übrigen Sehenswürdigkeiten der Villa stellt man überdies fest, dass diese schon seit langem in den meisten der aristokratischen Sommerfrischen des 1. Jahrhunderts n. Chr. vorkommen: Letztere verfügen ebenso über Thermen, Bibliotheken, von Portiken umgebene Spazierwege, Aussichtspavillons, Theater, Nymphäen, Kanäle, Brunnen, mehrere unterschiedlich ausgerichtete Speisezimmer, Fischbecken, Stadien oder Hippodrome. Alle diese Bestandteile wurden aber in überdimensioniertem Maßstab in die *Villa Hadriana* übernommen, sodass es sich bei diesem Gebäudekomplex eher um eine Kleinstadt als um eine private Wohnstätte handelt. Dies gilt auch mit Rücksicht auf die Anzahl der Personen, die dort wohnen.

An der Stelle der etwa 28 km entfernt von Rom gelegenen *Villa Hadriana* stand bereits eine Villa aus republikanischer Zeit, die der Familie der Vibia Sabina, der Gemahlin Hadrians, gehörte. Hadrian lässt sich wahrscheinlich vom Baubeginn seiner Villa an in Tibur nieder. Er hat kaum im Flavischen Palast in Rom gewohnt. Vermutlich verbringt er dort die Wintermonate, denn er ist derjenige, der die Empfangsräume des Palastes mit einer Hypokausten-Heizung ausstattet. Wenn er sich zwischen zwei Reisen in Italien aufhält, dann hält er sich in Tibur auf. Die Villa ist für ihn keine einfache Sommerfrische, sondern das Zentrum der kaiserlichen Macht. Davon zeugen die zahlreichen, der Unterbringung des Verwaltungs- und Militärpersonals vorbehaltenen Bereiche. Inschriften bewahren außerdem das Andenken an in Tibur getroffene kaiserliche Beschlüsse. Die *Villa Hadriana* ist folglich nicht mit anderen, tatsächlichen Rückzugsorten zu vergleichen, wie dem des Tiberius auf Capri oder dem des Domitian in seinem Albanum. Der Kaiser wohnt in Tibur und erledigt dort die Reichsgeschäfte. Drei oder vier Jahre vor seinem Tod beschließt Hadrian, der nach einer schweren Krankheit sehr über den Selbstmord seines jungen Günstlings Antinoos betrübt ist, das ganze Jahr über in seiner Villa zu leben. Nur der Zufall will es, dass er während eines gelegentlichen Aufenthaltes in Caesars Villa in Baiae stirbt.

Von einem Teil des Familiensitzes der Vibia Sabina ausgehend entwirft Hadrian selbst den Grundriss seiner riesigen Villa, die sich mit einem Umfang von 5 km über 126 ha erstreckt. Dabei muss er die Beschaffenheit des Geländes berücksichtigen: Eine zentrale Hoch-

TIVOLI

Die Villa Hadriana

→→ In der Mitte dieses Ausschnittes ist die Poikile mit ihrem länglichen Becken zu erkennen. Im Vordergrund ist die Hauptzufahrt zur Wohnstätte, eine lange, von Bäumen gesäumte Straße dargestellt, die nach rechts abbiegt. Hinter einem großen Tor teilt sie sich in zwei Wege, die beiderseits eines Beetes in der Mitte zum Vestibül am Eingang der Wohnstätte führen. Im Mittelgrund ist (auf der rechten Seite) ein Teil des Palastes mit dem kreisförmigen „Maritimen Theater" und weiteren, an der Hinterfront befindlichen Höfen zu sehen.

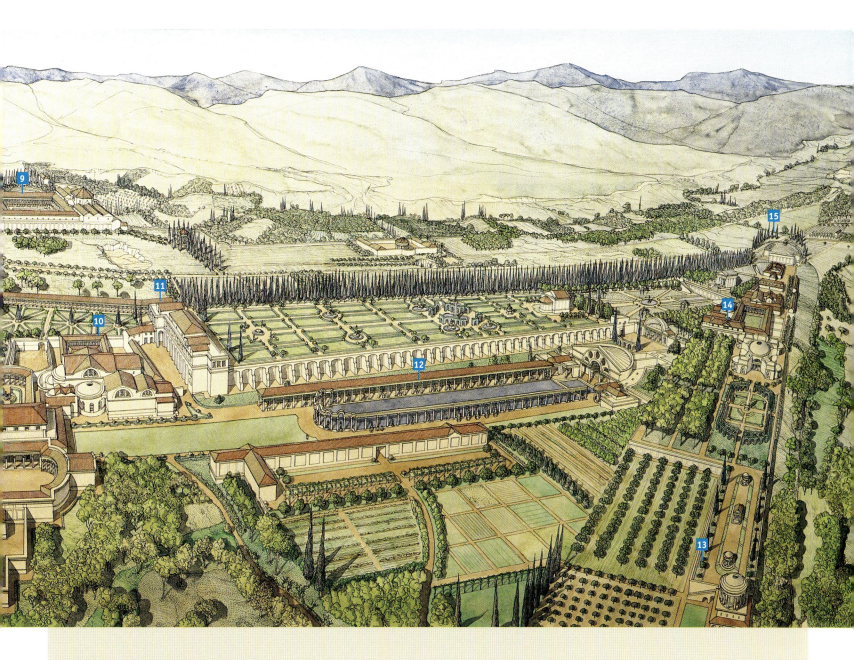

Die Villa Hadriana

1 Theater
2 Venus-Tempel
3 Cento Camerelle
4 Poikile
5 Tempe-Tal
6 Hof der Bibliotheken
7 Palast
8 Maritimes Theater
9 Piazza d'Oro
10 Thermen
11 Praetorium
12 Canopus
13 Belvedere
14 Akademie
15 Odeon

↑ Darstellung der feierlichen Ankunft des Kaisers in einer Stadt (hier in Ravenna).

fläche ist von zwei Niederungen umgeben, in denen zwei Bäche in Richtung Südost-Nordwest fließen. Im Nordosten gelegene Hügel schützen den Standort vor starkem Wind. Die verschiedenen Gebäude werden folglich auf unterschiedlichen Höhenstufen gebaut, die ihre Ausrichtung bestimmen.

Hadrian hatte großen Anteil an der Ausarbeitung des Ensembles. Cassius Dio bestätigt die Aussage der *Historia Augusta*, nach der Hadrian nicht nur eine umfassende geisteswissenschaftliche und philosophische Bildung vorweisen konnte, sondern auch ein Fachmann auf dem Gebiet der Mathematik, der Geometrie und der Malerei war: „Er übte verschiedenste, sogar äußerst einfache Tätigkeiten aus. Er konnte zum Beispiel modellieren und malen." Eine Anekdote bezeugt Hadrians Freude an der bildenden Kunst. Während Trajan mit seinem Architekten, dem großen Apollodoros von Damaskus, über dessen verschiedene Baustellen in Rom spricht, schaltet Hadrian sich mit einem Vorschlag ein. „Scher Dich weg und gehe Deinen Kürbis malen", ruft Apollodoros daraufhin unfreundlich aus. „Du hast von diesen Dingen keine Ahnung!" Denn Hadrian war gerade dabei, ein Stillleben mit Kürbissen zu zeichnen. Als Kaiser erinnert sich Hadrian an diese Abfuhr und weigert sich, Apollodoros mit dem Bau des Tempels der Venus und der Roma zu betrauen. Der gekränkte Architekt kritisiert den Standort des Heiligtums und die übermäßige Größe der darin befindlichen Statuen. Dies trägt ihm auf kaiserliche Anordnung ein Todesurteil ein. Wir wissen nicht, welche Architekten Hadrian mit dem Bau der *Villa Hadriana* betraut. Es ist jedoch offenkundig, dass er die Bauarbeiten genau verfolgt und viel Unternehmungsgeist zeigt, was vielleicht die Heterogenität des Ganzen erklärt. War der Kaiser nicht nach Pseudo-Aurelius Victor „*varius multiplex multiformis*" (wandlungsfähig, schwankend, launenhaft)?

Auf den ersten Blick kann der Grundriss der *Villa Hadriana* den Betrachter ratlos machen. Die Villa enthält vielfach sonderbar angeordnete Gebäude, ohne dass eine Hauptachse auszumachen wäre. Nero ebnet beim Bau der *Domus Aurea* das von ihm ausgewählte Gelände vollständig ein, um es seinem Traum von einem himmlischen Palast anzupassen. Hadrian geht den umgekehrten Weg: Es ist das Gelände, das, so wie es sich darbietet, den Standort der verschiedenen Gebäudeteile erforderlich macht. Folglich passt sich der Grundriss der Villa der zentralen Hochfläche und den zu beiden Seiten gelegenen Niederungen an. Daher rührt die abweichenden Achsen folgende Reihung ineinander verschachtelter Bauten zu Wohn- oder Ausstattungszwecken, bestimmt durch die natürlichen Höhenstufen des Geländes. Kleine Bauten sichern den Zusammenhang, sodass man von einer dieser Achsen auf eine andere übergehen kann, ohne den Eindruck eines Richtungswechsels zu haben. Das kreisförmige „Maritime Theater" dient somit als Übergang zwischen dem Komplex um die Poikile herum und dem Bezirk, der die Bibliothek und den Kaiserpalast umfasst.

Die *Villa Hadriana* wurde häufig mit dem Schloss von Versailles verglichen. Zwar übt der Herrscher in beiden Palästen die Macht aus und vergnügt sich mit seinen Höflingen, der Unterschied zwischen beiden Bauten ist aber offenkundig: Das Schloss Ludwigs XIV. folgt einem sehr ausgewogenen Leitschema, das zwischen Park und Gebäuden unterscheidet. Die *Villa Hadriana* verwirrt durch das trügerische Fehlen von Symmetrie und durch die scheinbar ungeordnete Aufteilung der Gebäudeabschnitte. Hadrian verwirklicht jedoch erstmals in Italien die Vereinigung eines „Palastes", in dem die Staatsgeschäfte geführt werden, mit einer der Zerstreuung und Meditation gewidmeten „Villa". Nero hat die mitten in der Stadt zu seinem persönlichen Vergnügen erbaute *Domus Aurea* wie eine „Verrücktheit" geplant. Im Flavischen Palast auf dem Palatin stehen kaiserliche Wohnung und Amtsgebäude nebeneinander. Die *Villa Hadriana* ist der erste offizielle Bau, in dem einem Kaiser das unmögliche Unterfangen glückt, zugleich „auf dem Lande" und „in Rom" zu leben. In Tibur kann Hadrian, ein Mann von kräftiger körperlicher Verfassung, der ausdauernd Reitsport betreibt und wandert, seine Freude an körperlicher Anstrengung mit seinen Verpflichtungen als Staatsmann in Einklang bringen.

Der Zugang zur Villa erfolgt über eine Straße, die von der im Norden vorbeiführenden *Via Tiburtina* abzweigt. Diese Straße reicht bis zum Aphrodite-Tempel, der in einiger Entfernung von der Villa liegt. Das Heiligtum ist kreisförmig, wie es auch das dieser Göttin in Knidos war. Im Innern befindet sich eine Kopie der wunderbaren, von dem Bildhauer Praxiteles geschaffenen Aphrodite-Statue von Knidos. Unweit des Tempels steht ein Theater.

Zwei Straßen führen vom Aphrodite-Tempel aus zur Villa: eine Straße unter freiem Himmel für die kaiserlichen Gäste und eine unterirdische für das Gesinde. Im Untergeschoss der *Villa Hadriana* verbirgt sich nämlich ein vollendetes Wegenetz mit weiten Verzweigungen unter den einzelnen Gebäuden. Diese unterirdischen Gänge werden zum einen vom Dienstpersonal benutzt, sodass es in den dem Kaiser und seinem Gefolge vorbehaltenen Räumen nicht im Wege ist, zum anderen von Wagen, die alles befördern, was für das tägliche Leben erforderlich ist. In diesen Tunneln hat man Ställe mit Boxen für die Unterbringung von rund 100 Pferden und „Garagen" für die Wagen in den Felsen gegraben. Die Gestaltung des Haupteinganges zur Villa spiegelt die Unterscheidung zwischen den sozialen Klassen wider. Die hohen Gäste und Persönlichkeiten des öffentlichen Lebens treten durch den *vestibulum* ein, einen prächtigen Komplex aus Höfen und Portiken. Er führt zu einem zwischen den Kleinen und den Großen Thermen gelegenen, monumentalen Nymphäum. Das Personal kommt durch eine der Seiten des *vestibulums* in das Gebäude und geht dann unverzüglich durch einen unterirdischen Gang zu seinen Unterkünften, den *Cento Camerelle*.

Auf der Seite der Hochfläche, die auf das „Tempe-Tal" hinausgeht – über dem Tal steht im Übrigen ein

TIVOLI

Die Villa Hadriana, Mittelteil

→→ Die Zufahrten, die zum Hof des „Vestibüls" (Bildmitte unten) führen, kommen unten und links an. Darüber liegt ein zweiter Hof, flankiert von den Kleinen Thermen links und den Großen Thermen rechts. In der linken Bildhälfte sind ein Teil der Poikile und des „Palast"-Ensembles zu erkennen.

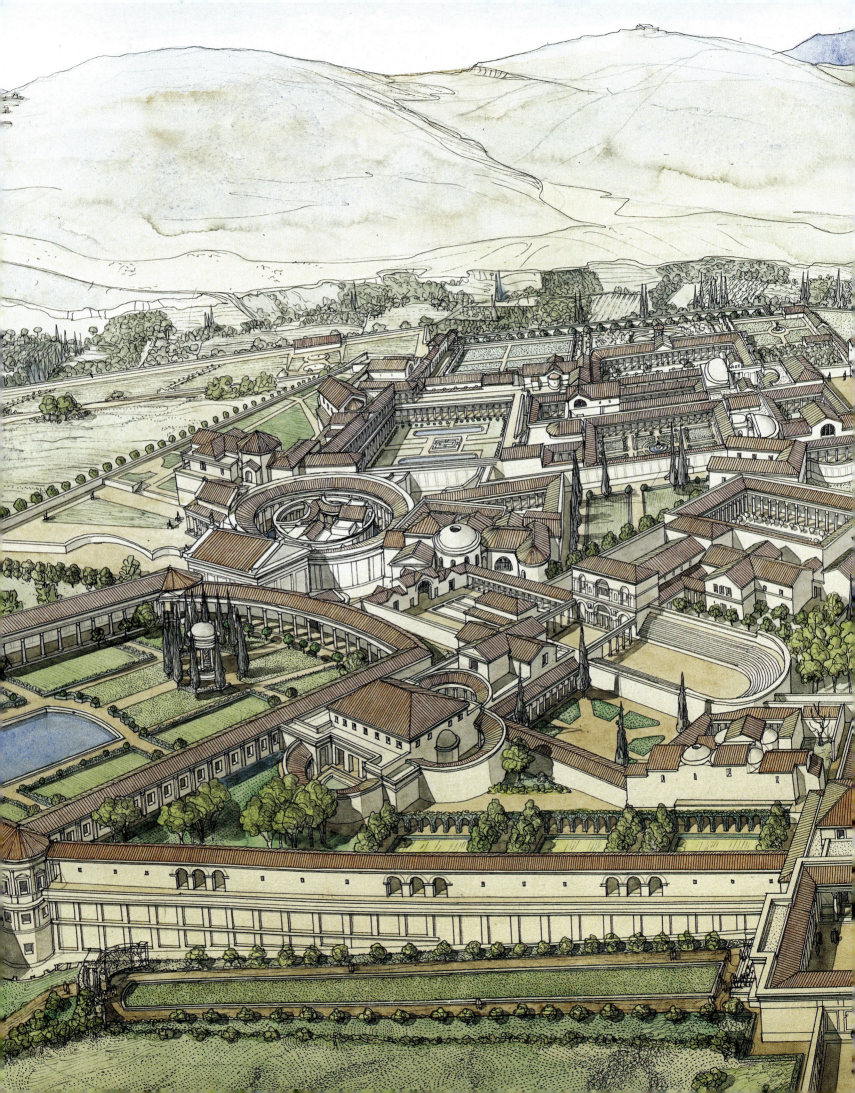

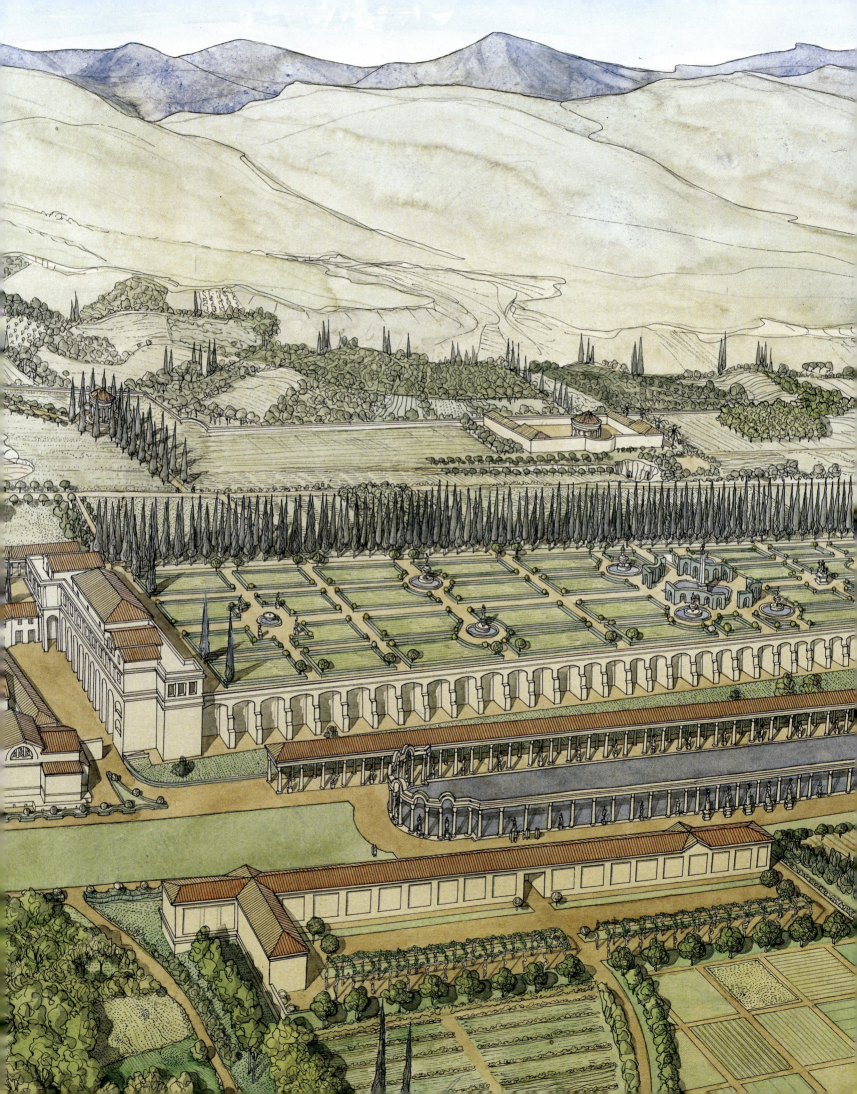

TIVOLI

Die Villa Hadriana

← ← Der „Canopus", eine gewaltige Anlage, die einen bedeutenden Teil der kaiserlichen Wohnstätte bildete. Er drückt ganz offensichtlich einen Wunsch des Kaisers aus. Die mit Statuen ausgeschmückten Portiken belegen Hadrians Aufgeschlossenheit sowohl für die griechische Kultur als auch für eine gewisse „ägyptisierende" Weltanschauung. Diese hat zur Schaffung von Gebäuden und Werken geführt, die eine bestimmte Vorstellung vom antiken Ägypten heraufbeschwören. Sicher erinnert das Becken an die Strecke, die man in Ägypten auf dem Wasser zurücklegte, um von Alexandria nach Kanopus (heute Abukir) zu gelangen. In diesem Zusammenhang erklärt sich auch das Vorhandensein des Serapis-Tempels (eine bedeutende Gottheit, die in griechisch-römischer Zeit in Ägypten verehrt wurde).

Pavillon, der einen schönen Rundblick über die Hügel bietet –, folgen drei bedeutende Gebäudegruppen einander auf derselben Achse: die Bibliotheken, der Palast und die „Piazza d'Oro". Zwei große Räume, in denen man die griechischen und lateinischen Bibliotheken gefunden zu haben glaubte, erheben sich längs des weitläufigen „Hofs der Bibliotheken". Diese beiden Gebäude verfügen in Wirklichkeit über keinen der Ausstattungsgegenstände, den man gewöhnlich in antiken Bibliotheken findet, insbesondere fehlen die Ablagefächer für die Bücher. Bei diesen vermeintlichen „Bibliotheken" handelt es sich sicher um nach Norden liegende Sommer-Speisezimmer. Ein längliches Gebäude erstreckt sich am „Hof der Bibliotheken" entlang. Es umfasst einen Mittelgang, an dessen beiden Seiten jeweils zwei Gruppen von fünf Zimmern mit drei Alkoven aufgereiht sind. Dies sind die *Hospitalia*, in denen die Gäste wohnen. Der schöne Mosaikfußboden dieser *Hospitalia* ist erhalten. Mit seinen schwarzen geometrischen und pflanzlichen Formen, die auf weißem Grund elegante Arabesken bilden, ist er typisch für die Mosaiken hadrianischer Zeit. Dieser Teil der Villa dürfte folglich den Gästen vorbehalten gewesen sein, die in den Genuss einer herrlichen Aussicht auf das „Tempe-Tal" kamen.

Über den „Hof der Bibliotheken" gelangt man in die kaiserliche Wohnstätte. Der darin den Wohnzwecken vorbehaltene Teil ist im Vergleich zu den Räumen, die den kaiserlichen Audienzen dienen, verschwindend klein. Sicher wird ein Hof, den zwei Reihen mit jeweils vier Säulen in drei Schiffe untergliedern, für die Sitzungen des kaiserlichen Rates genutzt. Was die große „Halle der dorischen Pilaster" betrifft, so war dieser Raum vermutlich durch ein Gewölbe überdacht. Er geht auf ein großes Nymphäum hinaus. Der anschließende rechteckige Raum muss die *aula* (Thronsaal) sein. Die Feuerwehrkaserne bildet auf einer der Seiten des Palastes einen spitzen Winkel mit der Residenz.

Am Ende dieser ersten Achse befindet sich die „Piazza d'Oro", ein bemerkenswertes Gebäude, das in der Renaissance wegen der großen Zahl der an dieser Stelle gefundenen Kunstwerke diesen Beinamen erhält. Die „Piazza d'Oro" stellt eine glänzende Veranschaulichung der Freude Hadrians am Spiel konkaver und konvexer Wölbungen dar. Welchen Zweck hatte sie? Diente sie als Speisezimmer? Vermutlich hatte sie keinen anderen Zweck als ihre architektonische Kühnheit. Der Besucher betritt durch ein achteckiges Vestibül mit Kuppel, das mit halbkreisförmigen und rechtwinkligen Exedren versehen ist, ein großes, von einem neunschiffigen Portikus umgebenes Peristyl. Die Pracht dieses Hofes rührt vom Wechsel der Säulenfarben her: Die einen Säulen sind aus grünem ägyptischem Granit, die anderen aus Cipollino-Marmor, einem hellen Marmor mit gewellter Äderung. Der erstaunlichste Bau der *Villa Hadriana* steht hinten in diesem Peristyl. Ein Achteck in der Mitte weist abwechselnd konkave und konvexe Seiten auf, von denen jede zwei Säulen trägt. Hinten ist ein großes, halbkreisförmiges Nymphäum mit kreisförmigen und rechtwinkligen Nischen geschmückt, von denen eine einen Brunnen enthält. Man fragt sich, wie eine derartig offene Architektur eine Kuppel tragen konnte, wie im Fall des Vestibüls. Möglicherweise befand sich dieser Teil der „Piazza d'Oro" unter freiem Himmel.

Das „Maritime Theater" ist eine weitere erstaunliche Einheit, die als Verbindung zwischen dem ersten Architekturkomplex und dem an der Achse der „Poikile" ausgerichteten Ensemble dient. Der Name des Pavillons führt in die Irre, da es sich nur um ein rundes, wie eine Insel von einem ringförmigen Kanal umgebenes Gebäude handelt. Der Pavillon ist wie ein Haus im Kleinen gebaut – mit Speisezimmer, Badeanlage, Schlafzimmer und Bibliothek, die auf einen Innenhof mit konkaven Wänden hinausgehen. Das „Maritime Theater" wurde sicher entworfen, um Hadrian als Zufluchtsort zu dienen. Man gelangt nämlich durch zwei über den Kanal gelegte Holzbrücken dorthin, die vom Bewohner der Insel eingezogen werden können. Damit ist jegliche Verbindung zur Außenwelt abgeschnitten. Dieses raffinierte Gebäude des „Maritimen Theaters" lässt sich nach dem Bericht Ciceros mit der Erfindung des Dionysios von Syrakus vergleichen:

„Obwohl das Häuschen, in dem er schlief, von einem breiten Graben umgeben war und man nur über einen Holzsteg dorthin gelangen konnte, sorgte er dafür, dass dieser Steg, wenn er die Tür seines Schafzimmers verriegelt hatte, zu ihm hinübergezogen wurde."

Beim Verlassen des „Maritimen Theaters" biegt man in eine weitere Achse ein, die von einem rechteckigen Fischbecken bis zur Poikile reicht. Man gelangt in die „Halle der Philosophen", indem man einige Stufen hinabsteigt, die auf die Seite des Theaters hinausgehen. Die Halle ist in Wirklichkeit eine Bibliothek, wie an den für die Bücherablage bestimmten Nischen erkennbar. Handelt es sich hier um das vom Autor der Hadriansvita beschriebene „Lyzeum"? Die erste der drei Thermenanlagen der Villa befindet sich im Süden. Ihr Beiname *Heliocaminus* verweist darauf, dass sie über einen Raum für Sonnenbäder verfügt. Es scheint jedoch, dass es sich bei diesem *heliocaminus* eher um ein Schwitzbad handelt. Ein nicht weit von dort gelegener, länglicher Raum wird unpassender Weise als „Stadion" bezeichnet. Es handelt sich in Wirklichkeit um ein großes, in drei Abschnitte gegliedertes Nymphäum für große Gastmähler. Diese *cenatio* (Speisezimmer) ist von Gärten und Brunnen umgeben.

Die Poikile, ein gewaltiger, durch eine 9 m hohe Mauer eingefasster Platz mit Portiken (232 m × 97 m), erstreckt sich im Westen der „Halle der Philosophen". Hier haben wir eine *ambulatio* vor uns, in der sich der Kaiser zu Fuß, zu Pferd oder im Wagen ergehen kann. In Abhängigkeit von Jahreszeit und Temperatur schlendert der Kaiser in der prallen Sonne oder im Schatten des Portikus umher. Der Westteil der Poikile ist durch einen großen Bau verschlossen, der im

↑ Darstellung der Einschiffung des Kaisers. Der Herrscher nimmt auf einem abfahrbereiten Schiff Platz. Das Bild gibt die würdevolle Atmosphäre der Begebenheit wieder, wie sie sich in Ravenna abgespielt haben könnte.

ROM

Die Villa Hadriana, der „Palast"

→→ Dieser Mittelteil der kaiserlichen Wohnstätte vermittelt einen Eindruck vom Geist der architektonischen Zusammensetzung des Ganzen. Auf der rechten Seite sind das „Maritime Theater" und die angrenzenden Kleinen Thermen (Heliocaminus-Thermen), also der erste Teil des kaiserlichen Palastes zu erkennen. Anschließend hat sich die Gesamtheit der gewaltigen Anlage entwickelt, die um mehrere Höfe herum angelegt ist. Im Vordergrund sind die beiden schräg angeordneten, „Bibliothek" genannten Komplexe abgebildet. Im Hintergrund (oberer Bildteil) ist ein Teil des Komplexes der Piazza d'Oro dargestellt.

Die Ferien des Marcus Aurelius in Alsium

Marcus Cornelius Fronto, der Rhetorik-Lehrer des jungen Marcus Aurelius, unterhält mit dem Kaiser, seinem ehemaligen Schüler, eine freundschaftliche Korrespondenz. Es betrübt ihn zu erfahren, dass Marcus Aurelius während eines Aufenthaltes in seiner Villa in Alsium an der etrurischen Küste sehr viel gearbeitet und nur sehr wenig Zeit der Erholung gewidmet hat. Deshalb richtet er einen Brief an ihn, in dem er ironisch ausmalt, wie dieser die kaiserlichen „Ferien" hätte verbringen sollen.

„Was? Glaubst du, dass ich nicht weiß, dass du nach Alsium gegangen bist, um deinen Geist zu zu erquicken, und dich vier ganze Tage lang dem Spiel, den Vergnügungen und einer sorgenfreien Ruhe hinzugeben? Ich bin sicher, dass du dich darauf vorbereitet hast, deinen Urlaub in deinem Refugium am Meer richtig zu genießen; dich zur Mittagszeit zu einem Schläfchen in die Sonne zu legen, anschließend Niger zu rufen mit der Bitte, dir Bücher zu bringen, und dich, wenn dich das Verlangen nach Lesen überkommt, bei Plautus weiterzubilden, bei Accius zu sättigen, bei Lukrez zu beruhigen, bei Ennius *aufzuregen. Zur 5. Stunde, der Stunde der Musen, würdest du, schlüge dir jemand eine Rede vor, dieser gerne zuhören. Du würdest so weit wie möglich ans Ufer herangehen. Und wenn du Lust verspürtest, in ein Boot steigen, um dich auf offenem Meer zu vergnügen, unter einem friedlichen Himmel, und dem Schlagrhythmus lauschen, der vom Steuermann den Ruderern angegeben wird. Dann würdest du in die Bäder gehen, dich sportlich betätigen, um reichlich ins Schwitzen zu geraten, dann königlich speisen mit Meeresfrüchten aller Art, „mit der Angel und in den Felsen gefangen", wie Plautus sagt, mit seit langem gemästetem Geflügel, mit feinen Speisen, mit Früchten, Gebäck und mit in durchscheinenden Bechern gereichten Weinen, die das Herz erfreuen. Warum sonst solltest du Alsium gewählt haben, diese köstliche Stelle am Meer, „auf abschüssigem Boden", wenn du nicht dort Urlaub machen wolltest, aber du, du wachst, du arbeitest, du machst dir Sorgen. Wie? Hast du dir auch nur einmal in deinem Leben wirklich Zeit genommen? Es wäre einfacher, dass du dich mit einem Fuchs anfreundest als mit der Muße!*

Marcus Cornelius Fronto, *Über den Urlaub in Alsium*

Westen vier und im Süden drei Stockwerke umfasst und in kleine, nicht miteinander verbundene Zimmer (6 m × 4 m) untergliedert ist. Dieser Komplex der *Cento Camerelle* ist für die Unterbringung der Sklaven und des kaiserlichen Verwaltungspersonals bestimmt. Die verschiedenen Bereiche der Villa sind über einen von den *Cento Camerelle* ausgehenden, unterirdischen Gang zu erreichen. Auf der Südseite der Poikile erhebt sich eine große *cenatio* mit drei halbkreisförmigen Exedren. Die Erlesenheit der Marmorsäulen und der Ausschmückung dieser *cenatio* zeigen ebenso wie ihre eindrucksvolle Größe, dass es sich hier um einen Raum für offizielle Gastmähler handelt.

Eine dritte Gebäudegruppe längs der Achse einer kleinen Niederung umfasst zwei Thermenanlagen, das „Praetorium", das *vestibulum* und den Canopus. Die beiden Gruppen der Kleinen und der Großen Thermen stehen symmetrisch beiderseits des großen *vestibulums* am offiziellen Eingang. Diese Thermen schließen die herkömmlichen Räumlichkeiten römischer Badeanlagen ein: Umkleideraum, *tepidarium* (gemäßigt temperiertes Bad), *caldarium* (Warmwasserbad), *frigidarium* (Kaltbad), Schwitzbad und Schwimmbad. Diese beiden Thermen haben jedoch nicht denselben Grundriss. Die Kleinen Thermen, deren Innenräume um einen achteckigen Hof mit abwechselnd konkaven und konvexen Wänden herum angeordnet sind, erhalten durch drei Außennischen mit Säulen ein wellenförmiges Aussehen. Der rechteckige Grundriss der Großen Thermen entspricht hingegen dem der römischen Badeanlagen. Das Vorhandensein dieser beiden Thermenanlagen findet seine Rechtfertigung in einer Aussage der *Historia Augusta*: „[Hadrian] trennte in den Bädern die Geschlechter", sodass die Kleinen Thermen den Frauen und die Großen den Männern vorbehalten gewesen sein dürften. Das „Praetorium", ein wuchtiges, mehrgeschossiges Gebäude im Süden der Großen Thermen, enthält zugleich Lagerräume und Wohnungen für das Personal.

Eine lange Mauer, die zwei Geschosse mit kleinen Wohnungen trägt, verstärkt im Südosten der Niederung den Abhang des Hügels. Am Fuß erstreckt sich der Canopus, das am besten erhaltene Bauwerk der *Villa Hadriana*.

Dieser lange Kanal (119 m × 18 m) bildet nach der Überlieferung denjenigen nach, der zwischen Alexandria und Kanopus zum Serapeum führte. Der Kanal der Villa ist auf der einen Seite von einer und auf der anderen Seite von zwei Kolonnaden umgeben und weist eine gerundete kurze Seite auf. Zwischen den Säulen sind zahlreiche Statuen aufgestellt: Personifikationen von Nil und Tiber, ein Krokodil, vier Kopien der Karyatiden (Säulen in weiblicher Gestalt) des Erechtheion der Akropolis in Athen, zwei Silene, die

Götter Ares, Athena und Hermes sowie zwei Repliken der Amazonen des Phidias und des Kresilas. Auf dem Kanal tragen zwei Sockel Skulpturengruppen, die die Erzählung vom Plagegeist Skylla darstellen. Das zu Unrecht als *Serapeum* bezeichnete Gebäude tut sich am Ende des Canopus auf, vom dem es durch ein rechteckiges Becken getrennt ist. In Wirklichkeit handelt es sich um ein großes, durch eine Halbkuppel bedecktes Gebäude, aus dem Wasserfälle hervorsprudeln. Das Vorhandensein einer großen, gekrümmten Liegebank belegt, dass das *Serapeum* tatsächlich ein prächtiges Sommer-Speisezimmer ist. Die Gäste nehmen ihre Mahlzeiten im Inneren dieser Grotten-Nachahmung ein, wo sie vom Wasserspiel der Brunnen, Wasserfälle und des Kanals umgeben sind. Das *Serapeum* bildet eine raffinierte Variante der aus Sperlonga und dem Albanum bekannten Speisezimmer-Grotten.

Die vierte Achse der *Villa Hadriana* befindet sich im Verhältnis zur Tempe-Terrasse auf der anderen Seite der Hochfläche. Die von Hadrian zuletzt erbauten Gebäude liegen in diesem Bereich. An dem einen Ende erhebt sich der Belvedere oder Turm von Roccabruna. Sein quadratisches, zweigeschossiges Fundament umgibt einen innen liegenden Bau mit achteckigem Grundriss. Hadrian konnte von diesem Turm aus die Aussicht auf die römische Landschaft bewundern, die sich bis nach Rom erstreckt. Ein langer, mit Bäumen bestandener Spazierweg führt zur „Akademie". Dort nimmt ein Pavillon, der am höchsten Punkt der Villa errichtet wurde, die Terrasse ein. Durch das Spiel der Wölbungen erinnert die komplexe Architektur dieses Gebäudes an die der „Piazza d'Oro". Das runde Bauwerk verfügt über vier konvexe, durch konkave Flure miteinander verbundene Exedren. Hinten befindet sich der Tempel des Apollo (oder des Jupiter). Ein kleines Odeon für Musikkonzerte bildet schließlich den Abschluss der „Akademie"-Achse. Dieser Bezirk der *Villa Hadriana* ist sehr reich an Kunstwerken sowie an Kopien oder Originalen griechischer Statuen, wie zum Beispiel zwei Satyrn aus rotem und zwei Zentauren aus grauem Marmor. Auch das berühmte Mosaik der beiden aus einer Brunnenschale trinkenden Tauben, bei dem es sich um die Replik eines von Plinius dem Älteren erwähnten Motivs aus Pergamon handelt, wurde dort gefunden. In der Villa hat man weitere, ebenso außergewöhnliche Mosaikböden zu Tage gefördert: drei mit Theatermasken und Musikinstrumenten verzierte *emblemata* (Mosaikplatten), ein weiteres, eine bukolische Landschaft mit Ziegen darstellendes *emblema* sowie zwei etwas größere Stücke, von denen eines eine in ländlicher Umgebung weidende Herde und das andere einen Löwen in der Wildnis zeigt, der einen Stier angreift. Durch die von den Schöpfern der Tafeln verwendeten winzigen Mosaiksteinchen erinnern diese Mosaiken an Malereien mit feinen Farbschattierungen. Die vom Ende der republikanischen und vom Beginn der augusteischen Zeit datierenden sechs *emblemata* gehörten vermutlich zur republikanischen Villa, auf der die *Villa Hadriana* errichtet wurde, und Hadrian hat sie zur Ausschmückung der Räume seiner Residenz wiederverwendet.

Die ebenso faszinierende wie verwirrende *Villa Hadriana* gab dem Kaiser Gelegenheit, die gewagtesten Möglichkeiten der zeitgenössischen Architektur bis zum Äußersten zu erproben. Überall hat man mit Bögen, Kuppeln, kreisförmigen Apsiden, mit der Nebeneinanderstellung konvexer und konkaver Oberflächen und dem Wechsel quadratischer, kreisförmiger und achteckiger Grundrisse sowie mit der sinusförmigen Wellung der Wände gespielt. Die herkömmlichen Mauern sind in den am meisten Aufsehen erregenden Bauten beinahe vollständig zu Gunsten anmutiger Kolonnaden verschwunden, die wie durch ein Wunder Kuppeln tragen, wobei das Ganze einen Eindruck von Transparenz vermittelt. Es gab jedoch keine Nachfolger für das sprühende Virtuosentum der Architekten der *Villa Hadriana*. Sie ist zu außergewöhnlich, um Nachahmer finden zu können.

Die tieferen Absichten Hadrians bei der Gestaltung seiner Residenz von Tibur bleiben ein Geheimnis. Es wäre eine grobe Vereinfachung, in der *Villa Hadriana* lediglich eine Art künstlerische Anhäufung der berühmten, vom Kaiser besichtigten Stätten zu sehen. Die Villa spiegelt mit ihren unterbrochenen Hauptachsen und mit dem Vorherrschen sich verjüngender Kurven den Charakter des Kaisers wider, vom dem die Historiker berichten, dass er von „unruhiger" Gemüts-

GOLF VON NEAPEL

Umfassender Überblick über die gesamte Bucht von Baiae

→→ Im Vordergrund (von links nach rechts) erhebt sich der Diana-Tempel. In der Mitte erstreckt sich das so genannte „Ambulatio"-Haus, rechts davon das Haus der Sossandra mit seinem Garten, dann der Bezirk der Venus und die Großen Thermen. Im Hintergrund schließt der Hafen auf der linken Seite mit der Villa der Pisonen, die vom felsigen Kap bis zur zentralen Fahrrinne reichte (sie liegt heute vollständig unter Wasser). Auf der rechten Seite ist oben auf dem Hügel die Villa Caesars angedeutet, in der Hadrian starb.

→ Ab dem 2. Jahrhundert n. Chr. entwickelte sich Trier, das sich am Schnittpunkt der Straßen nach Gallien und der rheinischen Achse befindet. Die Stadt wird von 286 n. Chr. an kaiserliche Residenz.

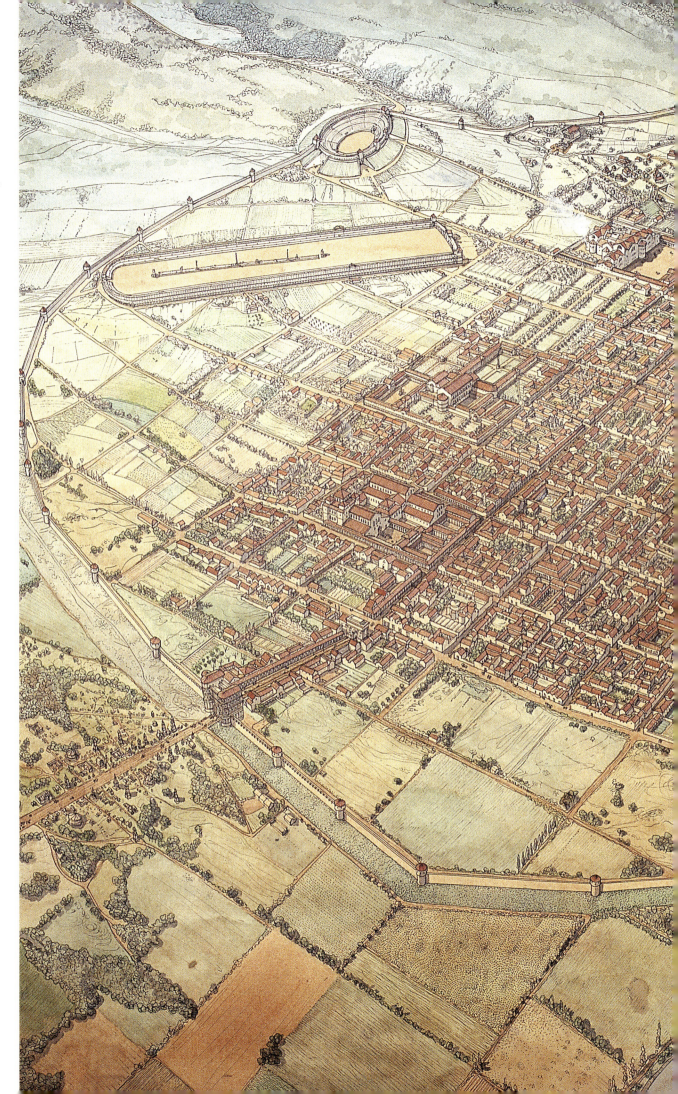

art war. Der Kaiser konnte in der *Villa Hadriana* in vollkommener Autarkie leben, wobei er je nach momentaner Stimmung alles für das Studium, die Erholung, den Sport, die freundschaftliche Zusammenkunft oder die einsame Meditation Erforderliche vorfand. Mit ihrer fremdländischen Ausstattung erinnerte ihn die Villa sicher auch an die Provinzen, über die er herrschte. Der Tod hat ihn vermutlich daran gehindert, noch weitere Umbauten an seiner Wohnstätte vorzunehmen. Es ist unbekannt, ob sich später noch andere Kaiser in dieser eindrucksvollen Villa aufgehalten haben. Wir wissen lediglich, dass die *Villa Hadriana* der Herrscherin von Palmyra nach ihrer Niederlage gegen Aurelian als Aufenthaltsort zugewiesen wurde und Septimia Zenobia dort im Jahre 272 n. Chr. starb.

Die Bucht von Baiae

Hadrian verbrachte seine letzten Tage in der Villa Caesars in Baiae, in die man ihn von der *Villa Hadriana* aus gebracht hatte, als er sehr krank war. Man war der Meinung, dass ihm die Seeluft gut tun würde. Das Anwesen des ehemaligen Diktators, das zum kaiserlichen Besitz gehört, wurde auf den beiden Hängen des Baiae im Süden überragenden Hügels errichtet und nimmt eine Fläche von fast 150 000 m² ein. Die Gebäude sind stufenförmig auf den Terrassen angeordnet, die den Höhenlinien angepasst sind.

Baiae verdankt seinen guten Ruf den verschiedenen Thermalquellen, deren Heilkraft viele Römer anzieht. Dieser kleine Badeort wurde auch wegen seines Klimas und der Schönheit seines Ausblicks auf den Golf von Neapel sehr geschätzt. Die meisten Kaiser hatten Villen in Baiae. Zu jener Zeit reichte die Küste weiter ins Meer hinaus als heute. Zwei heute versunkene, natürliche und künstliche Vorsprünge begrenzten damals den *Baianus Lacus* (Golf von Baiae). Dieser Golf war über einen in das offene Meer mündenden Zufahrtskanal zugänglich.

Der Grund der Bucht ist auf einer Fläche von 40 000 m² mit einer ununterbrochenen Abfolge von Kurhäusern bedeckt. Es lassen sich fünf Abschnitte unterscheiden: die Thermen der Venus (oder „Venus-Tempel"), der Sossandra, der Ambulatio sowie des Merkur und der Diana (oder „Diana-Tempel"). Von Caesars Villa aus überblickt man die Kuppeln, die Terrassen, die Zisternen, die Gärten und die Portiken, die sich in diesen Gebäuden befinden. Jeder Bezirk verfügt jedoch über seine eigene architektonische Anordnung der Räume.

Die heutige Punta dell'Epitaffio reichte in der Antike viel weiter in das Meer hinaus und endete in einer künstlichen, durch 25 Pfeiler aus massiven Steinblöcken getragenen Felsenspitze. Auf dieser Spitze befindet sich eine maritime Villa. Durch eine auf einer Abwasserleitung gefundene Inschrift hat sich herausgestellt, dass sie der wohlhabenden Familie der Pisonen gehörte. Gaius Calpurnius Piso übernahm unter der Herrschaft Neros die Führung einer Verschwörung zur Ermordung des Kaisers. Nach der Aufdeckung der Verschwörung und der Hinrichtung Pisos geht seine Villa in Baiae in den kaiserlichen Besitz über. Sie wird im 2. Jahrhundert n. Chr. nach einem neuen Grundriss vollständig neu errichtet, wobei die Gebäude um einen großen rechteckigen Hof herum angeordnet werden.

Die Kaiser des spätrömischen Reiches

Diokletian

(245–313 n. Chr.)

Der Palast von Salona (Split)

Diokletian, ein im Jahre 286 n. Chr. von der Armee zum Kaiser ausgerufener dalmatischer Offizier, erweist sich als ausgezeichneter Staatsmann, der das nach beinahe einem Jahrhundert der Anarchie sehr geschwächte Römische Reich wieder erstarken lässt. Das Ergebnis seiner Herrschaft fällt dank seiner Reformen in Verwaltung, Wirtschaft und Justiz positiv aus. Er hat die neue Regierungsform der „Tetrarchie" eingeführt, bei der vier Kaiser – zwei „Augusti" (Seniorkaiser) und zwei „Caesares" (Juniorkaiser) – gleichzeitig über den Osten und den Westen des Reiches herrschen.

In der Geschichte des Römischen Reiches stellt Diokletian einen einzigartigen Fall dar. Nachdem er Ruhe und Ordnung wieder hergestellt hat, dankt er nämlich im Jahre 305 n. Chr. ab und zieht sich in den Palast zurück, den er sich bei seiner Geburtsstadt Salona (heute Split) hat bauen lassen. Dort verbringt er seine letzten Lebensjahre.

Die Wohnstätte Diokletians, die eine Fläche von fast 3 ha einnimmt, unterscheidet sich erheblich von den kaiserlichen Palästen der beiden ersten nachchristlichen Jahrhunderte, in denen alles schön anzusehen und zum Vergnügen angelegt war. In diokletianischer Zeit bedrohen Invasoren die Grenzgebiete des Reiches, und in den Provinzen herrscht überall Gefahr. Aus diesem Grund ist der Palast Diokletians, der den Grundriss eines Militärlagers aufweist, wie eine Festung ausgebaut. Die 18 m hohe und mehr als 2 m dicke Umfassungsmauer bildet ein großes Viereck von 200 m × 175 m. In den vier Himmelsrichtungen befinden sich vier Tore. Die gegenüberliegenden Tore sind jeweils durch eine große Straße verbunden und die beiden Straßen durchqueren im rechten Winkel zueinander den Palast: der *cardo* von Norden nach Süden und der *decumanus* von Osten nach Westen. Je zwei achteckige Türme flankieren jedes Tor und an den Ecken der Umfassungsmauer stehen vier mächtige Türme mit rechteckigem Querschnitt. Lediglich auf der Seeseite ist der obere Teil durch eine Säulen-Galerie, die in der Mitte und an den beiden Enden mit Loggien versehen ist, zum Meer hin offen.

Im Innern der Umfassungsmauer begrenzen durch Kolonnaden gesäumte Straßen die verschiedenen Palastbezirke. Man gelangt im Süden durch die *Porta Ferrea* in die Privatgemächer des Kaisers, die Zimmer und Thermen umfassen. Nach dem Vorbild des Flavischen Palastes auf dem Palatin ist im Westen ein großer Raum mit Apsis, die *Aula Regia*, dem Empfang von Besuchern vorbehalten. Eine große *cenatio* im Nordwesten wird für offizielle Gastmähler genutzt. Die auf das Meer hinausgehende *Porta Aenea* führt zu einem großen Vestibül mit Kuppel.

Das auf einem 3 m hohen Podium erbaute kaiserliche Mausoleum erhebt sich an der durch *cardo* und *decumanus* gebildeten Ecke. Ein Dach in der Form einer achteckigen Pyramide bedeckt die innen liegende Kuppel. Das *Aurea-* (im Westen) und das *Argentea-*Tor (im Norden) ermöglichen schließlich den Zugang zum Verwaltungstrakt und zum militärischen Kasernenbereich. Obgleich Diokletian sich offiziell im Ruhestand befindet, wacht er weiterhin über den Gang

KROATIEN

Der Palast Diokletians in Split

→→ Der Palast, den Diokletian am Ufer der Adria bauen lässt, nachdem er die Macht abgegeben hat, ist ein kompaktes und befestigtes Gebäude, das die schlechte Sicherheitslage jener Zeit widerspiegelt. In der Nähe der Kais ist die große Fassaden-Galerie der Gemächer zu erkennen, dahinter das Mausoleum mit dem spitzen und vieleckigen Dach und in der hinteren Ecke der Umfassungsmauer die um einen rechteckigen Hof herum angeordneten Kasernengebäude.

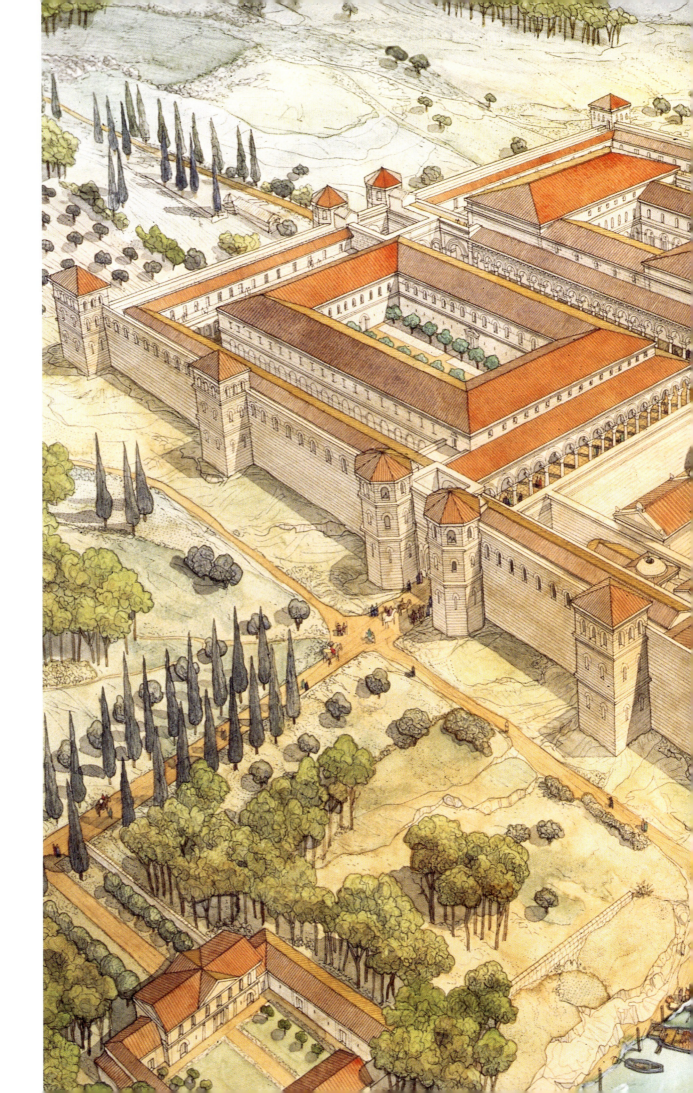

→ Monumentaler, an der Via Appia (die im Vordergrund vorbeiführt) erbauter Komplex, an deren Rand das große, kreisförmige Mausoleum der Caecilia Metella (Cretica) zu sehen ist. Man erkennt den eigentlichen Zirkus, an dessen Seite sich die Kaiserloge (oder *pulvinar*) erhebt, die mit dem großen Fassaden-Portikus des Palastes verbunden ist, der sich dahinter erstreckt. Auf der linken Seite befindet sich das Mausoleum des Romulus (Sohn des Maxentius), das die Form eines in der Mitte eines Hofes untergebrachten Tempels mit Kuppel hat. Im Hintergrund ist der Tempel der Ceres und Faustina zu sehen. Gegenwärtig ist dieser Zirkus der am besten erhaltene der römischen Welt.

→→ Gesamtansicht des Circus Maximus nach der Aufstellung des Obelisken des Constantius im Jahre 357 n. Chr. Der größte der ägyptischen Obelisken wurde in der Mitte des Zirkus aufgestellt. Heute ist er vor der Lateranbasilika zu sehen. Die Paläste auf dem Palatin zeigen im Hintergrund ihre erhabenen Fassaden. Jenseits des „Stadions" sind die Thermen und das monumentale Nymphäum zu erkennen, die Septimius Severus zu Beginn des 3. Jahrhunderts n. Chr. erbaut hat.

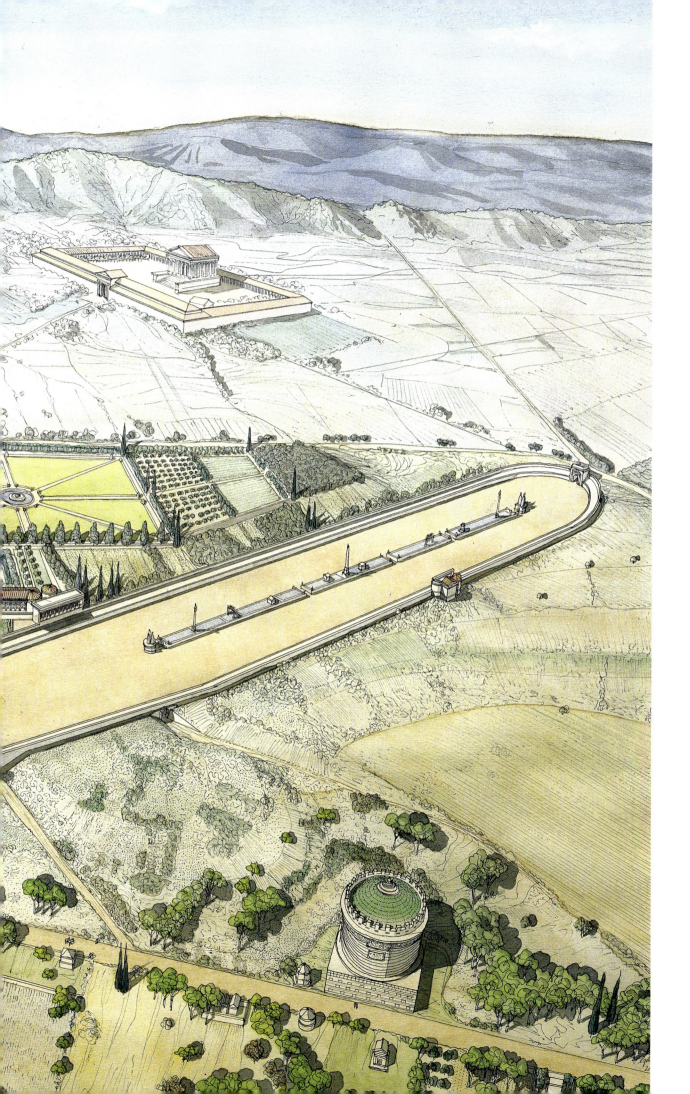

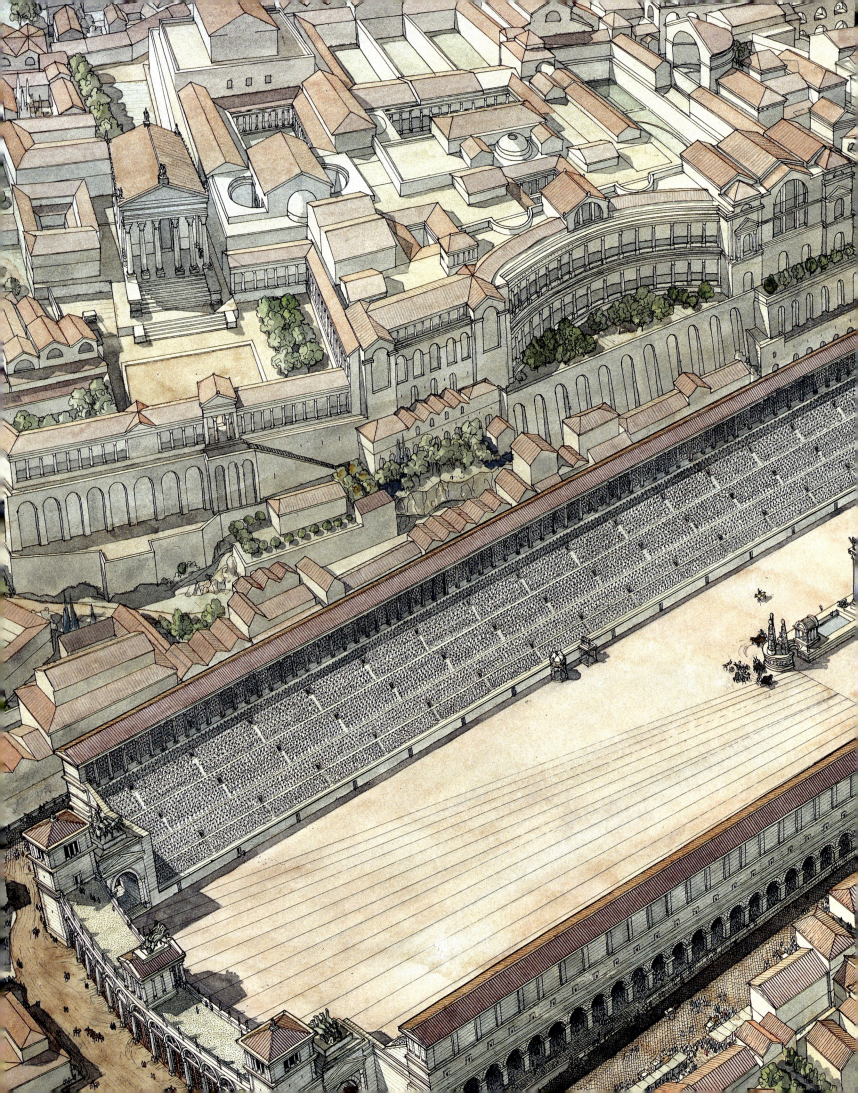

der Staatsgeschäfte und greift ein, als Streitigkeiten unter seinen Nachfolgern die Ordnung bedrohen, die er hatte herstellen können.

Der nüchterne Palastkomplex von Salona weist keine originellen Einfälle auf. In seinem Grundriss herrschen gerade Linien und rechte Winkel vor. Es gibt keine Gärten, Spazierwege oder Peristyle, nur schnurgerade Baumreihen, die den Straßenverlauf unterstreichen. Der letzte großen Kaiserpalast der römischen Welt hat nichts vom verwunschenen Charme der architektonischen Launen bewahrt, die Neros *Domus Aurea*, Domitians Flavischen Palast und Hadrians *Villa Hadriana* kennzeichneten.

Maxentius
(280–312 n. Chr.)

Der Palast des Maxentius

Der Kaiser Maxentius, der im Jahre 306 n. Chr. den Titel des „Augustus" annimmt, hat den größten Teil seiner Regierungszeit mit der Bekämpfung der übrigen Nachfolger Diokletians verbracht. Im Jahre 312 n. Chr. bleibt Konstantin durch die Niederlage des Maxentius an der Milvischen Brücke und durch dessen Tod als einziger Kaiser zurück.

Der Name Maxentius ist untrennbar mit dem Bau der gewaltigen Maxentiusbasilika an der *Via Sacra* verbunden, dem großartigsten Baudenkmal des Forum Romanum. Das Gebäude mit seinem 35 m hohen Mittelschiff, das eine Fläche von 106 m × 60 m einnimmt, ist ein architektonischer Erfolg. Drei ungeheure Gewölbe, die auf Säulen aus cremefarbenem und rot geädertem Marmor ruhen, tragen dieses Mittelschiff.

Maxentius lässt sich seine Residenz an der Via Appia, unweit des zylindrischen Mausoleums der Caecilia Metella errichten. Seine Wohnstätte, die Maxentiusvilla, ist wie der Palast Diokletians mit einem Mausoleum verbunden und umfasst wie in Konstantinopel einen Zirkus. Der Palast, der sich an einen kleinen Hügel anschmiegt, ist am Standort dreier, zeitlich aufeinander folgender Villen aus dem 1. Jahrhundert v. Chr., aus julisch-claudischer Zeit und aus dem 2. Jahrhundert n. Chr. erbaut. Mehrere Bestandteile der Vorgängerbauten werden beibehalten, darunter die Thermen aus antoninischer Zeit oder der Kryptoportikus, der die Terrasse aus republikanischer Zeit trägt. Von den beiden Türmen aus, die Maxentius an den beiden Enden des 115 m langen Kryptoportikus hat anfügen lassen, kann man die Landschaft bewundern. Eine große Basilika mit Apsis, die auf ein *atrium* hinausgeht, bildet den öffentlichen Teil des Palastes.

Der Maxentiuscircus, der sich neben dem Palast befindet und mit diesem durch einen Wandelgang verbunden ist, erstreckt sich vom Triumphtor im Osten bis zu den zwölf, durch zwei Türme eingerahmten Boxen im Westen über eine Länge von 520 m. Die Kaiserloge steht an der Südseite und die zwölf, auf einem gemauerten Gewölbe ruhenden Zuschauerränge können mehr als 10 000 Besucher aufnehmen. Die durch einen Euripos-Kanal gebildete Spina trägt in ihrer Mitte einen Obelisken, der in domitianischer Zeit nach ägyptischem Vorbild geschaffen worden war. Er ist heute in der Mitte des von Bernini gestalteten Vierströme-Brunnens auf der Piazza Navona zu sehen.

Vor dem Palast erhebt sich nahe der *Via Appia* ein Mausoleum, das Romulus, dem im Jahre 309 n. Chr. jung verstorbenen und vergöttlichten Sohn des Maxentius, als Grabstätte dient. Das Denkmal befindet sich in der Mitte eines durch eine Umfassungsmauer umgebenen Quadriportikus. Die Umfassungsmauer wurde mit der neuartigen Technik des *opus listatum* hergestellt. Ihr Mauerwerk besteht aus waagerechten Ziegel-Lagen im Wechsel mit Lagen aus Tuff-Bruchsteinen. Der Grundriss des Denkmals ähnelt dem des römischen Pantheons. Dementsprechend steht vor dem eigentlichen Mausoleum, einem Rundbau von 33 m Durchmesser, ein rechteckiger Vorbau. Die im Innern in die Mauer eingetieften Nischen sind für die Sarkophage der Familie des Maxentius vorgesehen.

Constantius II.
(317–361 n. Chr.)

Der Obelisk des Constantius II. im Circus Maximus

Konstantin der Große hat das Römische Reich seinen drei Söhnen hinterlassen, die sehr schnell miteinander in Streit geraten. Constantius II. findet sich nach dem Tod seiner beiden Brüder als einziger Kaiser wieder und zieht im Jahre 356 n. Chr. feierlich in Rom ein.

Der eitle und engstirnige Mann beschließt, im Circus Maximus einen Obelisken zu errichten. Unter den verschiedenen Kaisern war diese den Wagenrennen vorbehaltene Anlage, deren Ursprung auf den etruskischen König Lucius Tarquinius Priscus zurückgeführt wird, immer weiter vergrößert worden. Zur Zeit des Constantius II. kann sie 300 000 Zuschauer aufnehmen. Augustus hat im Jahre 10 v. Chr. den aus Heliopolis stammenden und 23,70 m hohen Obelisken des Ramses II. (der sich heute in der Mitte der Piazza del Popolo befindet) auf der *spina* aufstellen lassen.

Constantius II. lässt den 32,50 m hohen, aus rosafarbenem Granit bestehenden Obelisken des Thutmosis III. aus Theben kommen, um ihn neben den des Augustus zu stellen. Ammianus Marcellinus hat über das Wagnis berichtet, das die Aufstellung „dieses mit grafischen Zeichen verzierten Berges" in der Mitte des Circus Maximus im Jahre 357 n. Chr. bedeutet hat. Einen Moment lang scheint die Sache unmöglich. Dann wird ein Wald aus Balken in der Arena errichtet, an denen die Tausende Seile, mit denen der Obelisk umwickelt ist, befestigt werden. Dieser lässt sich mithilfe der Seil- und Balkenkonstruktion nach und nach anheben, bleibt aber auf halbem Wege in Schräglage stecken und droht herabzufallen. Tausende von Männern drehen mit ganzer Kraft die Winden, und die Steinmasse erhält neuen Auftrieb. Schließlich ragt der Obelisk in der Mitte der *spina* empor. Die vergoldete Bronzekugel, die man auf seine Spitze setzt, wird beinahe auf der Stelle vom Blitz zerstört. Sie wird durch eine eherne, ebenfalls vergoldete Fackel ersetzt.

Der Obelisk des Constantius II. wurde im 16. Jahrhundert auf den Lateransplatz überführt.

Justinian
(482–565 n. Chr.)

Der Palast von Konstantinopel

Kaiser Konstantin der Große beschließt nach seinem Sieg über seinen Konkurrenten Licinius im Jahre 324 n. Chr. am Standort des antiken Byzanz eine neue Stadt zu bauen, die seinen Namen erhalten soll. Rom ist im 4. Jahrhundert n. Chr. nicht mehr die wirkliche Hauptstadt des Römischen Reiches, die Kaiser wohnen dort längst nicht mehr. Der Standort des antiken Byzanz bietet zahlreiche wirtschaftliche und strategische Vorzüge: Die auf einer dreieckigen Halbinsel zwischen Marmarameer und Goldenem Horn gelegene Stadt beherrscht den Zugang zum Bosporus. Dies ermöglicht die Kontrolle über den auf dem Land- oder Seeweg abgewickelten Handelsverkehr zwischen Europa und Asien. Im November des Jahres 324 n. Chr. setzt Konstantin den ersten Stein des „Neuen Rom". Am 11. Mai 330 n. Chr. zieht er feierlich an der Spitze eines Gefolges von Würdenträgern und Offizieren in Konstantinopel ein, wo er und seine Nachfolger fortan wohnen werden.

Die neue Stadt ist zugleich die religiöse Hauptstadt des Reiches und eine orientalische Replik Roms. Sie ist mit Institutionen ausgestattet, die denen Roms ähneln (ein Senat mit 600 Mitgliedern, ein Konsul, kaiserliche Lebensmittelausgaben an die Plebejer). Wie Rom ist sie in 14 Regionen unterteilt und verfügt über ein großes Forum. Konstantin plant den Bau großer Kirchen. Unter seiner Herrschaft wird lediglich die Apostelkirche vollendet, in der sich das Mausoleum des Kaisers befindet. Konstantinopel zieht in großer Zahl neue Bewohner an und wächst vom 4. Jahrhundert an

ISTANBUL

Konstantinopel zur Zeit Justinians

→→ Gesamtansicht des Kaiserpalastes der byzantinischen Kaiser und des Hippodroms. Die im Hippodrom abgehaltenen Rennen hatten zeremoniellen Charakter und die Zirkusparteien eine erhebliche politische Bedeutung.
Das Bild zeigt im Vordergrund und links die großen Zisternen sowie die Paläste des Lausos und des Antiochos in Mittellage, dann das Hippodrom, an dessen Seite sich der Kathisma-Palast erhebt. Der Kathisma, ein kompaktes Gebäude vor dem die mit einem Baldachin überdachte Kaiserloge steht, ist mit dem großen Kaiserpalast verbunden, der sich mit seinen Höfen und seinen verschiedenen Baudenkmälern an der Hinterfront erstreckt. Der Komplex wird durch die große, von Wehrtürmen überragte Umfassungsmauer begrenzt, die sich an den Ufern des Bosporus erhebt.
Links sind die Hagia Sophia und an der Hinterfront die Hagia Irene zu sehen. Am anderen Flussufer beginnt der Ort Chrysopolis. Diese Ansicht vermittelt einen Eindruck vom Aussehen der Kaiserpaläste des spätrömischen Reiches. Sie berücksichtigt neben den archäologischen Daten auch das, was sich aus der Analyse bestimmter Schriftquellen über das Aussehen des Kaiserpalastes und des Hippodroms folgern lässt. Hierzu zählt das Werk *Die Zeremonien am Kaiserhof (De cerimoniis aulae byzantinae)* des Kaisers Konstantin Porphyrogenitus. In diese Darstellung sind die neuesten Forschungsergebnisse eingegangen, die eine genaue Rekonstruktion des Hippodroms und seiner nächsten Umgebung ermöglicht haben.

über die Umfassungsmauer aus der Zeit der Stadtgründung hinaus. Theodosius II. baut eine neue Stadtmauer und vergrößert das Stadtgebiet. Die zwischen dem 5. und 8. Jahrhundert neu errichteten Bauten tragen dazu bei, der Stadt das Aussehen zu geben, das sie im Mittelalter haben wird.

Von Konstantin dem Großen an wohnen alle Kaiser in Konstantinopel. Zum Anlass von Aufführungen und großen religiösen Feierlichkeiten zeigt sich der Kaiser dem Volk. Der Kaiserpalast, der sich im Verlauf der Regentschaften weiterentwickelt, nimmt den gesamten Ostteil der Halbinsel ein. Diesen Komplex säumen im Norden der Senat sowie der Platz des *Augusteion* aus severischer Zeit, in dessen Mitte das *Milion* steht. Dabei handelt es sich um einen dem *Miliarium aureum* in Rom vergleichbaren Meilenstein, von dem alle Straßen des Reiches ausgehen. Die *Mese* oder Mittelstraße, die große Prachtstraße Konstantinopels, mündet in das *Augusteion* ein. Im Innern des Palastes befinden sich mehrere Heiligtümer, darunter die Apostelkirche. Die unter der Herrschaft des Constantius II. im Jahre 360 n. Chr. vollendete, der göttlichen Weisheit gewidmete Hagia Sophia ist jedoch die offizielle Kirche der Kaiser. Unter der Herrschaft Justinians erhält die zweimal durch Großfeuer zerstörte Hagia Sophia ihr endgültiges Aussehen.

Der Palast von Konstantinopel weist gewisse Ähnlichkeiten mit dem Flavischen Palast in Rom auf, der Konstantin wahrscheinlich als Vorbild gedient hat. Sein Peristyl entspricht nämlich der *Aula Regia*, und der „Triklinos mit 19 Betten" hat eine der *Cenatio* des Domitianspalastes entsprechende Funktion. An einer Seite der Residenz wurde außerdem, wie auf dem Palatin, ein überdachtes Hippodrom errichtet. Konstantin hat sich vom neueren Beispiel des Galerius-Palastes in Thessaloniki leiten lassen und sich entschieden, seine Wohnstätte längs des Hippodroms unterzubringen, das Septimius Severus im Jahre 196 n. Chr. errichtete und das vom 4. Jahrhundert an vergrößert wird.

In justinianischer Zeit konkurriert das Hippodrom von Konstantinopel mit dem römischen Circus Maximus. Das Gebäude hat sich zu einem der wichtigsten Orte im politischen und sozialen Leben Konstantinopels entwickelt. Die Stadtbevölkerung spaltet sich nämlich in „Zirkusparteien", die den einen oder den anderen der wichtigsten Rennställe unterstützen, also die „Blauen" oder die „Grünen" (die beiden anderen Parteien, die „Roten" und die „Weißen", haben keine Bedeutung mehr). Während des *Nika*-Aufstands im Jahre 532 n. Chr. vereinigen sich die Stadionparteien, um gegen die Machthaber zu demonstrieren und Justinian zu stürzen. Der Kaiser kann durch seinen Feldherrn Belisar den Aufstand niederschlagen und lässt im Hippodrom zwischen 30 000 und 40 000 Menschen niedermetzeln.

Justinian lässt das Hippodrom in großer Pracht wieder aufbauen. In der Mitte der *spina* wird die „Schlangensäule" errichtet. Sie ist 9 m hoch und setzt sich aus drei ineinander verschlungenen Schlangen zusammen. Ursprünglich bildete sie den Sockel für einen monumentalen goldenen Dreifuß, der im 5. Jahrhundert v. Chr. dem Apollon von Delphi geweiht worden war. Wie in Rom stellt Justinian im Jahre 390 n. Chr. zwei Obelisken auf der *spina* im Hippodrom auf. Die Besonderheit dieser *spina* besteht darin, dass sie unterbrochen ist: An ihren beiden Enden befinden sich zwei Gruppen von Markierungssteinen, die den Parteien der „Blauen" und der „Grünen" entsprechen. Zwei weitere, kleinere Steine, die die „Roten" und die „Weißen" genannt werden, unterbrechen die *spina* beiderseits der Obelisken.

Konstantin hat den antiken Texten zufolge in seinem neuen Palast eine kaiserliche Loge nach dem Vorbild der des Flavischen Palastes erbaut, die in Rom den *Circus Maximus* überragte. Der am Hippodrom von Konstantinopel entlang errichtete *Kathisma*-Palast umfasst eine große Loge, in die der Herrscher über eine innen liegende Treppe gelangt. Im Hippodrom stellen Skulpturen auf dem Sockel des Obelisken des Theodosius den Kaiser dar, während er in Gesellschaft der Stadtbewohner an Wagenrennen teilnimmt. Die feierliche Haltung der kaiserlichen Familie in der Loge bringt sehr gut die göttliche Erhabenheit zum Ausdruck, die fortan den Herrschern Konstantinopels eigen ist.

Glossar

Nachstehend sind häufiger im Buch verwendete Begriffe näher erläutert.

Apsis – äußerstes Ende eines halbkreisförmig gerundeten Raumes.

Ambulatio – Allee in einem Park für den Spaziergang.

Atrium – Hauptraum des römischen Hauses. Zum Atrium gehört ein in der Mitte angelegtes Wasserbecken, das über eine Dachöffnung das Regenwasser aufnimmt.

Basilika – großes überdachtes Gebäude, dessen Innenraum, der häufig in eine Apsis mündet, durch Säulen in mehrere Schiffe untergliedert ist. Die Basilika ist als Verwaltungsgebäude, Gerichts- oder Markthalle ein Mehrzweckbau.

Belvedere – Gebäude auf einem Aussichtspunkt.

Cenatio – Speisezimmer.

Kryptoportikus – halb unterirdischer, überdachter Korridor, der die verschiedenen Gebäude einer Villa miteinander verbindet.

Diaeta – ein vom Haus abgetrennter Pavillon, der dem Hausherrn als Ruhesitz dient.

Euripe – künstlicher Wasserlauf in den Gärten einer römischen Villa.

Exedra – halbkreisförmiger, mit Sitzgelegenheiten ausgestatteter Gesellschaftsraum.

Forum – öffentlicher Platz der römischen Städte, der von den wichtigsten Gebäuden des öffentlichen und geistlichen Lebens umgeben ist.

Gens – Bezeichnung für die bedeutenden Familien der römischen Aristokratie.

Gestatio – Allee in einem Park, die dem Spazierritt oder der Spazierfahrt dient.

Haruspices – Priester, die die Zukunftsdeutung anhand der Eingeweide von Opfertieren vollzogen.

Imperator – in republikanischer Zeit ein dem siegreichen Feldherrn verliehener Titel. In der Kaiserzeit bezeichnet der Titel die kaiserliche Gewalt.

Lararium – kleiner, im Atrium aufgestellter Altar der Schutzgottheiten einer Familie.

Nymphäum – mit einer aufwendigen Fassade oder eingelegten Muscheln bzw. Kieselsteinen ausgestattete Brunnenanlage.

Oculus – Rundfenster am Scheitel einer Kuppel.

Peristyl – Säulengang um einen Hof oder Garten.

Pilaster – in eine Mauer eingearbeiteter oder dagegen gesetzter Pfeiler.

Podium – Unterbau veränderlicher Höhe, der einen Tempel oder ein anderes Gebäude trägt; an Schauspielstätten das Podest mit den Ehrenplätzen.

Pomerium – heiliges Stadtgebiet Roms innerhalb der von Romulus gezogenen Grenzen.

Pontifex – römischer Priester, der einem Kollegium angehört. Der Pontifex maximus ist der Vorsteher der römischen Staatsreligion.

Portikus – überdachter Vorbau, dessen Bedachung auf Säulen ruht.

Praetorium – ursprünglich das Zelt des Feldherrn in der Mitte eines römischen Heerlagers; in der Kaiserzeit das kaiserliche Hauptquartier in Rom oder anderswo.

Spina – lange Mauer inmitten eines Zirkus, um die die Wagen herumfahren.

„Stile" – Die römische Malerei ist in vier „Stile" untergliedert. Erster Stil (2. bis Anfang 1. Jahrhundert v. Chr.): strenger und geometrischer Dekor; zweiter Stil (1. Jahrhundert v. Chr.): Verwendung von Trompe-l'œil-Malerei und Theaterkulissen; dritter Stil (ca. 20 v. Chr. bis Mitte 1. Jahrhundert n. Chr.): „Ornamentaler" Stil mit Architekturelementen, die kleine Felder umrahmen; vierter Stil (ab Mitte 1. Jahrhundert n. Chr.): Verbindung der Bestandteile des 2. und 3. Stils.

Tablinum – zum Atrium hin offener Raum, der dem Hausherrn als Geschäfts- und Empfangszimmer dient.

Thermen – private oder öffentliche Badeanlagen, die einen Umkleideraum, ein gemäßigt temperiertes Bad (*tepidarium*), ein Warmwasserbad (*caldarium*), ein Kaltbad (*frigidarium*), ein Schwitzbad und ein Schwimmbad umfassen.

Topiari – von den römischen Gärtnern erdachte Kunst, Bäumen durch Schnitt unterschiedliche Formen zu geben.

Triclinium – Speisezimmer oder grundsätzlich für drei Gäste aneinander gestellte Liegebänke.

Vestibulum – von der Eingangstür eines Hauses zum Atrium führender Korridor.

Literatur

Bernard Andreae, Die römische Kunst, Freiburg/Basel/Wien 1999.

Ranuccio Bianchi Bandinelli, Rom, das Zentrum der Macht. Die römische Kunst von den Anfängen bis zur Zeit Marc Aurels, München 1970.

Ulrich Brandl, Miloje Vasic (Hgg.), Roms Erbe auf dem Balkan. Spätantike Kaiservillen und Stadtanlagen in Serbien, Mainz 2007.

Gianfilippo Carettoni, Das Haus des Augustus auf dem Palatin, Mainz 1983.

Manfred Clauss (Hg.), Die römischen Kaiser. 55 historische Porträts von Caesar bis Iustinian, München ²2001.

Filippo Coarelli, Rom. Ein archäologischer Führer, Mainz ²2002.

Alexander Demandt, Das Privatleben der römischen Kaiser, München ²1997.

Adolf Hoffmann, Ulrike Wulf (Hgg.), Die Kaiserpaläste auf dem Palatin in Rom. Das Zentrum der römischen Welt und seine Bauten, Mainz ²2006.

François Jacques, John Scheid, Rom und das Reich in der Hohen Kaiserzeit, Bd. 1: Die Struktur des Reiches, Stuttgart/Leipzig 1998.

Heiner Knell, Bauprogramme römischer Kaiser, Mainz 2004.

Frank Kolb, Rom. Die Geschichte der Stadt in der Antike, München ²2002.

Clemens Krause, Villa Jovis. Die Residenz des Tiberius auf Capri, Mainz 2003.

Hartmut Leppin, Hauke Ziemssen, Maxentius. Der letzte Kaiser in Rom, Mainz 2007.

Jochen Martin (Hg.), Das Alte Rom. Geschichte und Kultur des Imperium Romanum, München 1994.

Harald Mielsch, Die römische Villa. Architektur und Lebensform, München 1987.

Harald Mielsch, Römische Wandmalerei, Stuttgart 2001.

Volker Reinhardt, Michael Sommer, Rom. Geschichte der Ewigen Stadt, Stuttgart 2008.

Manuel Royo, Domus Imperatoriae. Topographie, formation et imaginaire des palais impériaux du Palatin (IIe siècle av. J.-C.–Ier siècle ap. J.-C.), Rom 1999.

Rainer Vollkommer, Das römische Weltreich, Stuttgart 2008.

Ouvrage publié avec le concours du ministère français chargé
de la Culture – Centre national du Livre
Die Übersetzung wurde gefördert durch das französische
Kulturministerium – Centre national du Livre

Lizenzausgabe
für die Wissenschaftliche Buchgesellschaft

Bestellnummer 20890-6

Französische Originalausgabe:
Voyage chez les Empereurs romains
© 2006 Éditions Errance, Paris
All rights reserved

Übersetzung: Renate Heckendorf, Hamburg

© für die deutschsprachige Ausgabe:
Konrad Theiss Verlag GmbH, Stuttgart 2008
Alle Rechte vorbehalten
Satz und Gesaltung: DOPPELPUNKT Auch & Grätzbach GbR, Stuttgart
Kartografie: Peter Palm, Berlin
Druck und Bindung: HIMMER – WINCO LTD.

Die Herausgabe des Werkes wurde durch die Vereinsmitglieder der
WBG ermöglicht.

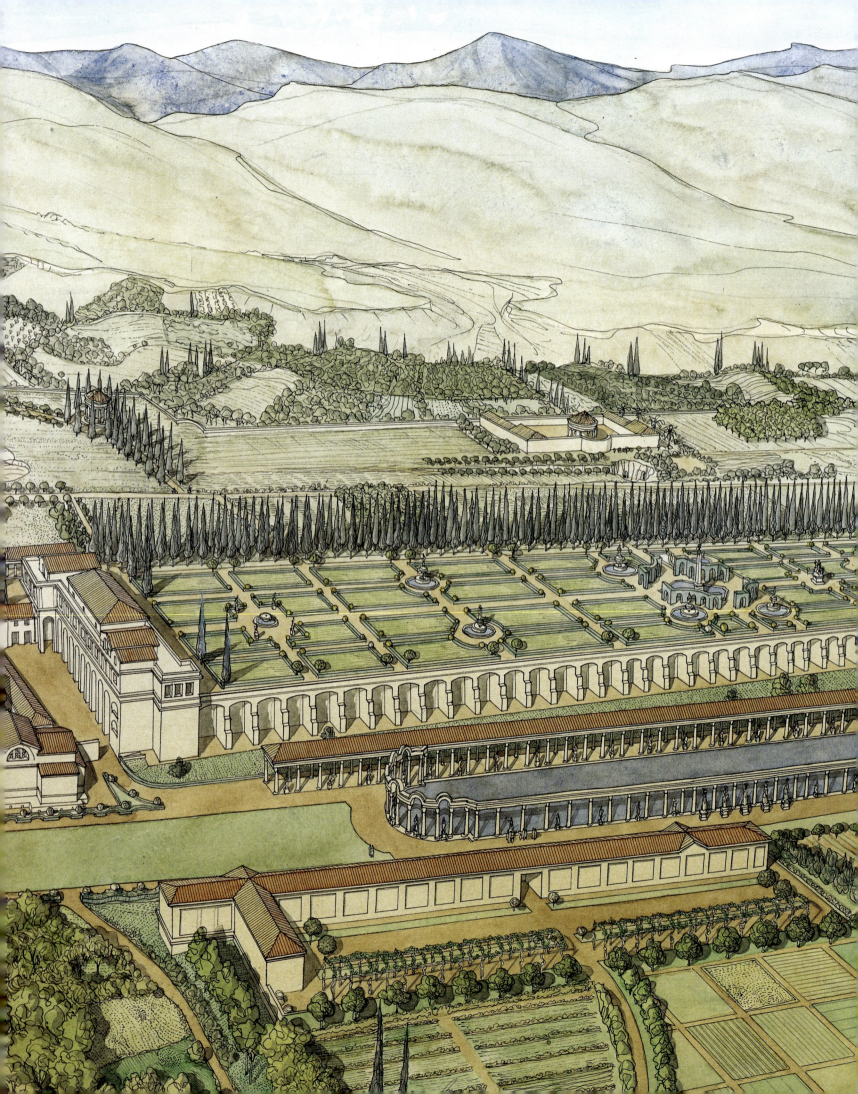